P9-CNE-195

GUÍA PARA

Triunfar

EN LOS

ESTADOS UNIDOS

CAMILO F. CRUZ, PH. D

En busca
del sueño
americano

GUÍA PARA

Triunfar

EN LOS
ESTADOS UNIDOS

grijalbo

GUÍA PARA TRIUNFAR EN LOS ESTADOS UNIDOS
En busca del sueño americano

© 1993, Camilo F. Cruz

D.R. © 1994 por EDITORIAL GRIJALBO, S.A. de C.V.
 Calz. San Bartolo Naucalpan núm. 282
 Argentina Poniente 11230
 Miguel Hidalgo, México, D.F.

Este libro no puede ser reproducido,
total o parcialmente,
sin autorización escrita del editor.

ISBN 970-05-0544-8

IMPRESO EN MÉXICO

INDICE

AGRADECIMIENTOS

*Q*uiero agradecer a las siguientes personas y organizaciones por su invaluable colaboración en proveerme con alguna de la información contenida en este libro.

Robert Martínez (Assistant Commissioner for Records Systems)
Connie Mackey and Scott Hastings (Centennial Office)
Departamento de Justicia de los Estados Unidos
Servicio de Inmigración y Naturalización
Lewis Walker
Departamento de Educación de los Estados Unidos
Oficina de Investigación y Mejoras Educativas
Marietta Moore (Consumer Affairs Specialist)
Dan Bean (Consumer Technician)
Corporación de Seguro de Depósito Federal - FDIC
Kevin McKeon
Public Affairs Officer
Servicio de Impuestos Internos - IRS
John F. McTernan (Director of Immigration Assistance Services)
Oficina de Migración
Servicio Católico Comunitario

Karen Medina (Assistant Director - New Brunswick Campus)
María Moya (Director - Newark Campus)
Program in American Language Studies
Universidad de Rutgers
Mark Oromaner (Dean for Planning and Institutional Research)
Hudson County Community College

También deseo agradecer a las siguientes organizaciones y agencias por su pronta respuesta a todas mis inquietudes.

- Departamento de Salud y Servicios Humanos
- Career College Association
- Fundación Nacional de Crédito al Consumidor
- Comisión Federal de Comercio
- Departamento del Trabajo de los Estados Unidos
- Oficina de Publicaciones del Gobierno
- Todas las instituciones educativas mencionadas en este libro
- Todas las demás organizaciones mencionadas aquí

AGRADECIMIENTOS ESPECIALES

A mis padres, hermana y hermanos, quienes de una u otra manera ayudaron a formar la persona que ahora soy.

A las pasadas generaciones de las familias Cruz-Saldaña, quienes fueron los pioneros de la que hoy es mi historia.

A todos aquellos que me dieron su entusiasmo y ayuda en todo momento. Especialmente a mi madre, Leonor de Cruz, por haber tolerado con paciencia el leer dos veces este manuscrito, y por haber llenado a cabalidad su misión materna de decirme exactamente lo que pensaba acerca de él. A Elsa Díaz, por su gran labor en pasar el manuscrito a máquina.

A todos aquellos que alguna vez han sido inmigrantes, y han decidido sobreponerse a sus circunstancias y han triunfado. Gracias por su ejemplo e inspiración.

Al lector, por haber adquirido este libro y haber tomado la decisión de convertirte en el arquitecto de tu futuro. Este libro es un brindis a tu éxito.

A mi esposa, Shirley,
por su apoyo y comprensión
a través de este proyecto.
Y por su amor incondicional,
por el cual le estoy eternamente agradecido.
Hoy, sé que sin ella,
la vida no sería lo que ha sido.

INTRODUCCION

El porqué de este libro

Aquel día del mes de septiembre, con el otoño ya a la vuelta de la esquina, se convertiría en uno de los días más importantes de mi vida. No sólo significaba el aventurarme en nuevos campos, sino, la realización de un sueño largamente ansiado. Meses más tarde, llegué a entender que en realidad un hombre decidido puede cambiar el mundo. Era septiembre del año de 1991. Debían ser las ocho de la mañana. Ese fue el momento cuando la idea de escribir este libro vino a mí. Había estado sentado frente a mi computador cerca de una hora, trabajando en otro proyecto. Inmediatamente dejé a un lado todo lo que estaba haciendo y comencé a trabajar en este libro. Cinco días más tarde ya tenía el listado de los diferentes capítulos, había trabajado en esta introducción y había contactado las primeras personas, que eventualmente, me proveerían con la información preliminar. Como pueden ver, me urgía escribir este libro.

Durante varias semanas había estado experimentando un sentimiento de ansiedad; algo estaba pasando dentro de mí. Una multitud de ideas y proyectos tomaban forma. Rápidamente, comencé a escribir estas ideas en la medida en que ellas arribaban a mi mente, por miedo a olvidarlas, pero carecía de dirección y esta ansiedad seguía martirizándome.

Necesitaba saber por qué me sentía de esta manera. Estaba empezando a interferir con todo, con mi negocio, con mi trabajo y con mi vida familiar. De repente, en un momento de profunda cavilación, cuando trataba de encontrar los orígenes de este sentimiento, comencé a pensar en los primeros años que pasé en este país; a evaluar lo que había hecho; mis logros, mis satisfacciones y mis éxitos. De repente la respuesta llegó a mí. Eso era. Esa era la respuesta.

Comencé a pensar en toda la gente que había venido a este país, con grandes sueños, con grandes aspiraciones y que había trabajado arduamente por muchos años. Gente que había disipado sus vidas en trabajos efímeros, en busca de sueños borrosos y objetivos poco claros. Gente que, poco a poco, habían ido olvidándose de sus sueños. Muchos de ellos habían retornado a sus países, derrotados, otros continuaban aquí, pero vivían frustrados. Habían estado en este país por muchos años y seguían sufriendo la frustración de no entender el idioma.

Muchos estaban cansados y hartos de sus trabajos, pero no parecían tener otras alternativas. Vivían vidas monótonas con pocas variantes. Algunos hubiesen querido retornar a sus países, pero el miedo a tener que enfrentar a sus familias y amigos, o a tener que empezar de nuevo, era suficiente para hacerlos desistir de esta idea. Además había cuentas que pagar u obligaciones y préstamos por cubrir y estas cosas los mantenían atados a este país. Estaban atrapados.

Esa era la razón. Yo sabía que estas circunstancias podían cambiarse. Sabía que con la debida información, y gran motivación, cualquier persona podía llegar tan lejos como quisiera. Días antes comentaba con el padre Ricardo González, un buen amigo mío, sobre mi frustración personal, al ver tanta gente que parecía no interesarse en su porvenir, en sus sueños, en su vida.

Mi experiencia me había enseñado que cualquier persona, sin importar las circunstancias en que estuviese, podía triunfar, y llegar tan lejos como quisiera, si en realidad eso era lo que quería. Había estado en este país por casi once años, y como la mayoría de los inmigrantes que conocía, había llegado sin saber Inglés, pero aquí estaba, de repente escribiendo un libro en inglés. Yo también había trabajado en fábricas y restaurantes lavando platos y limpiando baños, pero sabía que eso era temporal.

También, al igual que muchos otros, había manejado automóviles en pésimo estado y vivido en condiciones muy por debajo del nivel de la pobreza. Pero había tomado la decisión de salir adelante y mientras iba a la universidad, trabajaba tiempo completo para sostenerme. No obstante, estas circunstancias no me impidieron ir a la escuela graduada y obtener mi maestría en ciencias y luego mi doctorado en Química. Por el contrario, fue la idea de poder sobreponerme a ellas lo que me impulsó a salir adelante, y aspirar a metas más altas. ¡Sí! Yo sabía que podía hacerse.

Esa mañana de septiembre, entendí que otras personas necesitaban oír este mensaje, necesitaban saber que sí, que la realización de ese sueño era posible. La gente necesitaba creer que podía elevarse por encima de sus circunstancias. Comencé a pensar en todas las personas que me habían ayudado, que habían creído en mí, aquellos que me habían motivado a seguir adelante, especialmente durante las épocas más difíciles.

Por esta razón, decidí convertirme en un entusiasta motivador de quien quisiera vencer sus propias circunstancias. Después de todo muchos otros hablaban ya de problemas, en lugar de hablar de soluciones. Informaban a los demás de los riesgos en vez de hablar de las oportunidades. Yo sabía que aquellos problemas que otros pregonaban por doquier no eran tan importantes como la actitud que cada uno de nosotros tomara frente a ellos, y por eso decidí emprender la tarea de convertirme en vendedor de soluciones y no de problemas, de posibilidades y no de dudas. Este libro es el resultado de mi lucha por dejar saber a todo inmigrante, que pese a todas las barreras y dificultades que podamos encontrar, nuestros sueños, nuestras aspiraciones merecen y requieren de nuestro compromiso total.

Yo he logrado alcanzar algunas de esas metas iniciales que traje conmigo. La base de mi éxito, ha sido el haber podido determinar exactamente hacia dónde voy, qué es lo que quiero y cuáles son las metas que deseo alcanzar. Quizá las dos razones más grandes que han contribuido a este éxito, son el haber puesto oídos sordos a aquellos que pretendían hacerme desistir en mi lucha por alcanzar esos sueños, y el haber podido rodearme de gente triunfadora, muchos de los cuales mencionaré a través de este libro. Decidí ser un buen estudiante y escuchar atentamente lo que ellos tenían que decir, y el haberlos escuchado, produjo un gran cambio en mi vida. Las ideas y pensamientos que expresaré en este libro, son el resultado de este cambio.

Quisiera poder decirles que fui tan solo yo, que nací sabiendo todo secreto para triunfar y con un plan definido de cómo salir adelante, y que no necesité de nadie, pero estaría mintiendo si lo hiciera. Hubo muchas personas que me ayudaron a lo largo del camino; personas a las cuales quizás nunca podré pagarles todo lo que hicieron por mí. También hubo aquellos que efectuaron un cambio determinante en mi vida, aquellos que con su amor, con su trabajo me mostraron y me dejaron saber que yo podía hacer cualquier cosa que me propusiera. Ellos con su ejemplo me mostraron el poder de la persistencia. Aquellos a quienes estoy eternamente agradecido, como tributo a su amor e inspiración, les dedico este libro.

Acerca del título

El título de este libro es una representación muy clara de lo que van ustedes a descubrir en estas páginas. Existe una gran confusión acerca del presente significado de lo que es *El Sueño Americano*. Espero a lo largo de este libro poder transmitir mi convicción personal de que este Sueño Americano es simplemete una oportunidad, y no una garantía. La oportunidad de luchar arduamente por la consecución de nuestros sueños a sabiendas que existen los medios para lograrlos. Son muchas las historias de inmigrantes que llegaron a este país con grandes sueños, y que gracias a su dedicación, tenacidad y esfuerzo, han visto estos sueños convertirse en realidad. Para cada uno de ellos el Sueño Americano ha significado algo distinto. El único ingrediente en común en cada una de estas historias de éxito ha sido la existencia de un deseo ardiente de conseguir algo, y un compromiso total de pagar el precio por su logro, cualquiera que éste sea.

De otra parte, la definición de la palabra guía, es simplemente la de un libro o manual que sirve para instruir y dirigir. Este libro, al igual que una de esas guías turísticas, contiene mapas e instrucciones, direcciones sobre qué hacer y qué no hacer; lo más importante de todo, es que le ayudará a determinar el camino más corto desde donde está hasta donde quiere llegar, y definitivamente hará su viaje mucho más placentero.

Viajar siempre ha sido una de mis pasiones y por eso sé apreciar el uso de una buena guía. En mis primeros viajes en este país, sin embargo, antes de descubrir lo que eran las guías turísticas, solía salir en largos viajes, de la misma manera que muchas personas están tratando de vivir sus vidas, sin planear, y sin tan siquiera llevar un mapa conmigo. Pensé que esto haría el viaje mucho más excitante. Estaba equivocado. Puesto que no sabía exactamente hacia dónde iba, en ningún momento sabía si estaba pronto a llegar, o peor todavía, nunca estaba seguro en dónde me hallaba y la mayor parte del tiempo estaba perdido.

Un punto de destino o llegada es esencial, porque te da dirección. Sin embargo, muchos de nosotros estamos tratando de vivir nuestras vidas en este país, sin saber exactamente dónde es ese punto. Lo que esta guía hará por ti, es ayudarte a determinar ese punto de destinación. Aprenderemos a hacer esto cuando hablemos más adelante de la importancia de sentar metas fijas y objetivos definidos.

Uno de los grandes atractivos acerca de estas guías, es que, como dije antes, hacen el viaje más agradable. Ellas te dicen dónde están las atracciones turísticas, dónde comer, y muchas otras cosas. Esta guía, que ahora estás leyendo, hará que el viaje, en tu camino al éxito en esta nueva tierra, sea mucho más agradable. De ahora en adelante tu viaje estará basado en resultados, en lugar de simple actividad. Sé que muchos de nosotros no estamos obteniendo los resultados que queremos. Y francamente, no estamos disfrutando mucho lo que estamos haciendo. Eso está a punto de terminar, pronto será cosa del pasado. De ahora en adelante vamos a viajar en primera clase y a disfrutar de este viaje al máximo, porque ahora no estamos viajando a ciegas. Ahora tenemos una guía.

Acerca del autor

Llegué a los Estados Unidos el 19 de marzo de 1980. No sólo era esta la primera vez que iba a estar separado de mi familia, sino que era la primera vez que iba a estar fuera de mi ciudad natal en plan diferente al de unas simples vacaciones. Sin embargo, este era el comienzo de un sueño largamente anhelado; era la realización de metas y planes concebidos muchos años antes, cuando deambulaba por las calles del norte de Bogotá, visitando todas las embajadas en busca de cuanto folleto, postal, periódico, mapa o papel pudiera encontrar. Esta era la única manera de mantener vivos mis sueños de viajar por todo el mundo, de dictar clases y conferencias en distintos idiomas, y de estudiar Química. Era tal mi entusiasmo y mi deseo por realizar estos sueños, que creo yo, eso fue lo que me dio el impulso para aprovechar la oportunidad de salir a aventurar por el mundo cuando ésta finalmente se presentó.

Al igual que la mayoría de inmigrantes que encontrara a lo largo del camino, llegué a este país sin saber hablar inglés, sin conocer a nadie, sin más credenciales que mi diploma de la escuela de secundaria, con doscientos dólares en el bolsillo y una maleta llena de sueños, metas y planes por realizar. Tres semanas más tarde la cruda realidad se hizo sentir, cuando tomé mi primer trabajo. Recuerdo que empecé a trabajar a las doce de la noche en una fábrica de cajas plásticas. Seis horas después de trabajar sin descanso, tratando de mantener el paso con aquella máquina que no se cansaba de escupir decenas de cajas, renuncié incondicionalmente a mi primer trabajo, sin tan siquiera saber cuál era el nombre de la compañía, el nombre de ningún otro empleado, o el propósito de mi trabajo. No sé exactamente cómo me sentí en ese momento, lo único cierto es que ni siquiera fui a reclamar mi paga por las seis horas de trabajo.

Hoy, doce años más tarde, algunos de esos sueños con que arribara aquella fría tarde del mes de marzo, se han convertido en realidad. El aprender el idioma fue tan solo el primer paso que me condujera a culminar mi maestría en Química Analítica, y más adelante mi doctorado en Espectroscopia Analítica. He tenido la oportunidad de enseñar cátedra de Química en varias universidades y dar conferencias y seminarios tanto en Inglés como en Español en varios países. Pero tal vez aún más gratificante que el haber podido viajar a muchos de los sitios admirados en aquellas postales y revistas que solía recoger años atrás, o el ser dueño de un par de negocios, o haber podido conseguir muchos de los bienes materiales a que todos aspiramos, es tener la oportunidad de compartir con otras personas, muchas de ellas inmigrantes también, las llaves del éxito, los pasos por seguir para hacer que sus sueños también se conviertan en realidad.

Primera sección

POR DONDE EMPEZAR

$\mathcal{E}$xisten en el mercado un gran número de guías, manuales de referencia y toda clase de libros que nos enseñan todo: desde cómo triunfar en los negocios; cómo salir adelante en el campo de las ventas; cómo tomar control de nuestro tiempo; hasta cómo lograr tener un mejor matrimonio y mucho más. Sin embargo, pese a que estos libros están llenos de planes lógicos, indicaciones claras y pasos a seguir detallados, no todo el que los lee se convierte en un gran negociante o en un vendedor estrella, o logra tomar control de su tiempo, o desarrollar una mejor relación con su pareja. ¿Por qué?

Existen dos razones por las cuales esto sucede. Primero que todo, está el hecho de que una gran mayoría de estos libros se limitan a presentarnos el mecanismo mediante el cual lograr el éxito en dichas áreas, olvidando que antes de que nuestra mente esté en completa disposición para aceptar esta información debe haber sido creada en ella la necesidad imperiosa de aceptar dicha información. En otras palabras, existen dos facto-

23

res que afectan toda situación que enfrentamos en nuestras vidas.Ellos son : "El Por qué" y "El Cómo".

El por qué es el factor que nos deja saber las razones por las cuales vamos a hacer algo; los motivos que nos impulsan a tomar cierta decisión. Es precisamente el responder a preguntas como: ¿Por qué estoy leyendo este libro? ¿Por qué quiero aprender cómo salir adelante? ¿Por qué quiero triunfar en los Estados Unidos?, lo que nos provee con las verdaderas razones que nos llevan a tomar acción.

El cómo es simplemente el entendimiento de cuáles son los pasos por tomar para lograr aquello que queremos. Es importante entender que si no sabemos por qué vamos a hacer algo, nos será imposible aprender cómo hacerlo. Sin embargo, si logramos determinar claramente por qué deseamos hacer algo, o cuáles son las verdaderas razones que nos han impulsado a leer este libro, entonces el camino no sólo será más fácil sino que las soluciones y el camino mismo serán más prácticas.

La segunda razón por la cual no todo aquel que aprende "Cómo", sale adelante, es porque no todos están dispuestos a pagar el precio y desarrollar la disciplina necesaria para triunfar. Seguramente que a lo largo de estos capítulos encontrarás que necesitas hacer cosas que no estabas acostumbrado a hacer; descubrirás que tendrás que desarrollar nuevos hábitos. Es ese cambio lo que, tristemente, ha hecho desistir a muchos de ir tras sus sueños. Después de todo, cuando la última frase sea leída, cuando el último concepto sea entendido y cierres este libro, la decisión seguirá siendo tuya. La voz de mando que indique el comienzo de la carrera tendrá que salir de tus labios y serás tú el encargado de dar el primer paso. Porque de una cosa puedes estar seguro; en tus últimos años, al final de tu arduo camino, descubrirás que tú fuiste el arquitecto de tu propio destino.

A lo largo de este libro encontrarás pasos por tomar, reglas para tener en cuenta, y procedimientos por seguir acompañados de teléfonos a dónde llamar y organizaciones a las cuales escribir. Todo esto es parte del "Cómo". Pero en los próximos dos capítulos al igual que al comienzo de cada capítulo y en el último capítulo del libro, hablaremos del "Porqué". Hablaremos de tu por qué, de tus razones personales para salir adelante y triunfar en este país. El poder identificar claramente estas razones es tan importante como saber cuáles son los pasos a tomar para lograrlas. Después de todo, si no sabemos hacia dónde vamos, ¿cómo podremos determinar la mejor ruta para llegar allí?

Capítulo 1

¿SUEÑOS? ¿METAS?...
¿QUIEN, YO?

Como inmigrantes, muchos de nosotros llegamos a este país con poco dinero, poca ropa y grandes expectativas, y nuestras maletas llenas de sueños. Muchas veces nos preguntamos si nuestros sueños algún día se convertirán en realidad. No parecemos estar más cerca a ellos, que cuando recién llegamos. Y todo el trabajo arduo y los sacrificios que muchas veces hemos hecho, parecen haber sido en vano. Todos tenemos grandes sueños, pero muy pocos de nosotros, realmente, estamos dispuestos a dar los pasos necesarios, para tornar esos sueños en realidad. La clave para hacer que estos sueños se conviertan en realidad es sentar metas fijas y claras para su consecución, desarrollar un plan de acción y seguirlo.

En mi trabajo de consultoría con inmigrantes, especialmente estudiantes, encuentro que muchos de ellos enfrentan, no sueños irreales, sino más bien períodos de tiempos irreales para su consecución. Creo que fuera de lo ridículo, o lo totalmente imposible, cualquier logro es alcanzable si desarrollamos un plan de quier logro es alcanzable si desarrollamos un plan de acción y nos comprometemos seriamente en su consecución.

El plazo que nos damos para alcanzar una meta debe ser real pero también necesita ser flexible. Los grandes triunfadores se caracterizan por saber que los planes pueden cambiar, pero las decisiones no. Es posible que encuentre que la estrategia que estaba usando no esté dando los resultados esperados, entonces necesitará redefinir su plan de acción. No hay nada malo en cambiar sus planes, mientras que su decisión y su compromiso no cambien. Flexibilidad en cambiar planes no debe ser confundida con el tomar la vía de la menor resistencia, o no debe ser usada como una manera de evitar los problemas, que con seguridad vamos a encontrar a lo largo del camino.

Nuestros sueños son esos deseos ardientes que se encuentran en lo más profundo de nuestro corazón. Ellos son la semilla que produce el éxito y el ingrediente principal en el proceso de fijar metas y objetivos claros. Las metas nos ayudan a enfocar y dirigir nuestros esfuerzos. Es imperativo el entender que cualquiera que esta meta sea, necesitará esfuerzo, compromiso, perseverancia y disciplina para ser alcanzada, y para eventualmente tornar esos sueños en realidad. Es igualmente importante el entender que la obtención de un sueño determinado no solucionará todos nuestros problemas. Es el proceso mismo de alcanzar metas y desarrollar nuevos objetivos en las diferentes áreas de nuestra vida, lo que mejorará el estilo y la calidad de nuestras vidas.

He enseñado química a nivel universitario por los pasados cinco años. Enseño química general a estudiantes de primer año, que recientemente han terminado su escuela secundaria y están empezando sus estudios profesionales; pero también enseño cursos diseñados para estudiantes de último año, prontos a graduarse y empezar su carrera profesional, o continuar sus estudios de especialización. Este último grupo está formado por estudiantes de todas las edades; muchos de ellos casados y que han estado trabajando como técnicos en la industria química por varios años. Sin embargo, estos dos grupos tienen algo en común: una gran mayoría de ellos no tiene una idea definida de cuáles son sus metas y objetivos. Como resultado de ello, trabaja sin un plan de acción que le permita obtener los mejores resultados.

Muchos de ustedes lectores, se estarán preguntando cómo es posible que un estudiante curse cuatro años de estudios universitarios y siga sin tener una idea clara y definida de sus objetivos y aspiraciones. Cómo es posible que un estudiante, al final de su carrera, siga tan desorientado como al principio y no haya logrado determinar cuáles son sus metas. No obstante, son muy pocas las personas que tienen un plan de acción detallado. Como resultado, muchos van por la vida sin rumbo fijo y sin dirección. Bajo esas circunstancias, las posibilidades de que nuestros sueños se conviertan en realidad son casi nulas. Esta falta de dirección, es uno de los primeros

> Es igualmente importante el entender que la obtención de un sueño determinado no solucionará todos nuestros problemas. Es el proceso mismo de alcanzar metas y desarrollar nuevos objetivos en las diferentes áreas de nuestra vida, lo que mejorará el estilo y la calidad de nuestras vidas.

problemas al que todo inmigrante debe sobreponerse. La mayoría de nosotros no arribamos a este país con un grupo de objetivos fijos y un plan de acción para alcanzarlos. Simplemente, queríamos una oportunidad. Una oportunidad de poder realizar aquello que por una u otra razón no habíamos podido hacer en nuestros propios países. Teníamos grandes sueños, motivados por las expectativas, de lo que pensábamos que este país podía brindarnos. En la mayoría de los casos estas expectativas estaban basadas simplemente en lo que veíamos en las películas, lo que leíamos en los periódicos, o peor aún, en los relatos fantásticos que oímos de algún amigo cuyo primo tenía un vecino que viajó a Miami en vacaciones hace diez años. Ya sé que suena ridículo, no obstante eso era todo lo que muchos de nosotros sabíamos acerca de este país antes de arribar.

Cada vez que enfrentamos una nueva aventura, ya sea el pasar un nuevo año en la escuela, conseguir un mejor trabajo, empezar una nueva vida en otro país, o en cualquiera otra situación que nosotros encontremos, hay dos preguntas que necesitamos responder: ¿por qué? y ¿cómo? Las dos son muy importantes y exigen una respuesta. La primera nos deja ver las razones con las que podemos contar para emprender esa nueva empresa, y la segunda nos muestra el mecanismo mediante el cual podemos triunfar en ella. Sin embargo, en nuestro afán por comenzar, muchas veces olvidamos responder estas preguntas. En ocasiones nos sobrepreocupamos por aprender cómo hacer algo, y olvidamos prestar atención a determinar las razones que nos provean la energía para llevar a cabo dicha aventura, y como consecuencia terminamos gastando gran cantidad de energía, haciendo cosas que en realidad no nos están acercando a nuestros sueños.

La causa de esto es que muchos de nosotros creemos saber con exactitud qué es lo que queremos y no creemos necesitar más que los medios para conseguirlo. Mi experiencia es que en la mayoría de los casos, lo contrario es cierto. Por esta razón es necesario no sólo determinar qué es lo que queremos alcanzar, sino también es fundamental que lo escribamos en un pedazo de papel. Si no podemos claramente definirlo en una o dos oraciones, es porque no está suficientemente claro en nuestra mente. Uno de los hombres de negocio más exitoso que haya conocido, define el éxito como la realización progresiva de tus sueños. He leído cientos de libros en mi vida, muchos de ellos escritos por gente de éxito en el campo político, espiritual, o en el campo de los negocios; he leído libros que te enseñan cómo obtener mejores resultados en los estudios, cómo administrar el tiempo, o cómo tener éxito en el campo de las inversiones. Sin embargo, nunca había oído una definición más precisa de lo que éxito significa.

> Uno de los hombres de negocio más exitoso que haya conocido, define el éxito como la realización progresiva de tus sueños.

Primero que todo, esta definición nos dice que el éxito es un proceso; no es algo que suceda de la noche a la mañana, sino algo que sucede de manera progresiva, que requiere planeamiento. Segundo: el hecho de que es una realización progresiva, nos deja saber que el éxito no es un punto de destino, sino por el contrario,

31

es el camino mismo, el camino que nos lleva hacia ese punto de llegada. En el momento mismo en que decides qué es lo que quieres y comienzas a tomar los primeros pasos hacia ello, empiezas a triunfar. Finalmente, esta definición nos dice que estos deben ser tus sueños. Esta es la parte más importante y más excitante de esta definición. Tienen que ser tus sueños, tus metas, porque es imposible para ti alcanzar las metas de otra persona. Deben ser tus sueños.

Esta definición de la palabra éxito es de particular importancia para los inmigrantes; el haber arribado a esta nueva tierra es para muchos de nosotros el principio de esa ruta que hemos elegido para alcanzar nuestros sueños. Hemos llegado a este país con grandes ilusiones, grandes esperanzas, grandes expectativas y mucha, mucha fe. Nadie arriba a este país con el simple propósito de convertirse en un fracasado, o de terminar en un trabajo frustrante. Pero si es verdad que vinimos con muchas ilusiones, también lo es que carecíamos de planes claros y definidos. Debemos comprender que para alcanzar nuestras metas, es conveniente no ceder a nuestros impulsos de gratificarnos o premiarnos prematuramente. Aquellos sueños verdaderamente valiosos toman más tiempo que el que la persona común y corriente está dispuesta a esperar.

El éxito tiene una fórmula; una receta que debe ser seguida para su logro. He leído el secreto del éxito en muchos libros, lo he oído de labios de grandes triunfadores. Este secreto puede ser resumido en estas simples palabras: te convertirás en aquello en lo que piensas constantemente. Los pensamientos que guardas en tu mente, moldean la persona en la cual te convertirás; eso es todo. Es así de simple. Es tan simple que es inconcebible que muchos de nosotros nunca lo descubramos. Aquello que permites que llegue a tu mente influirá en todas tus decisiones; ya sean objetivos a largo plazo o determinaciones diarias. Por esta razón es absolutamente necesario que controles lo que entra en tu mente, pues ello moldeará la actitud con que enfrentes la vida. Todo lo que entra a tu mente a través de los sentidos, ya sea de manera consciente o no, queda grabado en ella para siempre. Estas pueden ser también buenas noticias, puesto que significa que si alimentas tu mente con la información correcta, puedes esperar grandes resultados.

No obstante, es infortunado que muchos de nosotros estemos expuestos a un gran número de mensajes negativos diariamente. Desde la música que oímos, los periódicos que leemos, las noticias, los programas de televisión, las conversaciones en la oficina y muchas otras actividades diarias tienen un gran contenido de negativismo, que callada pero certeramente afecta nuestra actitud.

Por esta razón, controlar lo que entra a tu mente es un trabajo que toma veinticuatro horas diarias. Demandará de ti disciplina y persistencia. Existe la necesidad de que crees nuevos hábitos para proteger tu mente de este bombardeo continuo de mensajes negativos al cual ella está constantemente expuesta. Más adelante veremos cuáles son estos hábitos y cómo adquirirlos, esto es lo que vamos a cubrir en el resto de este libro. Quizás, el mejor alimento para tu mente son tus propios sueños. Aquellas cosas que quieres alcanzar en la vida. Ellos abren tu mente a las posibilidades y te permiten ver las respuests. El éxito requiere subir por una escalera de cinco peldaños. He aquí los cinco peldaños que componen esta escalera:

Sueños > Metas > Planes > Esfuerzo > Resultados

Todo gran acontecimiento en la historia del mundo empezó como un sueño en la mente de una persona. Un deseo ardiente en el corazón de un hombre o una mujer que decidieron que no descansarían hasta que este sueño se hubiese convertido en realidad. El primer peldaño de esta escalera, tus sueños, es la mayor fuerza de automotivación a tu alcance. Ellos tienen la propiedad de impulsarte y proveerte con el entusiasmo necesario para empezar cualquier empresa. Su efectividad se incrementa grandemente cuando ellos son claros y precisos, al punto de poder visualizarnos ya en posesión de ellos. En la próxima sección veremos cómo podemos alcanzar esto. Creo firmemente que la posibilidad de ver nuestros sueños realizados es la fuerza que no nos deja desfallecer y nos impulsa a seguir, aun cuando todo parece habernos abandonado.

Tú tienes que determinar dónde quieres ir y por qué quieres ir allí. Sin la respuesta a estas preguntas el desarrollo de un plan de acción se convierte en una imposibilidad. Si tú no sabes hacia dónde vas, es imposible determinar la mejor ruta para llegar allá.

El segundo paso en esta escalera, es una prueba a nuestro compromiso. Una meta, es simplemente un sueño acompañado de una fecha fija para su consecución. Tenemos que tener metas a corto y largo plazo y es importante que nuestros objetivos a corto plazo estén en concordancia con nuestras metas a largo plazo. Cuando colocamos una fecha frente a uno de nuestros sueños, esencialmente lo que estamos haciendo es separar un período de tiempo de nuestra vida, el cual dedicaremos al logro de este sueño. Unicamente si sabemos con cuánto tiempo contamos, podremos examinar periódicamente nuestro progreso. Hablaremos un poco más adelante de los pasos por seguir para sentar metas claras.

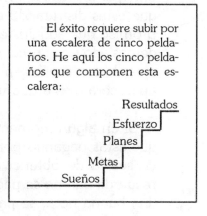

El éxito requiere subir por una escalera de cinco peldaños. He aquí los cinco peldaños que componen esta escalera:

Resultados
Esfuerzo
Planes
Metas
Sueños

El tercer paso es esencial. Si no planeas para el triunfo, de por sí estarás planeando tu fracaso. Esa es la importancia de esta guía. El hecho es que te ayudará a desarrollar un plan de acción que te permitirá obtener los mayores resultados por tu esfuerzo.

El esfuerzo es el cuarto paso. Cuando hablo de esfuerzo, me estoy refiriendo simplemente al precio que tienes que pagar para poder alcanzar ese sueño. Ten la seguridad: tendrás que pagar un precio. Muchos de nosotros ya estamos pagando un precio al tener que vivir separados de nuestras familias. No voy a emplear mucho tiempo hablando del precio que hay que pagar. Estoy seguro que tú lo descubrirás por ti mismo; pero también estoy seguro que a medida que comiences a caminar por la ruta que te conducirá a tus metas, a medida que comiences a triunfar, comenzarás a descubrir que en realidad no estás pagando un precio, sino que estás disfrutando el premio a tu esfuerzo, al compromiso que adquiriste con tus sueños. No te enfoques demasiado en el precio que estás pagando, ni quites tus ojos de tus sueños; porque si así lo haces, el camino aparecerá más arduo y difícil de lo que en realidad es.

Si en algún momento te ves cuestionando el precio que estás pagando por conseguir alguna de tus metas, ya sea la de obtener una buena nota en tu escuela, recuerda que no se paga en realidad un precio alto por una buena nota, se paga un precio alto por una mala nota. Tú no pagas un gran precio por mantener un buen matrimonio, tú pagas un gran precio por un mal matrimonio; tú disfrutas la recompensa y el premio de un buen matrimonio.

El quinto y último paso de esta escalera, son los resultados. Este no es un peldaño pasivo en el cual estás con los brazos abiertos esperando tu recompensa, es más, esta es una parte bastante interesante del proceso de fijar metas concretas. Una de las armas más poderosas en el proceso de sentar metas fijas y claras, es el construir escenas de lo que nuestra vida será una vez hayamos alcanzado esta meta. Este ejercicio de visualizarnos ya en posesión de nuestros sueños, es una herramienta motivacional de gran importancia, puesto que nos permite enfocarnos en lo que realmente importa: la meta.

Tus sueños son el combustible
que mantiene ágil tu andar

La universidad de Yale, una de las mejores universidades de los Estados Unidos, realizó un estudio en el año de 1953 y descubrió que de los estudiantes que se graduaban aquel año, únicamente un 3% tenía metas fijas, objetivos claramente definidos. Unicamente este número pequeño de estudiantes había tomado el tiempo para escribir sus sueños en un pedazo de papel. Escribir aquellas cosas que eran realmente importantes para ellos, aquellas cosas que querían alcanzar y más importante aún, con una fecha definitiva para su consecución. Veinte años más tarde, la universidad hizo un seguimiento con este mismo grupo de estudiantes y descubrió que el 3% que había escrito sus metas, y había definido claramente un plan de acción, había alcanzado cien veces más que el otro 97% puesto junto. Estos resultados son muy dicientes. Necesitamos tener metas fijas y objetivos claros antes de empezar. Todos los estudiantes que se graduaron ese año, habían empleado un promedio de cinco años en la universidad aprendiendo los fundamentos de sus profesiones. Ellos sabían cómo trabajar, pero únicamente un pequeño número tenía una razón suficientemente clara del por-qué trabajar. El conocimiento te enseñará cómo hacer algo, pero la sabiduría únicamente llega a aquellos que saben qué es lo que quieren en esta vida, aquellos que están dispuestos a pagar el precio, aquellos que tienen fe, que tienen coraje y persistencia, y que armados de esas virtudes han salido en busca de sus sueños, y que han adquirido la experiencia para usar este conoci-miento y multiplicar el uso de su tiempo, de su dinero y de sus habilidades.

He aquí la primera y más importante lección en tu camino hacia el éxito. Descubre el porqué. H.L. Hunt, el multimillonario petrolero, lo puso en estas palabras "lo primero en la vida es descubrir qué es lo que quieres, entonces debes decidir qué precio quieres pagar". J.C. Penny, tenía un dicho por el cual era famoso. El decía "muéstrame un obrero con grandes sueños y en él descubrirás un hombre que puede cambiar la historia. Muéstrame un hombre sin sueños y en él hallarás un obrero". Al igual que Hunt y Penny, el mensaje siempre es el mismo. Descubre por qué y aprenderás cómo. Si descubres el porqué de tu vida, si descubres la razón por la cual estás luchando, el cómo vendrá a ti de manera automática. En este país nos enorgullecemos mucho en tener el "cómo", en tener la ingeniosidad para resolver cualquier problema, ya sea grande o pequeño. Puedes tener un conocimiento vasto en una o más áreas, sinembargo es tu decisión si usas este conocimiento para hacer que tus sueños se conviertan en realidad o simplemente dejas que otra persona haga uso de él, para alcanzar los suyos propios. Depende de ti.

Volviendo a mis estudiantes en la universidad, lo que decidí hacer con ellos, fue emplear una o dos clases al principio de cada semestre, ayudándolos a descubrir y a escribir cuáles eran aquellas cosas que les motivaban. Era claro para mí que, adquirir una buena nota en química e inclusive adquirir un diploma universitario, no era quizás uno de sus más grandes y anhelados sueños. Sabía que para muchos de ellos, esto era simplemente un logro intermedio, una meta intermedia que les ayudaría a adquirir una mejor posición para alcanzar sus metas. Pero también entendí que si ellos no tenían una visión clara de esos sueños, entonces, tarde o temprano, comenzarían a negociar el precio que estaban pagando por su educación.

Comenzarían quizás diciendo una mañana: "¿Necesito en realidad ir a esta clase hoy?, hace mucho frío afuera; además creo tener una buena idea de lo que el profesor va a cubrir el día de hoy". Más tarde comenzarían a pensar: "¿En realidad necesito tomar este curso?, no me ha ido muy bien hasta este punto; creo que me retiraré de esa clase. De esta manera puedo emplear más tiempo para estudiar mis otras clases". Y así, poco a poco, irían abandonando su compromiso. Y habiendo hecho esto una vez, el hacerlo de nuevo vendría a ellos más fácil aún, hasta que un día se preguntarían: "¿En realidad necesito ir a la universidad?, podría estar afuera trabajando y ganando dinero". Y sin darse cuenta, poco a poco se pondrían en la misma posición en que estaban y de la cual querían salir, un par de meses antes.

> J.C. Penny, tenía un dicho por el cual era famoso. El decía "muéstrame un obrero con grandes sueños y en él descubrirás un hombre que puede cambiar la historia. Muéstrame un hombre sin sueños y en él hallarás un obrero".

Esta situación que he acabado de describir pasa más seguido de lo que tú piensas. En un gran número de universidades a través de este país, más de un 50% de los estudiantes que empieza su carrera universitaria no termina tan siquiera el primer año. Estoy totalmente convencido que esto es simplemente a causa de esa falta de dirección, de no saber cuáles son sus sueños. No dejes que esto te pase. Si quieres triunfar en la vida debes descubrir, en realidad, qué es lo que quieres alcanzar, e ir tras ello. Sin embargo, es importante que estés dispuesto a pagar el precio, cualquiera que éste sea. No importa que hayas estado en este país 20 años o que hayas acabado de llegar. Si todavía tienes algunas cosas que quieres alcanzar, entonces necesitas dar este paso. Quizás tu sueño es simplemente conseguir un carro nuevo, o comprar una casa, o poder enviar a tus hijos a una buena escuela; quizás tú, simplemente, quieres la oportunidad de conseguir un mejor trabajo, o tomar vacaciones más prolongadas. Cualquiera que sea ese deseo, tienes que escribirlo.

Antes de llegar a este país, casi todos habíamos oído que esta era la tierra de las oportunidades. La tierra de la leche y la miel. La tierra donde tú puedes alcanzar tus sueños. Muchos de nosotros fuimos atraídos por esta idea. Esta era nuestra única motivación; teníamos grandes sueños, y lo único que necesitábamos era la oportunidad de mostrar que estábamos dispuestos a trabajar por ellos, que estábamos dispuestos a aprender, a sacrificarnos, y a no descansar hasta haberlos alcanzado. No obstante, en algún punto a lo largo de este camino nos enredamos en las urgencias de la vida cotidiana, y la visión de esos sueños se hizo cada vez más borrosa. He conocido muchas personas que no saben lo que quieren, simplemente porque no saben las grandes cosas que están al alcance de aquellos que se atreven a ir tras ellas. Se han olvidado de sentar nuevas metas. Alguien les convenció de la idea de que era mucho más sensato tener la seguridad de un trabajo promedio, así esto significara una vida mediocre, que la incertidumbre de aventurarse buscando algo mejor. Los convenció que era mejor ser realista y entender sus limitaciones, en lugar de concentrarse en las posibilidades.

No creas eso, debes poner oídos sordos a las palabras necias de aquellos que no han tenido el coraje de ir tras sus sueños, y ahora pretenden evitar que tú vayas tras los tuyos. Creo que tú puedes alcanzar cualquier cosa que te propongas. Creo que esta es, en realidad, la tierra, de las oportunidades y que no solamente debes atreverte a soñar, sino atreverte a soñar en grande. Muchos de nosotros nos conformamos con tan poco. Al final de nuestros días, toda nuestra música sigue dentro de nosotros porque no hemos cantado nuestra canción; porque decidimos escuchar a aquellos que nos decían que no, que no era posible; porque aceptamos el negativismo que ellos nos vendieron como realismo, como una manera realista de mirar la vida. No escuches a aquellas personas que están señalando los problemas en lugar de las posibilidades. Por supuesto que encontrarás barreras, siempre habrá barreras si te atreves a soñar en grande. Pero esas barreras no son, tan siquiera, la mitad de las que tú encontrarás si decides no hacer nada.

Aumenta tus expectativas. Necesitas creer que tú mereces lo mejor. No debes conformarte con segundos lugares: únicamente si desarrollas esta actitud llegarás a la cima. Es triste ver tantos inmigrantes que desde un principio comienzan a labrar su fracaso. Equivocadamente deciden, que como inmigrantes en esta nueva y extraña tierra son incapaces de alcanzar la cima, o tan siquiera competir con los demás. Afortunadamente ha habido un gran número de inmigrantes que, encontrándose en esta misma situación, se han agigantado y no se han dejado agobiar por estas barreras muy naturales en tierras extrañas, con cultura diferente y costumbres distintas, y aceptan con mucha decisión y coraje su gran oportunidad. He visto muchos inmigrantes que adquirieron sus propios negocios en este país antes de aprender a hablar el idioma, y he visto que todos ellos tienen lo mismo en común. Ellos sabían qué querían y estaban dispuestos a pagar el precio, cualquiera que éste fuese.

Descubre qué es lo que quieres, descubre por qué viniste a este país, y enfócate en ello. Desarrolla una visión que te permita ver únicamente ese sueño, esa meta. Acuérdate de aquel dicho: "el que a buen árbol se arrima, buena sombra lo cobija". Asóciate con aquellas cosas que te motivan, y experimenta un contacto directo con tus sueños. Visualízate ya en posesión de ellos. Arriesga el ser llamado soñador. Yo fui llamado soñador muchas veces. Ahora lo tomo como un gran complemento. Unicamente los soñadores tienen lo que se necesita para llegar a ser ganadores. Por eso la próxima vez que alguien te llame soñador, simplemente dile: gracias, y sigue tu camino.

Todos nosotros llegamos a este país por diferentes razones. Muchos perseguíamos oportunidades profesionales. Muchos vinimos buscando un mejor trabajo; y muchos de nosotros vinimos, simplemente, huyendo de la guerra, de la persecución política; huyendo de la pobreza y de la falta de oportunidades en nuestros propios países. Millones de inmigrantes llegan a este país, tratando de eludir un futuro oscuro e incierto. Su único sueño era llegar a un lugar, cualquier lugar en el que pudiesen vivir en paz, en el que pudiesen empezar de nuevo.

Si te encuentras en esta categoría, o si simplemente no has prestado mucha atención hacia donde vas, tú más que nadie, necesitas invertir algún tiempo en descubrir qué es lo que verdaderamente es importante para ti; qué te gustaría estar haciendo en cinco o diez años. La buena noticia es que no tienes que empezar de cero. Como descubrirás en los próximos capítulos, ya has cubierto gran parte del camino. El éxito es simplemente una decisión.

Recuerda: el primer paso que debes tomar es escribir en una hoja de papel, qué es lo que quieres, qué es lo que deseas conseguir. Despreocúpate de cómo vas a llegar allá; no dejes que las aparentes limitaciones de lo que estás haciendo ahora, te impidan pensar en grande. En los siguientes capítulos descubrirás el cómo hacer esto, pero recuerda: finalmente la decisión es tuya. Sólo podrás cosechar aquello que hayas sembrado. Lo que es realmente importante, no es lo que descubras en este libro, sino el cambio que se realice en ti, en tu mente, en tu vida, si pones en práctica los consejos que esta guía, de una manera simple, te proporciona.

Sólo conseguirás aquello que puedas visualizar claramente

Si todo lo que necesitásemos fuese simplemente saber exactamente qué es lo que queremos y luego escribirlo, entonces todos hubiésemos triunfado ya. No habría pobreza ni hambre en el mundo. Pero la realidad es que descubrir cuáles son tus sueños es simplemente el primer paso en tu camino al éxito. No obstante, es un paso que muy pocas personas dan. Donde yo me encuentro ahora, es el resultado de una profecía hecha realidad. Desde que era pequeño, uno de mis grandes sueños era la posibilidad de viajar por todo el mundo, aprendiendo nuevas costumbres y nuevos lenguajes; visitar museos, lugares históricos, y grandes ciudades. Y aunque en un principio esto no era más que un sueño, estaba completamente seguro que era un sueño que podía convertirse en realidad. Por eso hice todo cuanto estuvo a mi alcance para mantener este sueño vivo.

En las tardes cuando terminaba mis clases en la escuela, solía caminar largas horas por todas las embajadas de los diferentes países en mi ciudad natal; coleccionando lo que para otros era simplemente un montón de basura, en la forma de postales, mapas, y guías turísticas. Postales de todos los colores y tamaños, mapas, estampillas y periódicos en diferentes idiomas que no podía entender. Todos estos papeles, simplemente dibujaban una bella imagen de aquellos lugares que visualizaba en mis sueños. Todos ellos, encontraron reposo en las paredes de mi cuarto. Durante mi último año de escuela secundaria, recuerdo una época en la cual no podía encontrar un centímetro cuadrado de espacio limpio en las paredes de aquella habitación. No es sorprendente entonces, que únicamente cinco años más tarde me encontrase en estas tierras lejanas, habiendo ya experimentado la felicidad de caminar lentamente a través del Parque Central de Nueva York en una mañana de otoño, cuando los árboles lucían como aquellos de la postal que descansaba en la pared de mi cuarto, entre el mapa de San Petersburgo y un retrato de la familia real de Suecia.

Todos estos años de constante visualización de mis sueños, habían transformado esta simple fantasía, en un deseo ardiente. El haber alimentado mi mente constantemente con una imagen clara de aquello que quería alcanzar fue el catalizador que convirtió aquella ilusa fantasía en ese deseo ardiente. Y fue este deseo ardiente el que me dio el coraje y la determinación de tomar la decisión de dejar mi país y mi familia cuando la oportunidad se presentó.

Otro de mis sueños era el de ser un gran científico, el convertirme en un gran químico, una parte de la ciencia que había aprendido a admirar desde que tenía doce años. Recuerdo que me sentaba junto a mi madre, escuchándola cuando ella estudiaba esta increíble ciencia. Mi amor por la ciencia creció a través de mis años en la escuela secundaria. Estaba muy entusiasmado porque sabía que había sido destinado a ser un gran científico. Lo sabía; no importaba que mis notas no fueran tan buenas como los demás juzgaban que éstas debían ser, si en realidad esperaba lograr algo en el ramo de la química. Sabía que había sido destinado a triunfar en este campo y no iba a permitir que nada ni nadie me hiciera desistir de esta idea.

Podía visualizarme ya, estudiando química en tierras lejanas y compartiendo mi conocimiento con numerosas personas de diferentes países. Hoy me siento muy privilegiado al poder enseñar esta ciencia a cientos de estudiantes de muchos países del mundo. Finalicé mi doctorado en química y tuve la oportunidad de conocer y oír algunos de los más grandes hombres de ciencia en el campo de la química. Todo esto ha sido muy satisfactorio para mí. Pero ¿por qué te estoy diciendo todo esto?, porque quiero que entiendas que yo esperaba que esto me sucediera. Sabía que esto iba a ocurrirme a mí. Había rodado esta cinta en mi mente, una y otra vez, hasta que ella se había convertido en un deseo ardiente. Había desarrollado esa visión y no había dejado que nadie, absolutamente nadie, robara mi sueño.

Pero más importante aún, es el estar compartiendo este sueño contigo, porque no existe ninguna duda en mi mente que tú también puedes triunfar en este país. No obstante, tú necesitas hacer lo mismo. Necesitas descubrir qué es lo que quieres y una vez que lo hagas, necesitas desarrollar una visión clara, en la cual te veas ya en posesión de aquello que deseas. Y tienes que, constantemente, alimentar esta imagen en tu mente, y no dejar que nadie ni nada te detenga, hasta que lo consigas. Yo recorrí mentalmente cada uno de aquellos lugares a los que soñaba ir, mucho antes de haber salido de mi país. Pude verme claramente, cientos de veces, dirigiéndome a miles de personas, en diferentes idiomas, mucho antes de haber tenido la oportunidad de dar mi primera conferencia.

Como mencioné anteriormente, el éxito no es un punto de destino sino el camino mismo. Este proceso de escribir tus sueños y visualizarte ya en posesión de ellos, es tan gratificante como la consecución del sueño mismo. Una vez tenemos en nuestra mente una visión clara, por ejemplo la casa de nuestros sueños, es imposible no sonreír cada vez que pensamos en ella. Nuestra actitud es diferente, hemos descubierto por qué estamos levantándonos temprano en la mañana para ir a trabajar. Hemos descubierto el verdadero significado de por qué estamos haciendo una dieta, si eso es lo que queremos hacer, o por qué estamos ahorrando dinero semana tras semana. Ahora tenemos una razón. Sabemos exactamente por qué estamos haciendo lo que estamos haciendo, en lugar de simplemente hacer por hacer. Sí, para que tus sueños se conviertan en realidad tienes que tener un sueño, en primera instancia. Si tu visión de ese sueño no es lo suficientemente clara, si es borrosa, los resultados también serán borrosos.

> Pero ¿por qué te estoy diciendo todo esto?, porque quiero que entiendas que yo esperaba que esto me sucediera. Sabía que esto iba a ocurrirme a mí. Había rodado esta cinta en mi mente, una y otra vez, hasta que ella se había convertido en un deseo ardiente. Había desarrollado esa visión y no había dejado que nadie, absolutamente nadie, robara mi sueño.

Si quieres obtener una visión clara de tus sueños, debes rodearte de ellos, experimentarlo, tocarlos, alimentar tu mente con todas y cada una de estas metas.

Si tu sueño es ir a la universidad, no te sientes en la casa a tratar de imaginar qué es y cómo te sentirías yendo a la universidad. Ve a la universidad que quede cerca a tu casa. Pasa un poco de tiempo en la biblioteca y en la cafetería; entra a alguna de las clases, habla con alguno de los estudiantes, haz lo que tengas que hacer para sentir y experimentar esos aspectos positivos. No te preocupes acerca del trabajo que vas a tener que hacer, o el precio que vas a tener que pagar. Si descubres que de manera constante te encuentras cuestionando la cantidad de trabajo que estás realizando en conseguir tu meta, si el precio te parece demasiado alto e inconveniente, es posible, que en realidad, estés persiguiendo un sueño que no es el tuyo. Si no estás dispuesto a pagar este precio, entonces tus sueños no son más que simples fantasías.

Si nunca has estado en contacto directo con tu sueño, ¿cómo puedes determinar objetivamente, si estás dispuesto o no, a pagar el precio por su logro? Si te dijera que estoy vendiendo un buen automóvil por diez mil dólares, ¿podrías decirme si este es un precio bueno o no, sin mirar el carro? por supuesto que no. Tienes que mirarlo, tienes que manejarlo y una vez que hagas esto, estarás en posición de determinar si ese es, en realidad, un buen precio. Ahora bien, si no estás interesado en comprar un automóvil, ¿importa cuál sea el precio? No. El precio no tiene ninguna importancia. Entonces, descubre qué es lo que estás buscando, experiméntalo hasta que se convierta, no simplemente en

> Si no estás dispuesto a pagar este precio, entonces tus sueños no son más que simples fantasías.

un sueño, sino en un deseo ardiente. Muchos de nosotros queremos muchas cosas en la vida; pero gastamos mucho de nuestro tiempo en negociar si el precio es correcto o no; y cuando finalmente tomamos la decisión, la oportunidad ya ha pasado y nosotros seguimos en el mismo lugar.

Es posible que pienses que es inútil el frecuentar y experimentar tus sueños a sabiendas que no tienes ni el tiempo ni el dinero para conseguirlos. Es posible que pienses que una mejor manera de hacer esto, es el esperar hasta que tengas el dinero y el tiempo para conseguir esa nueva casa, por ejemplo, o cualquier otra cosa que tengas en mente. Sin embargo, este es el camino equivocado. Si esperas a tener todo bajo control antes de empezar, nunca empezarás. Esto sería igual a esperar en las mañanas hasta que todos los semáforos estuviesen en verde, antes de salir de tu casa para ir a tu trabajo. La sola idea es absurda. Tú no haces esto, tú tomas el camino a tu trabajo y si a lo largo de él encuentras que algunas de esas luces están en rojo, paras y después continúas, o buscas otro sitio para salir, pero nada de esto te detiene para llegar a tu trabajo. Tal vez lo que estoy tratando de decir es que, la mejor manera de comenzar, es empezar con lo que tengas ahora. El mejor tiempo para empezar es este preciso instante.

Saborea y palpa esos sueños que llevas dentro de ti. Hazlo sin importarte que los demás piensen que has perdido los estribos. Una vez hayas hecho esto, y ese sueño se haya convertido en un deseo ardiente, tú descubrirás la manera de conseguirlo. Las oportunidades serán mucho más aparentes para ti. Recuerda que las respuestas sólo llegan a aquellos que las están buscando. Si tú no estás buscando, miles de oportunidades pueden pasar frente a ti, sin que tú sospeches nada. Tu mente, al igual que un paracaídas, solo funciona cuando está abierta. Tus sueños son, simplemente, aquel lazo que tienes que tirar para que ese paracaídas se abra.

Ningún sueño que en realidad valga la pena, viene de manera fácil o barata. El éxito se esconde muy bien para asegurarse que únicamente aquellos que en realidad lo quieran, lo consigan. Su precio no es negociable y casi siempre es inconveniente de pagar. Cualquier cosa que el éxito signifique para ti, ya sea ir a la universidad, o conseguir una nueva casa, o simplemente un nuevo trabajo, tienes que entender

> Tal vez lo que estoy tratando de decir es que, la mejor manera de comenzar, es empezar con lo que tengas ahora. El mejor tiempo para empezar es este preciso instante.

que para conseguirlo, primero debes tener una clara imagen de él. Después tienes que señalar una fecha fija para su consecución y una vez hayas hecho esto, sí puedes desarrollar un plan de acción. Debes estar dispuesto a pagar el precio. Como Zig Ziglar dice: "Tú no pagas el precio por el éxito, simplemente disfrutas sus recompensas; únicamente pagas el precio por el fracaso". Depende de ti.

Una meta es un sueño con una fecha frente a él

El próximo paso es el tomar estos sueños y convertirlos en metas, en objetivos claros. Es posible que hasta este momento no hubieses sabido que existía alguna diferencia entre los sueños y las metas. Una meta es un sueño con una fecha específica para su consecución. Este es un paso muy importante. Muchos de nosotros pensamos que, simplemente, conociendo qué es lo que queremos es suficiente; pero eso es tan solo el principio. La razón por la cual carecemos de metas claras, creo yo, es ese sentimiento represivo que todos llevamos oculto muy dentro de nosotros, llamado miedo. Muchas personas nunca tratan nada nuevo, únicamente por el miedo a fracasar, y si fracasan, esto significa un punto en su contra. La realidad es que indudablemente hay cierto peligro asociado con el decir, yo alcanzaré este sueño; o, estoy absolutamente seguro que pasaré aquel examen; o algo como: ten la seguridad que conseguiré aquel trabajo o compraré aquella casa. Hay cierto peligro asociado con decir estas u otras cosas por el estilo.

La naturaleza de este peligro es la misma experimentada por un avión que deja el suelo firme e inicia su vuelo. Hay cierto peligro asociado con este evento, es indudable que el avión estaría mucho más seguro si se quedara en tierra firme, pero ese avión no fue fabricado para quedarse en tierra firme constantemente, fue construido para volar por los aires y eso es lo que va a hacer. De la misma manera un buque se encuentra mucho más seguro si nunca deja el muelle, pero el buque tampoco fue construido con el propósito de

51

permanecer en el muelle, sino para navegar los mares. Sí, es verdad que existe cierto peligro en decir: yo haré esto; pero de la misma manera que el avión o el buque, nosotros no fuimos creados con el único propósito de permanecer en terreno firme. Hemos sido creados para luchar por nuestros sueños. La semilla del triunfo ha sido plantada en nuestros corazones.

Si ese buque permaneciera por siempre en el muelle, poco poco la inactividad y el tiempo se encargarían de convertirlo en chatarra. Si dejásemos ese avión parqueado en el aeropuerto, la lluvia y la brisa acabarían con él, mucho más rápido que si el avión estuviese trabajando constantemente. De la misma manera, existe un peligro infinitamente mayor en no fijar metas que en sentar metas bien definidas. El sentar y alcanzar metas toma tiempo. La gran mayoría de las personas, nunca ponen las ocho horas de trabajo que ellos emplean trabajando para alguien más, en sentar metas y desarrollar un plan de acción definido para su propio futuro.

Ese peligro o miedo al que me refería anteriormente, es el hecho de que una vez has establecido metas fijas y has desarrollado un plan de acción, no sólo sabes aquellas cosas que en realidad quieres, sino también sabes el precio que vas a tener que pagar por ellas. También sabes el plazo de tiempo en el cual te has propuesto obtenerlas. Al haber hecho esto, has puesto cierta presión en ti mismo al escribir una meta y al redactar un párrafo, en el cual expresas tu intención de alcanzarla; tu credibilidad está, ahora, a prueba. Has firmado un contrato contigo mismo para lograr aquello que tú quieres. Y ésta, no es una posición confortable porque exige de ti, disciplina y trabajo diario. Al igual que un corredor no puede mejorar su tiempo si no mantiene un récord de él, tienes que mantener un récord de tu tiempo, para determinar si estás o no, avanzando hacia la consecución de tus sueños.

Una de las primeras metas que todo inmigrante debe tener, es aprender a hablar el idioma. Creo que este es un logro muy importante y uno que determinará, qué tan rápido nos podremos mover hacia la consecución de otros sueños. En sí mismo puede que esto no sea algo que nos motive grandemente. Inclusive es posible que cree ciertos sentimientos negativos de ansiedad y de miedo, y aun cuando todos nosotros estamos de acuerdo en que deberíamos dar prioridad a este punto, muchos de nosotros tendemos a resistirlo, ¿por qué? La respuesta es muy sencilla. Si tú no ves la necesidad de aprender a hablar el idioma, si no tienes otros sueños mayores que exijan que lo aprendas, te encontrarás constantemente negociando el precio que tienes que pagar, y como el precio incluye el tiempo que vas a tener que asistir a la escuela, el dinero para pagar tu matrícula, gran disciplina y sacrificio, encontrarás mucho más fácil no pagarlo y por virtud de esta decisión, habrás renunciado la oportunidad de ser un participante activo en esta nueva sociedad. Esto es lo que crea esos conflictos y sentimientos negativos que mencioné antes.

¿Qué podemos hacer para cambiar esta situación? La respuesta es igualmente simple. Necesitamos descubrir un sueño suficientemente grande. Un sueño tan grande, que nos motive de tal manera, que el aprender a hablar el idioma se convierta nada más que en un pequeño paso hacia el logro de esa meta. Si inviertes el tiempo en descubrir qué es realmente importante para ti, te prometo que vivirás una vida mucho más productiva.

Es simple; descubre cuáles son tus sueños, pregúntate con voz clara y serena qué fue lo que viniste a hacer a este país. Haz una lista de aquellas cosas que en realidad son importantes para ti y comprometе tu vida hacia su

> Si inviertes el tiempo en descubrir qué es realmente importante para ti, te prometo que vivirás una vida mucho más productiva.

consecución. De esta manera no vas a tener que lidiar con sentimientos conflictivos nunca más. Si logras esto, no habrá sino dos tipos de situaciones que tengas que enfrentar. Aquellas situaciones que te lleven más cerca a tus sueños, y aquellas que te alejen de ellos. Bajo estas circunstancias, las decisiones que debes tomar son mucho más claras. Siempre vas a optar por las situaciones que te lleven cada vez más cerca a tus sueños, sin negociar el precio. Debes saber que si quieres conseguir estas metas, vas a tener que cambiar. ¿Cambiar? Sí, cambiar lo que haces con tu tiempo, cambiar lo que haces con tu dinero. Es muy probable que tengas que cambiar tus hábitos, adquirir nuevos hábitos. Hábitos de triunfo. De esto hablaremos en el próximo capítulo.

Capítulo II

NUEVO PAIS,
NUEVOS HABITOS.
HABITOS DE TRIUNFO

Si quieres cambiar algunas cosas en tu vida, es muy probable que tengas que cambiar otras. No, no estoy empleando juegos de palabras y no estoy tratando de confundirte, lo que esta frase realmente significa es que si hay algunas cosas en tu vida que quieres cambiar, por ejemplo, la manera en que vives o la clase de trabajo que tienes, o algo simple como la clase de automóvil que manejas, quizás tengas que cambiar algunas otras cosas en tu vida como, qué haces con tu tiempo, o la manera en que inviertes tu dinero.

Todo se puede resumir en dos palabras: desarrollo personal. Tú te encuentras donde te encuentras, y eres lo que eres, como resultado de tus hábitos. Tus buenos hábitos han exaltado lo mejor de ti, y te han permitido realizar tu propio potencial, pero tus malos hábitos no te han permitido utilizar este potencial al máximo. El éxito verdadero sólo vendrá a ti, cuando estés preparado para recibirlo. Mira a aquellos que de repente se encontraron en posesión de más dinero que el que eran capaces de manejar. Mira aquellos que sin esperarlo de súbito se encontraron en posiciones que requerían liderazgo: el éxito para ellos fue nada más que un breve momento de gloria seguido de una vida entera de remordimientos.

¿Estás preparado para manejar el éxito si viniera a ti mañana? ¿sabe cómo manejarlo? ¿sabes cómo manejar, invertir y multiplicar tu tiempo? ¿Has aprendido a tomar control de tus finanzas y manejar tu dinero? ¿Has desarrollado actitudes ganadoras? Solamente tú tienes el poder de mirar honesta y claramente tu vida y determinar qué es lo que tienes, qué es lo que necesitas y qué es lo que debes cambiar. Después de todo si la manera en que has estado haciendo las cosas, hasta ahora, fuese la más apropiada entonces ya hubieses alcanzado todas tus metas. La buena noticia es que puedes cambiar tu vida drásticamente, modificando tus hábitos. Muchos de nosotros malgastamos gran cantidad de tiempo culpando cosas que están totalmente fuera de nuestro control, por nuestras circunstancias. Creemos que no hemos triunfado porque nacimos en el lugar equivocado, o llevamos el apellido incorrecto, o somos demasiado bajos de estatura, u otro sinúmero de excusas a las cuales achacamos nuestra mala fortuna, cuando la verdadera razón es que no hemos adquirido aquellos hábitos que necesitamos para triunfar. Pretendemos triunfar, aun cuando cotidianamente actuamos de manera inconsciente con los principios del éxito. Concentrémonos en cambiar aquello sobre lo cual ejercemos control completo. Recordemos la oración de la serenidad.

"Señor: Concédeme serenidad para aceptar las cosas que no puedo cambiar; Valor para cambiar aquellas que puedo; y Sabiduría para establecer la diferencia".

El desarrollo de un plan de acción para la consecución de tus metas, es uno de esos nuevos hábitos que tienes que aprender. Qué son exactamente estos hábitos ganadores de que he hablado y cómo los aprendemos. Empecemos por examinar el significado de la palabra hábito. El diccionario dice que un hábito se refiere a un acto repetido tan frecuentemente por un individuo que se ha convertido en algo automático en él. Una segunda definición, muy interesante, dice que un hábito es un patrón de acción que es adquirido y que se convierte en algo automático y fácil de hacer y que es difícil de romper. Como puedes ver, la definición de la palabra hábito trae consigo buenas noticias y malas noticias.

Emerson lo dijo de esta manera: "aquello que persistimos en hacer adquiere cierta facilidad. No que la naturaleza de la cosa misma haya cambiado, pero nuestra fuerza y poder para hacerlo se ha incrementado". La buena noticia es que los buenos hábitos repetidos constantemente, serán fáciles de ejercer al punto de convertirse en automáticos. La mala noticia es que lo mismo sucede con los malos hábitos, y más aún, serán muy difíciles de romper. Lo interesante acerca de los malos hábitos es que son mucho más fáciles de adquirir que los buenos. La razón de esto, es que no requieren

"Señor: Concédeme serenidad para aceptar las cosas que no puedo cambiar; Valor para cambiar aquellas que puedo; y Sabiduría para establecer la diferencia".

mucho trabajo de nuestra parte; es más, suelen venir como resultado de nuestra falta de trabajo. Déjame darte un ejemplo. Es un mal hábito llegar tarde a nuestros compromisos; esto muestra a la otra persona tu falta de respeto por su tiempo. Ahora bien, no necesitas trabajar muy duro para llegar tarde a un compromiso. Sinembargo, el llegar temprano y puntualmente requiere de disciplina.

La mejor manera de romper con un mal hábito es reemplazarlo por uno bueno. Si tienes el mal hábito de mirar cinco a siete horas de televisión, tan pronto como llegas a tu casa, y quieres romper con él, esto será muy difícil si no encuentras otra actividad que desempeñar con ese tiempo que habrás creado al romper con este viejo hábito; pero si adquieres un nuevo hábito, ya sea el de leer un buen libro, o tomar un curso, o servir como voluntario un par de horas diarias en una causa en la cual creas, la transición va a ser mucho más fácil. Sinembargo, recuerda que la creación de nuevos hábitos requiere dedicación, disciplina y persistencia.

Todo esto suena mucho más fácil, dicho que hecho. Pero en realidad, ¿cómo adquirimos buenos hábitos? ¿Cómo sabemos cuáles son los hábitos que tenemos que adquirir?

Si una de tus metas es el tener éxito en este nuevo país, ¿no te parece que una de las mejores maneras de empezar, es observando a aquellos que ya han triunfado y descubrir cuáles son sus hábitos, cómo los adquirieron? Sí, esto es algo sensato. Por esta misma razón, el resto de este capítulo lo dedicaré a examinar algunos de los hábitos comunes entre la gente de éxito, y más importante, sobre cómo tú puedes adquirirlos. Otros hábitos ganadores también serán reflejados en capítulos posteriores.

Nuestros hábitos son las herramientas para construir ese plan de acción que nos lleve a la consecución de nuestros sueños. Algo en común entre hombres y mujeres de éxito, es que ellos graban sus metas en bloques de acero y sus planes de acción en cobre flexible. Esta es una manera de decir que ellos sientan sus metas y no las cambian, y luego desarrollan un plan de acción que puede cambiar en la medida en que sea necesario, para lidiar con las barreras que encuentren a lo largo del camino. La gente que nunca triunfa opera de manera opuesta; sientan sus metas en cobre flexible y sus planes en acero. Ellos fijan metas que requieren poco esfuerzo, y a la menor dificultad que tengan que enfrentar, no lo hacen modificando su plan de acción, sino simplemente cambiando la meta o renunciando a ella.

He aquí algunos de estos hábitos que caracterizan a aquellos que han triunfado.

No dejes para mañana lo que puedes hacer hoy

Todos contamos con dos posesiones básicas que podemos poner a producir: el tiempo y el dinero. Entender cómo poner a producir el dinero no es muy difícil. Cuando depositas cierta cantidad de dinero en una cuenta bancaria y ese dinero gana interés, estás usando tu dinero para que produzca más dinero, estás multiplicando tu dinero. Esta es quizás la manera más sencilla de explicar cómo podemos poner a producir nuestro dinero. El campo de las inversiones es tan complejo, hay tantas variantes que pueden afectar la manera en que tu dinero puede producir, que en muchos casos necesitas consultar, e inclusive, utilizar los servicios de especialistas en inversiones para asegurar el rendimiento de tu dinero. Hablando de multiplicar tu dinero, alguien lo expresó una vez de esta manera: "Tú sabes que estás teniendo éxito, si te puedes quedar en casa y mandar tu dinero a trabajar".

Es un poco más difícil entender cómo podemos multiplicar o hacer producir nuestro tiempo. La importancia de aprender a multiplicar nuestro tiempo, radica en el hecho de que él es la posesión más valiosa que poseemos. Déjame darte un ejemplo. Hace algunos años estaba caminando con mi esposa en un centro comercial. De repente me acerqué a una tienda de animales y entre los perros, gatos y peces de diferentes colores, encontré un pequeño loro verde. El no tenía aquellos colores tan llamativos de algunos de sus familiares; y parecía estar ignorando a propósito, a toda persona que se le acercara. Lo que me llamó la atención acerca de este pequeño animal, era el precio por el cual se estaba vendiendo, 950 dólares. Por esa cantidad de dinero, pensé yo, podría comprar tres perros, dos gatos y, tal vez, un acuario lleno de peces de diferentes colores, y suficiente comida para alimentarlos a todos por tres meses. El vendedor procedió a explicarme que era su rareza y escasez lo que hacía que este animal tuviese un precio tan alto, porque no había ninguno como ese en las tiendas de mascotas vecinas.

La razón por la cual te estoy contando esta historia, es para ilustrar el hecho de que lo que hacía que este animal fuera tan caro, era su escasez; ese animal tenía, quizás, los mismos atributos de una simple golondrina; ahora, las golondrinas no son vendidas en las tiendas de animales a 900 dólares, ¿por qué? porque hay miles y miles de ellas en todo lugar.

Lo mismo pasa con el tiempo, es nuestro más preciado tesoro y es la posesión más valiosa que tenemos debido a su escasez. Nosotros estamos de paso por este mundo por un período de tiempo relativamente corto. Hoy, tenemos más tiempo que el que tendremos mañana. Ese solo factor hace el día de hoy muy importante, porque mañana será simplemente un recuerdo; el recuerdo de un tiempo bien invertido, o el recuerdo de un tiempo perdido. La buena noticia es que, el poder hacer de éste un día glorioso e inolvidable, está en tus manos. Al final de este día, habrás cambiado esas veinticuatro horas por aquello que hayas obtenido a cambio. Examina cuál ha sido el balance de tu vida y pregúntate: ¿valió esto las veinticuatro horas de mi vida que acabé de pagar? Si la respuesta es no, examina claramente en qué estás invirtiendo tu tiempo.

> "Tú sabes que estás teniendo éxito, si te puedes quedar en casa y mandar tu dinero a trabajar".

Es simple, el hombre de éxito y el fracasado, juntos, tienen veinticuatro horas en su día. La única diferencia que existe entre ellos, es lo que hacen con esas veinticuatro horas. Nunca deja de asombrarme cuando oigo a la gente decir cosas como: Bueno, eso es muy fácil de decir para ti, tú tienes todo el tiempo del mundo, pero yo no tengo tiempo. Si aquellas personas supieran lo ridículo que esto suena, tal vez nunca lo dirían otra vez. La pregunta que en realidad debemos hacernos es: ¿Por qué es que ciertas personas parecen poder obtener mejores resultados, cuando cuentan con el mismo período de tiempo que nosotros? La respuesta es muy sencilla; ella radica en el saber manejar nuestro tiempo, saber invertirlo. Al igual que con el dinero, hay tres cosas que tú puedes hacer con tu tiempo. Puedes desperdiciarlo, puedes gastarlo o puedes invertirlo. Lo que hagas con él, determinará los resultados que obtengas al final de tu día.

La razón por la cual pareciera que para muchos de nosotros el desperdiciar nuestro tiempo viene de manera casi natural, es porque en realidad así es. Es fácil desperdiciar tiempo, no necesitas planear, ni requieres ningún esfuerzo extra para desperdiciar un par de horas. Bueno, eso depende de la persona con quien estés hablando. Si estás hablando con una persona que trabaja incansablemente, te dirá, posiblemente, que es muy difícil para ella desperdiciar, a propósito, un par de horas. Pero eso es otro extremo. Cuando digo que necesitamos aprender a manejar nuestro tiempo, en realidad no quiero decir que tengas que convertirte en esclavo de tu reloj, y que no puedes relajarte y disfrutar de un día en el cual no hagas absolutamente nada; lo que quiero decir es que tienes que tomar control de tu tiempo y determinar qué es lo que vas a hacer con él.

El desperdiciar tiempo es simplemente el dar cierta cantidad de él, sin recibir nada en retorno. Si no sabes exactamente a lo que me refiero, déjame darte un ejemplo que puede ser más fácil de entender. Si vas a una librería y compras este libro, y después vas a tu casa y lo colocas en uno de los cajones de tu closet y nunca lo abres, ten la seguridad que habrás desperdiciado el dinero que pagaste por él. Ahora bien, si al estar leyendo este libro encuentras una solución práctica a un problema que has tenido y haces una nota sobre ello para poder arreglarlo en la mañana siguiente, y de repente decides dejarlo para el siguiente día, hasta que finalmente te olvidas del asunto, también habrás desperciado el dinero que pagaste por este libro. Déjame hacerte una pregunta, ¿has hecho eso alguna vez, o algo similar con tu tiempo? Si estás asistiendo a la escuela o si has asistido a ella en el pasado, es posible que recuerdes cómo algunas personas solían levantarse temprano, tomar un baño, vestirse, manejar o tomar el bus para ir a la escuela y luego procedían a sentarse en su asiento con el firme propósito de no prestar atención a nada de lo que el profesor decía, puedes considerar eso como una pérdida de tiempo. ¿Has sido culpable de algo por el estilo alguna vez?

Como puedes ver, desperdiciar tiempo es muy sencillo, no toma mucho trabajo y no necesita ninguna planeación. Si hay algo que la mayoría de las personas no gustan de hacer es planear su tiempo, sus actividades, o el gasto de su dinero. El problema con esta actitud, es que al dejar de planear, de por sí estás planeando tu fracaso. En el último capítulo cubriremos los diferentes pasos necesarios para el desarrollo de este plan de acción.

Lo siguiente que puedes hacer con tu tiempo es, simplemente, gastarlo, el gastar tu tiempo es el dar cierta cantidad de él y recibir el equivalente en retorno. Si después de un día duro de trabajo llegas a tu casa y decides tomar una hora para leer un libro, o sentarte a mirar un buen programa de televisión para descansar tu mente, entonces habrás gastado esa hora de tu tiempo y habrás recibido una hora de relajación; si decides apartar un día domingo para ir con tu familia al parque, habrás gastado, de buena manera, un día de tu tiempo y habrás recibido en retorno la satisfacción de haber disfrutado con tu familia. Esto es algo que debemos hacer para vivir una vida balanceada. No estás desperdiciando tu tiempo, porque estás recibiendo algo en retorno. Sinembargo, de la misma manera que sucede con el dinero, la línea que separa el gastar y el desperdiciar es muy fina. Si vas a una librería y compras este libro, gastas el dinero que pagaste por él, si lo lees, si actúas como este libro dice y te aprovechas de los beneficios y de la información contenida en él, ese gasto se habrá convertido en una buena inversión. Sinembargo, como mencioné antes, si simplemente lo pones a un lado y nunca lo abres, ese gasto se habrá convertido en una pérdida y desperdicio de dinero; porque el papel con que está hecho este libro, no vale el dinero que pagaste por él. Lo que hace este libro invaluable es lo que hagas con la información contenida en él.

Por esta razón si te sientas frente a la televisión con tu esposa y tus hijos, para mirar quizás un no muy buen programa, sin hablar el uno con el otro, no te engañes creyendo que estás gastando tu tiempo con tu familia, porque esta falta de comunicación, no está ayudando a construir una buena relación con tu esposa o con tus hijos. Estás siendo engañado, porque la información que estás recibiendo de dicho programa probablemente no solo no está contribuyendo positivamente al logro de tus sueños, sino que es muy probable que esté alejándote de ellos y esté siendo contraproducente para tu éxito.

Finalmente, hablemos de invertir nuestro tiempo. El invertir tiempo es el tomar una parte de él y ponerlo a trabajar y de esta manera beneficiarnos de nuestra inversión. Tu trabajo mismo es una manera en la cual estás invirtiendo tu tiempo. La cantidad de dinero que recibes en retorno por cada hora que inviertes en tu trabajo, determina si ésta es una buena o mala inversión. Déjame compartir contigo una historia que puede servir como ejemplo para entender este concepto de la inversión de nuestro tiempo. Tengo dos amigos que llegaron a este país, hace alrededor de ocho años. Ellos vinieron juntos con la misma meta en mente: salir adelante, sea lo que fuese que esto significase para cada uno de ellos. Juntos empezaron de la misma manera. Ninguno de ellos sabía el idioma, y por esta razón tuvieron que empezar en trabajos muy bajos. Uno trabajando en un restaurante y el otro en una fábrica, a pesar de que ambos habían estudiado, por lo menos, un semestre a nivel universitario en sus países de origen. Hoy, uno de ellos sigue trabajando en una fábrica y su salario sigue siendo bajo. Después de ocho años ha tenido, por lo menos, seis trabajos diferentes y ha estado desempleado en más de una ocasión. Mi otro amigo trabaja para un banco local y ha estado desempeñando esta labor durante los últimos dos años. Actualmente ocupa la posición de asistente de gerente y gana por lo menos tres veces más que mi otro amigo, ha aprendido el idioma y se ha colocado en una posición en la que ahora le es posible ayudar a su familia, en su país de origen.

Aunque las experiencias de los dos fueron similares en un principio, las diferencias comenzaron a hacerse evidentes, cuando uno de ellos decidió invertir algo de su tiempo. Decidió invertir un par de horas diarias, en un programa de dos años en una escuela vocacional, donde aprendió procesamiento de datos. Sinembargo, en estos dos años, durante los cuales, no sólo invertía su tiempo, sino también su dinero, él no estaba recibiendo ninguna retribución inmediata. Le tomó dos años de duro trabajo para llegar al punto en que esta inversión comenzó a dar sus frutos. Hoy, estos frutos se han materializado en la forma de un mejor trabajo y un mejor estilo de vida.

Ahora la decisión que tiene frente a sí, es si seguir con sus estudios universitarios y adquirir su título de programador de computadoras, o abrir su propio negocio en este sector. Cualquiera que sea su decisión estoy seguro que él triunfará, porque ha aprendido la diferencia entre el gastar y el invertir su tiempo y su dinero.

Lo que muchos de nosotros no entendemos acerca de la inversión, es que toma invertir dinero para producir dinero y también toma tiempo para producir tiempo y dinero. Cuando vine a este país mi primera meta, mi primer objetivo, fue el terminar mis estudios universitarios y adquirir mi doctorado en química y para eso me di un plazo de ocho años. Desde un principio estaba bien enfocado en lo que necesitaba hacer para alcanzar esta meta. No hablaba el idioma y no tenía ningún familiar en este país. Entonces decidí buscar un trabajo y una escuela donde pudiese estudiar el idioma. Me tomó exactamente ocho años y tres meses de estudio arduo y continuo, desde ese primer día que pisé una universidad por primera vez, hasta el día en que recibí mi doctorado en química, en diciembre de 1989. Me tomó la inversión de una gran cantidad de tiempo y dinero para alcanzar mi meta, pero hoy, el fruto de esta inversión se ha materializado en que ahora tengo más control de mi tiempo. He ganado control sobre mis finanzas y como resultado de esto, ahora puedo concentrarme en aquello que es realmente importante en mi vida, en lugar de vivir continuamente reaccionando a las urgencias de la vida cotidiana.

Urgente versus importante. ¿Qué debo hacer?

Albert Einstein definió el tiempo como la secuencia de eventos. Eventos sobre algunos de los cuales ejercemos control absoluto y otros sobre los cuales no tenemos ningún control. Sobre los primeros no sólo ejercemos control, sino que también podemos determinar la secuencia en que deseamos que ocurran. Recordemos la oración de la serenidad y no malgastemos nuestro tiempo preocupándonos de aquello sobre lo cual no tenemos ningún control. ¿Has dejado alguna vez que un día lluvioso te prevenga de hacer algo que sabías que tenías que hacer? Si has dejado que esto te pase, tú estás dejando que un suceso sobre el cual no tienes ningún control, como es la lluvia, determine el resultado de otro evento sobre el cual sí tienes control, que es tu día.

Déjame que te muestre un paralelo que existe con el dinero. Muchas veces nos enojamos cuando descubrimos que vamos a tener que comprar un par de llantas nuevas para nuestro automóvil, o si nos enfermamos y tenemos que ir al doctor. Gastamos una gran cantidad de tiempo y energía retardando el solucionar estas situaciones sobre las cuales, en realidad, no tenemos control. Sinembargo, no lo pensamos dos veces antes de gastar una gran cantidad de dinero en un par de tenis, simplemente porque esa es la moda. Cuando hacemos esto, estamos afirmando que cómo lucimos es mucho más importante que cómo nos sentimos. Si crees que tienes que comprar un par de tenis tan caros para así poder ser parte de tu círculo de amigos, no necesitas nuevos tenis, necesitas nuevos amigos.

Las decisiones que tomamos en nuestras vidas están gobernadas por nuestros valores, los que a su vez, se manifiestan en nuestros hábitos. Por esta razón es importante descubrir cuáles son esos valores que gobiernan nuestras decisiones.

El próximo paso es descubrir aquello sobre lo cual ejerces control absoluto y una vez hecho esto, dar prioridad a lo más importante. El planear diariamente las actividades que debes llevar a cabo te permitirá hacer un mejor uso de tu tiempo y obtener los mejores resultados de tu esfuerzo. Si, planear es la respuesta. Hay una serie de eventos que toman lugar todos los días, para los cuales no necesitas planear. Tú sabes que tienes que comer todos los días; sabes que, cuando te levantes en la mañana, te debes lavar los dientes, que debes bañarte, estos son eventos que por ser habituales no necesitas planearlos. Sinembargo, hay otros aconteci-cimientos que ocurren con menor frecuencia y que puedes controlar, pero que por una u otra razón siempre parecemos posponerlos hasta el último momento, cuando ya no podemos ejercer control sobre ellos, sino que por el contrario ellos pasan a controlar nuestra vida. Esta acción de dejar todo siempre para más tarde, es un mal muy peligroso para tu éxito.

Una urgencia es un evento que demanda atención inmediata. Si tienes un accidente y te cortas la mano, por ejemplo, tienes que dar in-mediata atención a esto, ya sea asistiendo a la clínica más cercana, o actuando rápidamente para sanar la herida. Si esto sucede cuando lavabas los platos en la cocina, tú no simplemente dices: bueno, déjame terminar los platos, arreglar la cocina, mirar un poco de televisión y ya después sí iré al hospital. No, tú vas inmediatamente porque es urgente el solucionar esto de manera inmediata. No podemos planear o tan siquiera prever la ocurrencia de dicha urgencia, sinembargo la mayoría de urgencias que enfrentamos diariamente no son de esta naturaleza. La realidad es que las urgencias, excepto por ciertos casos,

> Si crees que tienes que comprar un par de tenis tan caros para así poder ser parte de tu círculo de amigos, no necesitas nuevos tenis, necesitas nuevos amigos.

son acontecimientos sobre los cuales pudimos ejercer cierto control, pero que pospusimos para más tarde, hasta que ya no tuvimos ningún control sobre ellos.

Es por esta razón que entonces encontramos personas que han tenido que perder un día de trabajo, para poder ir a pagar la luz o el teléfono antes de que el servicio les sea interrumpido. Porque no tienen la disciplina y no planean, de manera que estos eventos comunes no se conviertan en urgencias. Cuando dejamos que esto suceda, nos encontramos reaccionando a estos problemas. Para muchas personas, esta es la historia de sus vidas; parecen nunca poder estar al día, y siempre estar reaccionando a una u otra urgencia, incapaces de producir al máximo de sus capacidades y aún tener suficiente tiempo para sus familias y sus cosas personales. Si empleas todo tu tiempo solucionando urgencias, nunca vas a tener tiempo para aquellas cosas que en realidad son importantes para ti. Como mi buen amigo Jack Leber, una vez dijo: "Si te preocupas por trabajar en lo importante, lo urgente, de una u otra manera, suele solucionarse por sí solo".

Pero, ¿qué puedes hacer para administrar tu tiempo y poder así tomar control de tu vida? Existen diferentes sistemas orientados a ordenar los eventos que conforman tu día, de tal manera que aquellas cosas importantes tengan prioridad sobre los asuntos triviales y puedas así aprovechar al máximo tu tiempo. La planificación de tus actividades diarias, exige obviamente el conocimiento previo de todos los eventos que deseas llevar a cabo durante tu día.

Al preguntar a un gran número de personas cuál era la razón por la cual ellos creían que no habían podido realizar todas sus metas, me encontré con una respuesta casi común: La falta de tiempo. No obstante después de algunos minutos encontrábamos que en realidad el verdadero problema era la falta de conocimiento de sus metas y la falta de un plan de acción. El planear, ya sea tus metas a largo plazo, tus objetivos a corto plazo o tus actividades diarias, exige que tú (1) elabores una lista y (2) establezcas un orden de prioridades. Todos los puntos de esa lista no tienen igual valor; una vez hayas elaborado la lista, dale prioridad a aquellos asuntos que son de mayor importancia para ti.

Si en verdad deseas obtener los mejores resultados de cada día y poder así realizar tus sueños y aspiraciones, debes seguir la siguiente receta:

- Cada noche elabora una lista de todo aquello que deseas realizar al día siguiente. Esta lista bien podría incluir cosas tales como pagar el teléfono, llamar a la universidad acerca del curso de inglés que están ofreciendo, ir a la entrevista de empleo, o llamar a Ricardo para confirmar el juego del domingo. En otras palabras, anota en ella todo lo que tienes y quieres hacer, sin tener en cuenta prioridades.

Son pocas las personas que invierten los 10 ó 15 minutos que toma hacer esto, y prefieren irse a dormir con la esperanza que al día siguiente recuerden esas cosas importantes que tienen que hacer. Es fácil reconocer a aquellos que no planean su tiempo; pues pasan la mitad del tiempo tratando de recordar todo lo que tienen que hacer y la otra mitad dando excusas de por qué no lo hicieron. Al hacer esta lista no sólo podrás olvidarte de ella hasta el otro día y dormirás más tranquilo, sino que al revisarla antes de ir a dormir, estarás informando a tu subconciente de qué intentas hacer, y durante la noche él trabajará en proporcionarte las respuestas.

- El segundo punto consiste en asignar la prioridad a cada una de estas actividades; como indiqué anteriormente, no todas ellas tienen el mismo valor. Toda actividad en tu lista tendrá uno de los siguientes tres valores:

A = VITAL   - Tiene que hacerse
B = IMPORTANTE - Debe hacerse
C = TRIVIAL   - Puede hacerse

Una vez hayas asignado el valor a cada actividad, sabrás cuáles son aquellas cosas a las cuales debes dedicar tu tiempo en primera instancia. Los asuntos marcados con **A** deben hacerse primero, puesto que el llevarlos a cabo te habrá permitido aprovechar tu día al máximo.

En nuestro ejemplo, la entrevista de trabajo es definitivamente una **A**. Dependiendo de la hora del día y la urgencia que demanden, pagar el teléfono y llamar a la universidad pueden ser **A** o **B** y llamar a Ricardo puede ser una **C**. El siguiente paso es asignar una prioridad aún más definida a aquellos asuntos que tienen el mismo valor, por ejemplo A1, A2, A3, etc. Supongamos que la oficina del teléfono sólo está abierta hasta mediodía y la universidad hasta las seis de la tarde; entonces pagar el teléfono puede ser "B1" y llamar a la universidad "B2".

El valor que le asignes a cada actividad es relativo y depende de tus circunstancias; la "B" de hoy puede ser la "A" de mañana. También debes tener en cuenta la cantidad de tiempo que cada una de ellas requerirá para ser ejecutada. Si "A1" es tu entrevista, pero esta sólo es hasta las nueve de la mañana, podrás llevar a cabo "B1" y quizás "C".

La única razón por la cual este sistema pudiera no dar ningún resultado es porque muchas veces nosotros mismos nos encargamos de sabotear nuestros propios planes. Supongamos que en nuestra lista tenemos dos A's, tres B's y cuatro C's. Sinembargo al otro día encontramos que "A1" exige más de lo que pensamos o simplemente amanecimos con pereza, entonces nos olvidamos de ella y le echamos un vistazo a "A2", diez minutos más tarde estamos mirando a "C4", que es arreglar la pata de la mesa de la cocina, gastamos tres horas haciendo esto, que la noche anterior habíamos calificado como algo trivial, mientras que dejamos de hacer aquello que en esos momentos de valor y coraje decidimos que tenía que hacerse, y nuestro sistema ha fracasado. Si al final de tu día has realizado todas las trivialidades y no has hecho tus A's, habrás tenido un día improductivo.

Los resultados de este sistema se incrementan un ciento por ciento si elaboras la lista en una agenda o un calendario. De esta manera siempre puedes en esa misma hoja anotar el resultado de dicha actividad y así mantener un control. También, en caso de que por ejemplo hayas llamado a la universidad y te hayan dicho que esta información sólo estará disponible el martes de la semana siguiente, podrás avanzar hasta ese día y de una vez colocarla de nuevo como una de las actividades a realizar cuando el martes llegue; de esta manera podrás olvidarte de ese asunto hasta el lunes siguiente, no tendrás que malgastar tu tiempo preocupándote de que no se te vaya a olvidar llamar.

Si sigues los pasos aquí indicados, te aseguro que no sólo tendrás una vida más tranquila, y podrás aprovechar mucho más tu día, sino que las posibilidades de que logres alcanzar tus sueños serán mucho mayores.

Aquellas cosas que no aprenderás en la escuela

La manera más adecuada de empezar esta sección es compartiendo la mejor definición de la palabra educación que yo haya oído. Educación es el aprender lo que necesites saber, para llegar a donde quieras llegar, de aquellos que hayan estado allá. Esta es, sin duda, la definición más clara de la palabra educación. En el próximo capítulo hablaremos sobre la urgente necesidad de adquirir educación especializada, una vez hayas determinado cuáles son tus metas. Pero el tipo de educación al cual me voy a referir ahora, pese a que ocurre fuera de la escuela, es igualmente importante.

Examinemos más de cerca esta definición, para descubrir cómo se aplica a nosotros. Muchos de nosotros fuimos a la universidad o a la escuela a adquirir una u otra forma de conocimiento especializado. Aprendimos de profesores y maestros que conocían los fundamentos y que tenían cierto grado de experiencia en cada uno de estos campos. Durante mis veintitrés años de educación, adquirí una gran cantidad de conocimientos generales en la escuela primaria y secundaria, que me prepararon para la información más específica que adquirí en la universidad, la cual me condujo a la especialización que obtuve en la escuela graduada. Sinembargo, nunca durante esos veintitrés años de educación, y debo recalcar que muchos de esos profesores tuvieron un gran impacto sobre mí, nunca hubo un curso que me indicara cómo usar ese conocimiento para triunfar en la vida.

Si sigues los pasos aquí indicados, te aseguro que no sólo tendrás una vida más tranquila, y podrás aprovechar mucho más tu día, sino que las posibilidades de que logres alcanzar tus sueños serán mucho mayores.

Debes entender que tu experiencia educativa es como un gran rompecabezas. En la medida en que aprendes, es como si te estuviesen dando un pedazo de éste, y debes aceptarlo por lo que es, simplemente un pedazo más, no es todo el rompecabezas. Puede ser simplemente un trozo pequeño, que, en realidad, no te da una mejor visión del resultado final. El error que la mayoría de las personas cometen, es el pensar que van a recibir todos los pedazos del rompecabezas en la escuela y eso no es cierto. En la escuela vas a recibir partes de este rompecabezas en la forma de conocimiento especializado. Si tú eres carpintero y vas a la escuela profesional, aprenderás cómo utilizar ciertas herramientas, no todas las herramientas; aprenderás cómo mantener tus herramientas en buenas condiciones y, tal vez, puedas aprender cómo empezar tu propio negocio, no necesariamente de una persona que ya lo haya hecho y he ahí el problema.

Es posible que no aprendas las verdaderas ventajas de empezar tu propio negocio en lugar de trabajar para alguien más; es posible que no aprendas cómo tratar a tus clientes, o cómo conseguir más negocios; quizás no aprendas a sentar metas fijas, o a manejar tu tiempo de la manera más eficiente, o muchas otras cosas, que en mi opinión, son mucho más importantes. Esto sólo lo aprenderás de aquellas personas que saben lo que tú necesitas aprender. Aquellas personas que están donde tú quieres ir, y que han hecho lo que tú quieres hacer. Debes descubrir quiénes son estas personas y dónde están y aprender de ellas ya sea personalmente, o de sus libros, o de sus consejos.

La única manera como vas a aprender es de la experiencia, de los libros que leas, de la gente con la cual te asocies. No existen cursos regulares en la escuela que te enseñen cómo administrar tu tiempo o aprovechar al máximo el potencial que se encuentra dentro de ti. Déjame darte un ejemplo específico: después de haber empezado a enseñar química en la universidad, descubrí que a pesar de que me consideraba un profesional exitoso en este campo, no necesariamente poseía todos los ingredientes que se requerían para triunfar como profesor en esta área. En el salón de clases, contrariamente a lo que ocurría en la industria, yo era el único experto. Los estudiantes habían venido a mí a aprender los conceptos fundamentales de esta ciencia. Pronto me di cuenta que muchos de ellos no habían tomado química antes; que necesitaba poder llegar a ellos si quería triunfar en transferirles el conocimiento e información que ellos necesitaban.

Por aquellos días también descubrí que un gran comunicador y gran orador con el nombre de Dale Carnegie, había empezado a principios de siglo, a enseñar la importancia de hablar con efectividad, como un elemento clave en desarrollar la confianza que nos ayudaría a explotar al máximo, todas nuestras habilidades. Sus esfuerzos habían producido un libro que había publicado en el año de 1936, titulado "Cómo ganar amigos e influir sobre las personas". Esto era lo que necesitaba aprender, para comunicarme efectivamente con mis estudiantes; y estaba dispuesto a hacerlo. Desarrollé la disciplina para leerlo todos los días y aplicar lo que estaba aprendiendo.

El fin de esta historia es que ustedes entiendan que el convertirme en un buen profesor era mi meta y aprender todo lo que necesitaba aprender para alcanzar esta meta, era mi responsabilidad. En mis días de estudios graduados en la universidad, compré libros que valían alrededor de cien dólares cada uno, pero tomó un libro que me costó menos de diez dólares para mostrarme cómo convertirme en un buen profesor. Desde aquel día me propuse adquirir el hábito de leer parte de un buen libro todos los días. He descubierto, hablando con muchas personas de gran éxito, que éste es también uno de sus hábitos.

Lo quiero, pero lo quiero ya mismo

Uno de los hábitos más importantes que tenemos que aprender, especialmente en esta nueva sociedad, y uno de los más difíciles de adquirir, es el de la gratificación retardada. Formamos parte de una sociedad de consumo, que predica que si vale la pena comprarlo, vale la pena comprarlo ya. Debemos cuidarnos de no caer en esta trampa. Especialmente como inmigrantes recién llegados somos presa fácil de mercaderes que tratan de vendernos un pedazo del sueño americano, y si no tenemos el dinero para comprarlo de contado, ellos nos lo venden a crédito.

El no saber manejar su dinero es el problema financiero más frecuente que las personas encuentran. Existe un estado de lucha constante entre tú y todos aquellos que quieren tomar parte del dinero que tan duramente has ganado. Y en esta batalla eres vencedor o vencido, no existen puntos intermedios; toda decisión financiera que tomes, te acerca al logro de tus metas o te aleja de él. Infortunadamente, debido a la falta de información y elaboración de un plan para la consecución de nuestras metas financieras, muchas de estas decisiones que tomamos cada día suelen ser errores financieros monumentales.

Muchos de nosotros pensamos que si nuestros jefes nos doblaran nuestro salario todos nuestros problemas financieros estarían resueltos. Sinembargo esto no es necesariamente cierto. La verdad es que si no sabemos cómo administrar cien dólares, no sabremos cómo administrar mil. La verdad es que un 90% de todas las personas en este país, sin importar cuál es su salario, viven de cheque en cheque. Si crees que tu problema es que no ganas suficiente dinero, entonces toda persona que ganase un poco más que tú, no debiera tener ningún problema financiero. Pero mira inclusive, cómo aquellas personas que ganan más de cien mil dólares al año, se encuentran en dificultades de este tipo. Muchos de ellos se hallan tan mal financieramente como aquella persona que únicamente gana doscientos dólares a la semana. Ellos simplemente están quebrados a un nivel más alto.

Pero ¿qué es gratificación retardada? Significa simplemente que no hay razón para que nos apresuremos a tener todo lo que queremos ya mismo, inclusive si no podemos darnos el lujo de poseerlo; sino que, por el contrario, es prudente y aconsejable esperar el momento apropiado para comprar cualquier producto. También es el aceptar que cualquier compra mayor que realicemos debe venir como gratificación por haber alcanzado una de nuestras metas, o haber realizado uno de nuestros objetivos. Es parte de nuestra naturaleza el querer gratificarnos constantemente. Muchas veces nos sentimos merecedores de grandes vacaciones, inclusive, si no hemos hecho absolutamente nada que las amerite. Adquirimos grandes deudas para poder comprar cosas aun cuando no hemos hecho nada que justifique este premio. De esta manera nos mantenemos al borde de la bancarrota, simplemente para poder vestir de la forma que otros dicen que debemos vestir, y conservar cierto estatus entre nuestros amigos. Déjame compartir contigo una definición de estatus que una vez oí. Estatus es comprar cosas que no necesitamos, con dinero que no tenemos para impresionar a gente de la cual no gustamos.

Tú no tienes que comprar un radio nuevo para el carro, porque tus amigos dicen que tienes que hacerlo; no tienes que deshacerte de esos tenis, cada vez que salen unos nuevos al mercado; no tienes que tener nada, simplemente porque todo el mundo parece tenerlo. Esta es la manera en que la gente pudiente acumuló su riqueza, no desperdiciando su dinero en cosas superficiales. Déjame darte un ejemplo. Alguna vez te ha sucedido que camino a casa desde tu trabajo, has pasado frente a una tienda que anunciaba un nuevo radio, cuyo mayor atractivo era el ser resistente al agua, para que pudieras escuchar tus canciones favoritas cuando estuvieras bañándote, todo por el precio de doce dólares con noventa y cinco centavos y dijiste: esto es lo que he estado buscando por largo tiempo; y muchas veces dices esto sin darte cuenta que, tal vez, esa sea la primera vez que pensaste en ello.

> Déjame compartir contigo una definición de estatus que una vez oí. Estatus es comprar cosas que no necesitamos, con dinero que no tenemos para impresionar a gente de la cual no gustamos.

Debido al entusiasmo del momento compras el radio y te vas contento de camino a casa. A la mañana siguiente estás más que listo a escuchar tus canciones preferidas mientras tomas un baño. Infortunadamente las noticias están a esa hora y tienes que pasar un par de minutos buscando una estación de radio diferente, una que tenga tus canciones favoritas, pero mientras la buscas, el agua caliente se ha terminado y tu esposa te está apurando para que salgas del baño, entonces el próximo día ya no te preocupas de escuchar radio. Dos semanas más tarde lo quitas del baño y lo pones en otra parte, hasta que encuentras un mejor uso para él. Dos años más tarde cuando te estás mudando para otro apartamento, te encuentras otra vez con aquel radio y lo pones en una caja para nunca más volverlo a ver. ¿Te ha pasado esto alguna vez, con algo que hayas comprado? Si ha pasado, entonces tienes que tomar control de cómo y cuándo gastar tu dinero. La gratificación retardada es un hábito que toda persona de éxito ha adquirido para acumular su riqueza.

Déjame compartir contigo una solución práctica para tomar control de estos impulsos y desarrollar este hábito de la gratificación retardada. Este es un pequeño ejercicio que mi amigo Ken Hendon compartió conmigo. Ken me decia: "cuando estés pensando en comprar algo fuera de lo ordinario, algo que no compras todos los días, no lo compres, inclusive si crees necesitarlo ya mismo. No lo compres, escríbelo en un pedazo de papel y ponlo en la puerta de la nevera, déjalo ahí por lo menos una semana. Si al final de esa semana sigues queriendo comprarlo con esa misma urgencia, entonces ve y cómpralo si puedes pagar por él en efectivo, por supuesto. Si no puedes pagar en efectivo, entonces no lo necesitas". Si haces esto, probablemente, descubrirás un gran número de cosas que pensaste que necesitabas con gran urgencia y que un par de días más tarde piensas que si lo hubieses adquirido, habría sido un desperdicio de dinero. Haz esto y te prometo que no sólo tendrás más dinero en el bolsillo al fin de mes, sino también será el primer paso para que comiences a tomar control de tu situación financiera.

Un centavo ahorrado es un centavo ganado... Planifica tus gastos

Déjame recalcar un punto que creo que es de vital importancia y luego darte una valiosa información para que puedas comenzar a construir tu fortuna. Como inmigrantes recién llegados, muchos de nosotros, tenemos un gran número de tareas financieras, tareas como el establecimiento de un hogar, incluyendo la compra de muebles, el comienzo de una carrera profesional, elaboración de presupuestos, desarrollo de un plan de ahorro e inversión, compra de pólizas de seguros que podamos necesitar, minimizar la cantidad de impuestos que debemos pagar, o prepararnos para enfrentar las necesidades de nuestros hijos.

Los expertos en planeación financiera, usualmente, aconsejan que las personas determinen dónde quieren encontrarse financieramente en 15 a 20 años. De esta manera podrán considerar cuáles son los pasos que necesitan tomar hoy para realizar sus metas financieras a largo plazo. Pese a que son muy pocas las personas que toman su tiempo para planear a largo plazo, es gratificante ver cómo aquellos que lo hacen, logran el éxito.

Cuando conocí a Rakesh Patel inmediatamente pude entender por qué él era un triunfador. Rakesh es un hombre pequeño con una sonrisa amplia y un entusiasmo contagioso; hablaba rápidamente y cada comentario venía seguido de una historia. Después de casi una hora de hablar de mil ideas, Rakesh me dijo en un tono un poco más serio: los primeros ocho años fueron de gran sacrificio, ahorrando cuanto centavo podíamos ahorrar, y trabajando arduamente. Claro que nos divertíamos, paseábamos casi todos los fines de semana y estábamos muy envueltos en el templo y en los asuntos de la comunidad.

Sinembargo, cuando llegamos a este país hace once años, me senté junto con mi esposa y mis hijos y les dije que si íbamos a triunfar, iba a ser un trabajo conjunto. Ellos sabían cuáles eran mis planes, pero también sabían cuál sería la recompensa. Si todos los miembros de mi familia no hubiesen sabido exactamente por qué teníamos un presupuesto tan apretado, no hubiesen podido entender por qué mientras los otros niños en el colegio siempre estaban a la última moda, ellos tenían que cuidar muy bien su ropa para que durara.

Durante esos primeros ocho años, siempre llevé mi almuerzo al trabajo. El día de cobro el cheque se iba al banco inmediatamente. Mis hermanos me criticaban porque ellos ahorraban, pero cada uno o dos años viajaban dos o tres semanas a la India de vacaciones y cuando regresaban, era a empezar de nuevo a ahorrar para el próximo viaje, y yo firme en mi propósito y mis metas. El día que me retiré de mi trabajo para abrir la tienda que ahora tengo en Brooklin, mis hermanos por fin se dieron cuenta del poder de tener un plan de acción y un presupuesto.

Hoy, once años después de haber llegado a este país con mi esposa, seiscientos dólares y tres hijos, tengo mi negocio propio, en el cual mi esposa y mis hijos me ayudan, tenemos una hermosa casa y los tres hijos mayores, todos han podido ir a la universidad. Hace seis meses compramos una casa en la India, donde mis padres viven y donde vamos a pasar vacaciones de vez en cuando.

¿Sabes cuál es el mayor problema que muchas personas encuentran al llegar a este país? decía Rakesh con voz quebrada:- que logran conseguir un poco más de lo que tenían en sus países y se contentan con eso, piensan que ese es el sueño americano y no planean para el futuro, no ahorran y no esperan por nada; todo lo quieren ya mismo y por eso nunca llegan a disfrutar ni a vivir en grande.

Determina cuáles son tus metas financieras a largo plazo. Una vez hayas hecho esto, sienta objetivos a corto plazo que vayan en concordancia con tus metas a largo plazo, y finalmente desarrolla un plan de gastos realista que separe gastos fijos como el pago mensual de tu arrendamiento, de los gastos flexibles como ropa y recreación. Si has obtenido crédito, incluye el pago de estas deudas en tu presupuesto mensual. También separa cierta cantidad de tus entradas para gastos menores. Recuerda que una parte de un buen plan de ahorro, es el pagarte tú mismo primero que todo. Esto significa el ahorrar mensualmente cierta cantidad de dinero, inclusive si es una cantidad pequeña. Es conveniente que en un futuro no muy lejano, puedas tener ahorrado como reserva una cantidad de dinero correspondiente a tres a seis meses de salario para usar en caso de emergencia. Esto sólo podrá ser conseguido si ahorras, por lo menos, un 10% de tu salario mensualmente.

Lo que realmente determinará tu éxito financiero es el aprender cómo administrar el dinero que ganas, cualquiera que esta cantidad sea. Por supuesto que siempre debemos buscar maneras de aumentar nuestros ingresos. Como veremos más adelante, debes fijar metas financieras de la misma manera que fijas metas profesionales, familiares y demás. Resulta imprescindible el que aprendas nuevos hábitos para manejar tu dinero apropiadamente. Debes crear bases sólidas que te permitan aprovechar toda buena oportunidad financiera, y que te dejen ver con claridad aquello que puede ser perjudicial para la acumulación de tu fortuna. Si dominas las sencillas reglas presentadas en estos capítulos, podrás resolver más fácilmente tus preocupaciones financieras y entonces podrás dedicar más tiempo a aquellas cosas que son realmente importantes en tu vida.

Como he mencionado en varias ocasiones a través de este libro, la llave del éxito está en planear. El éxito financiero no es un accidente, es el resultado de un plan, de nuestra disciplina, y de nuestro compromiso a la realización de nuestros sueños. Una gran mayoría de inmigrantes tiende a concentrarse exclusivamente en sus necesidades financieras corrientes y no elabora planes a largo plazo. Esto puede hacer aún más difícil la tarea de enfrentar cambios financieros impredecibles. Como también puede conducir a la pérdida de grandes oportunidades para inversiones a largo plazo. El fijar metas financieras y desarrollar estrategias para alcanzarlas es en sí mismo una inversión de tiempo que puede dar resultados invaluables para tu futuro.

El mantener tus finanzas bajo control es más simple de lo que piensas, si estás realmente interesado en triunfar. Nota que dije simple, no fácil; pese a que las reglas para alcanzar el éxito financiero son relativamente simples, no muchas personas logran alcanzarlo debido a que no es fácil y sencillo, sino que requiere disciplina, planeamiento, y un compromiso total. Pero independiente de que seas una persona a quien no le gusta encargarse de tareas financieras mayores o si has considerado emplear los servicios de un consejero financiero, debes entender que necesitas ser parte activa de tu propio planeamiento financiero. Una manera muy simple para empezar a tomar control de tus propias finanzas, es el mantener un presupuesto de tu dinero.

Unicamente cuando determines lo que tienes, podrás decidir cuánto puedes gastar. Es bien sabido que la persona promedio en este país gasta más del 100% de sus ingresos. Gastamos más de lo que tenemos. ¿Puedes acumular tu fortuna de esta manera? La respuesta es no. Es muy simple, de un lado tienes el dinero que ganas y de otro tienes el dinero que gastas. Si tus entradas son mayores que tus gastos, estás acumulando dinero. Si sucede lo contrario, entonces estarás acumulando deudas. Este, por simple que parezca, es el principio financiero más profundo que necesitas aprender para tomar control de tu situación financiera.

Pero si es así de simple, ¿cómo es que tantas personas se encuentran en apuros? La respuesta es igualmente elemental. El hecho, es que este sencillo principio que acabamos de enunciar se aplica, ya sea que lo conozcas o no. Aquellos que se encuentran en apuros, simplemente decidieron ignorarlo. Es increíble, pero una gran mayoría de las personas no sabe, a ciencia cierta, cuánto dinero gana mensualmente, y muy pocos tienen un presupuesto o practican el principio de gratificación retardada, como resultado de no saber cuánto gastan y peor aún, cuánto tienen. ¿Has oído a alguien decir alguna vez: "no entiendo a dónde se fue el dinero"?. La verdad es que el dinero no se va a ninguna parte por sí mismo, él termina donde decidas mandarlo.

> Si tus entradas son mayores que tus gastos, estás acumulando dinero. Si sucede lo contrario, entonces estarás acumulando deudas. Este, por simple que parezca, es el principio financiero más profundo que necesitas aprender para tomar control de tu situación financiera.

El hecho es que muchas personas viven muy por encima de sus posibilidades económicas. Debes estar seguro que nunca ganarás libertad financiera si estás gastando más de lo que ganas. La solución a este problema es el desarrollar un presupuesto que te permita controlar tus gastos, aunque simple, esto no es necesariamente fácil. Como prueba de ello, mira a tu alrededor y observa cuál es el mayor problema que enfrenta el gobierno federal, estatal y local cada año. Todos terminamos gastando más de lo que tenemos. Y la mayor barrera con que nos enfrentamos es el querer reducir nuestras deudas sin cambiar los malos hábitos que nos llevaron a esa situación. Entiende que ya sea que ganes un millón de dólares al año, o doscientos dólares semanales, si no tienes un presupuesto, nunca tendrás un control absoluto sobre tu situación financiera.

Desarrollar un presupuesto, es planear tus gastos durante cierto período de tiempo, de acuerdo a tus entradas por ese mismo período. Esto incluye determinar cuáles son tus necesidades y tus gastos fijos. Debes asignar una cantidad fija de dinero para cada uno de estos gastos. Ahora bien, la razón por la cual muchos presupuestos fracasan es porque nosotros mismos nos encargamos de sabotear y desestabilizar nuestro presupuesto al asignar regularmente para actividades recreativas más dinero del que un buen presupuesto permitiría.

Al igual que con cualquier otro nuevo hábito, un compromiso firme y gran disciplina son los principales ingredientes para mantener un buen presupuesto. Un primer paso, es el ahorrar por lo menos un 10% de tus entradas netas. Al principio, mientras que efectúas esa transición de tus viejos hábitos a tu nuevo estilo de vida, esto puede parecer casi imposible de realizar, pero a medida que comienzas a implementar todos estos nuevos hábitos de éxito, como el evitar gastos innecesarios, el pagar el balance de tus tarjetas de crédito y el establecer un presupuesto, este ahorro será mucho menos dificultoso. Después de un par de meses, ni siquiera extrañarás este dinero. Poco a poco irás formando una pequeña fortuna, la cual puedes utilizar para educación universitaria de tus hijos, para el pago inicial en la compra de tu casa o simplemente como un fondo de emergencia para los tiempos difíciles. Recuerda que el origen de toda gran fortuna ha sido siempre una pequeña fortuna.

Veamos cómo podemos elaborar un buen presupuesto de acuerdo a nuestras circunstancias financieras. Empecemos por aclarar qué es lo que un presupuesto no es. El primer gran error es el creer que los presupuestos son solamente para personas con bajos ingresos; tampoco es simplemente el anotar los gastos mensuales, y no esperes que el presupuesto te diga cómo gastar tu dinero. Este no es un plan para evitar toda clase de gastos o para distanciarnos de aquellas cosas que queremos. Todos estos son conceptos erróneos de lo que en realidad es un presupuesto. Como dije antes, un presupuesto es simplemente un plan para distribuir tus ingresos, de tal manera que puedas cubrir los gastos correspondientes a tus necesidades y lograr la obtención de tus metas. El porcentaje que tú asignes a cada componente de tu presupuesto, depende de tu situación personal. Si eres casado, tu presupuesto debe incluir tus metas personales al igual que las metas de tu familia.

> Recuerda que el origen de toda gran fortuna ha sido siempre una pequeña fortuna.

Ejemplo de un Presupuesto de gastos:

Ingresos	Estimado	Actual
Ingresos mensuales	$_____	$_____
Intereses	$_____	$_____
Otros ingresos	$_____	$_____
Ingresos totales	$_____	$_____

Gastos fijos	Estimado	Actual
Alimentación	$_____	$_____
Renta o pago de hipoteca	$_____	$_____
Ahorros (10% de los ingresos)	$_____	$_____
Matrícula escolar	$_____	$_____
Transportación	$_____	$_____
Prima de seguros	$_____	$_____
Pago de deudas	$_____	$_____
Servicios (agua, gas)	$_____	$_____
Teléfono	$_____	$_____
Otros	$_____	$_____
Gastos fijos totales	$_____	$_____

Gastos Variables	Estimado	Actual
Recreación	$_____	$_____
Utiles escolares	$_____	$_____
Ropa	$_____	$_____
Gastos médicos y dentales	$_____	$_____
Lavandería	$_____	$_____
Reparaciones	$_____	$_____
Peluquería	$_____	$_____
Golosinas	$_____	$_____
Donaciones	$_____	$_____
Gastos para la casa	$_____	$_____
Regalos	$_____	$_____
Otros	$_____	$_____
Gastos variables totales	$_____	$_____
Gastos totales	$_____	$_____
Ingresos totales	$_____	$_____
Gastos totales	$_____	$_____
Balance	$_____	$_____

Si no has elaborado un presupuesto previamente, es posible que encuentres un poco difícil el empezar. Diferentes servicios de consultoría proveen asistencia a personas que encuentren dificultad en desarrollar un presupuesto de su dinero o en cubrir todos los gastos mensuales. Muchas organizaciones, incluyendo cooperativas, centros de servicios a la familia y organizaciones religiosas, ofrecen diversos tipos de consultoría sobre cómo presupuestar tu dinero, gratuitamente o a muy bajo costo.

El servicio de consultoría sobre crédito al consumidor (CCCS), es una organización sin ánimo de lucro que enseña técnicas sobre cómo administrar tu dinero, pago de deudas y programas educativos. Los consejeros toman en consideración las necesidades del cliente, al igual que las necesidades de la persona u organización que les haya extendido el crédito. Si necesitas ayuda para planificar el pago de tus deudas, podrás encontrar la oficina del servicio de consultoría de crédito al consumidor, más cercana a tu residencia, contactando la siguiente organización.

National Foundation for Consumer Credit, Inc.
8611 Second Ave., Suite 100
Silver Spring, MD 20910-3372
Tel.: 1(800) 388-CCCS (Toll Free)

Organizaciones privadas y voluntarias de ayuda al consumidor, usualmente son creadas para auxiliar al consumidor con problemas específicos. Para averiguar acerca de estos grupos en tu comunidad, ponte en contacto con la oficina de protección al consumidor a nivel local o a nivel estatal; podrás encontrar el número telefónico de la oficina más cercana a tu residencia, en las páginas azules de tu guía telefónica o llamando al número telefónico mencionado anteriormente.

Recuerda que el construir tu fortuna no viene como consecuencia de una sola decisión mayor, sino que llega como resultado de implementar un número de hábitos nuevos cotidianamente. Hábitos que harán de ti un gran administrador de tu dinero y te permitirán tomar control de tus finanzas.

¿A EMPEZAR DE NUEVO?

Algo que muchos de nosotros asumimos cuando recién llegamos a esta nueva tierra, es que debemos empezar otra vez de nuevo, y en cierto sentido, estamos empezando una nueva vida en un nuevo país. Para muchos de nosotros esto significa aprender un nuevo idioma, aprender nuevas costumbres. Es el experimentar un grupo de valores diferentes y el estar expuestos a ideas que son totalmente nuevas para nosotros; sinembargo esto no significa que tenemos que empezar de nuevo en todas y cada una de las áreas de nuestra vida.

Muchos de nosotros traemos una vasta experiencia profesional, experiencia de trabajo y educación. Un error que cometemos con frecuencia, es el de no aprovechar esa experiencia que hemos alcanzado con anterioridad y asumir que incluso en estas áreas en las cuales hemos invertido gran cantidad de tiempo y esfuerzo, debemos empezar de nuevo. Al hacer esto, estamos diciendo que esa experiencia que hemos acumulado en nuestros países de origen no vale absolutamente nada. Una y otra vez he encontrado inmigrantes que eran profesionales en sus países de origen, o que tenían una gran cantidad de experiencia en determinado campo, trabajando aquí en posiciones que están muy por debajo de sus capacidades. He visto ingenieros lavando platos; abogados trabajando por un salario mínimo y doctores laborando como cajeros en un supermercado.

No quiero que malinterpretes lo que estoy diciendo. No estoy condenando profesiones tales como lavador de platos o cajero ni quiero decir que estos trabajos no deban considerarse bajo ninguna circunstancia. Es más, mi primer trabajo en este país, hace casi doce años, fue como lavador de platos en un restaurante. Lo que en realidad estoy diciendo, es que la alternativa más sensata en cuanto a posibilidades de trabajo o estudio se refiere, es el empezar considerando aquellas oportunidades que te permitan beneficiarte de la experiencia que ya has adquirido. No asumas como norma el tener que empezar de cero, y no escuches a aquellos que te dicen que estás soñando si crees que podrás trabajar en tu propio campo desde un principio; investiga, no tienes nada que perder y sí mucho que ganar.

Ahora bien, ¿qué puedes hacer parar aprovechar al máximo la experiencia que has traído contigo? Como ya lo he dicho, el primer paso es la definición clara y precisa de tus metas.

Si tu meta es el permanecer en el mismo campo en el cual te has venido desempeñando, requerirá un plan de acción diferente al de aquella persona cuya meta sea el empezar una nueva carrera. Cualquiera que sea el caso, el especificar tus metas profesionales, educativas, o de trabajo te proveerá la dirección y empuje necesarios para empezar, y más importante aún, te ayudará a entender que así debas comenzar desempeñándote en un trabajo por debajo de tus capacidades o en un ramo distinto al tuyo, esta es solamente una situación temporal, y que simplemente estás pagando un pequeño precio en tu camino hacia el éxito.

Una persona con objetivos y metas bien definidas, no tiene ninguna dificultad en aceptar la inconveniencia en tener que trabajar, de manera temporal, en cualquier clase de trabajo. Sinembargo, si esa persona no tiene esas metas a largo plazo, esa situación aparentemente temporal, comienza a convertirse en algo permanente. La persona que no ve la manera de salir de esta situación, y la frustración de ver claramente que no está progresando hacia la consecución de sus metas, paraliza sus esfuerzos y no lo deja romper la inercia que lo mantiene atado a sus circunstancias. Eventualmente, comienza a dudar de sus propias habilidades y a cuestionar su competencia y aprende a aceptar que quizás la única manera de salir adelante es empezando otra vez. En los próximos capítulos aprenderás cómo romper con este círculo vicioso, mirando algunas de las alternativas en términos de oportunidades educativas, ocupacionales y de trabajo en este país.

Capítulo III

LO SIENTO SEÑOR, I DON'T SPEAK ENGLISH

Una de las primeras dificultades que enfrentamos como inmigrantes, es el formar parte activa de esta nueva sociedad. Esto se debe principalmente a la barrera que el nuevo idioma presenta para muchos de nosotros. La falta de resolución para sobreponernos a esta barrera inicial, se manifiesta en la imposibilidad de comunicarnos con los demás, y esta es quizás la mayor razón por la cual un gran número de inmigrantes no logra aprovechar al máximo las oportunidades que este país les ofrece y no consiguen alcanzar sus metas.

Aprender el idioma sigue siendo visto por muchos inmigrantes como una alternativa, y no como una necesidad imperiosa para salir adelante. Aprender a hablar Inglés no debe ser visto como una alternativa, sino como una meta que debemos alcanzar para, de esta manera, facilitar la consecución de nuestros sueños. El aprender el idioma determina el que podamos aprender de otros; de lo contrario, limita nuestra habilidad de desarrollar relaciones exitosas con las demás personas; no nos permite disfrutar de nuestra vida al máximo en este nuevo país; no nos permite aprovechar los mejores trabajos o tan siquiera conocer nuestros derechos. Puede ser la causa de situaciones graciosas, como un amigo mío que pasó varios meses comiendo comida de gatos, convencido que estaba comiendo atún; pero también puede ser fuente de frustraciones que en muchos casos nos pueden llevar a tomar decisiones totalmente equívocas.

No debemos percibir el aprendizaje de este nuevo idioma como una amenaza a nuestro propio idioma o cultura. Debemos verlo como una necesidad básica en este país y también como una vía para enriquecer nuestra propia cultura. ¿Has conocido alguna vez a alguien que tenía una impresión totalmente errónea acerca de tu país y tu cultura, al cual no hayas podido corregir por no saber el idioma? Aprender a hablar Inglés no sólo nos ayudará a aprender de otros, sino que también nos permitirá compartir con otros, nuestras propias experiencias y las riquezas de nuestra propia cultura. Este libro es prueba de ello; hace doce años comprendí que era imperativo aprender el idioma y actué de manera inmediata, y como resultado hoy puedo compartir mis pensamientos y mis experiencias con personas de muchos otros países y culturas, ya sea en el salón de clase, a través de mis conferencias o a través de este libro que por supuesto también será editado en Inglés.

Dentro de las fronteras de esta sociedad, existen muchos grupos étnicos que han podido formar comunidades donde su lenguaje, costumbres y ambiente hogareño prevalecen. Muchos de los nuevos inmigrantes que llegan a este país optan por mudarse a estas comunidades. En 1980 más de la mitad de los cubanos llegados a los Estados Unidos se encontraban en la ciudad de Miami, en el estado de Florida. La gran concentración de cubanos en esta ciudad, les ha permitido construir una comunidad ampliamente autosuficiente, tanto social como económicamente. Esto ha hecho de Miami, un gran ejemplo de la formación de estas comunidades étnicas. Dentro de estas comunidades, donde el no saber hablar inglés no es tan perjudicial, la experiencia educativa o de trabajo, traída de nuestros países se puede traducir, inmediatamente, en un buen trabajo y en un buen salario; sinembargo, muchos de los cubanos que viven fuera de estas comunidades no pueden hacer lo mismo y terminan, en gran parte, ejerciendo trabajos muy por debajo de sus habilidades por la falta de conocimiento del idioma.

Este libro es prueba de ello; hace doce años comprendí que era imperativo aprender el idioma y actué de manera inmediata, y como resultado hoy puedo compartir mis pensamientos y mis experiencias con personas de muchos otros países y culturas, ya sea en el salón de clase, a través de mis conferencias o a través de este libro que por supuesto también será editado en Inglés.

Es indudable que los nuevos inmigrantes hispanos al venir a este país y mudarse a estas comunidades eliminan, al menos temporalmente, la barrera del idioma. Otro ejemplo de este fenómeno, es la zona metropolitana de Huston, en el estado de Texas, que sirve de hogar a más de un cuarto de la población extranjera nacida en Texas, con un 40% de inmigrantes asiáticos y más de un 20% de inmigrantes mexicanos. Un gran porcentaje de la población del estado de

California es de origen mexicano y asiático. Dos quintas partes de la población extranjera de los Angeles es mexicana, mientras que en San Francisco, la población asiática es el grupo dominante.

La mayoría de los nuevos inmigrantes que arriban a este país, ubican su residencia en uno de seis estados. De acuerdo a las estadísticas, en el año fiscal de 1985 a 1987, un total de 161.164 inmigrantes encontró residencia en el estado de California, esto es un 26.8% del número total de inmigrantes por esos años. Un 19.0% se radicó en el estado de Nueva York, un 9.1% en la Florida y 7.0% en Texas, un 5.1% en el estado de Nueva Jersey y un 4.3% en el estado de Illinois, y el otro 28.6% encontró residencia en otros estados de los Estados Unidos. Es interesante que de este grupo de inmigrantes que vino a este país durante este período de tiempo, 43.4% vino de otros países del continente americano, un 42.8% de Asia, un 10.2% llegó de Europa, un 2.9% de Africa y un 0.7% de Oceanía.

Un gran número de todos los inmigrantes chinos llegados a los Estados Unidos terminarán radicándose, ya sea en Nueva York o en San Francisco. También un gran número de inmigrantes cubanos se radicarán ya sea en Miami, o en Union City en el estado de Nueva Jersey. Como mencioné anteriormente, la gratificación inmediata de esta decisión es el hecho de que el lenguaje no se convierte en una barrera, siempre y cuando funcionemos y trabajemos dentro de esa comunidad. La experiencia educativa y la experiencia de trabajo pueden ser usadas casi inmediatamente, a un grado más bajo pero mucho más satisfactorio que fuera de dicha comunidad.

Sinembargo, a largo plazo, las consecuencias de esta decisión se manifiestan de dos formas. Primero, esta solución rápida y sencilla de sortear la barrera del lenguaje perpetúa el problema mismo. Los inmigrantes que forman parte de estas comunidades, ya no ven la necesidad de aprender a hablar el nuevo idioma como algo que demande atención inmediata. La segunda consecuencia a largo plazo, es que fuera de esta comunidad, donde el conocimiento del idioma es requerido, el inmigrante no logra los mismos beneficios. Como resultado creamos una situación que limita nuestra movilidad a otras áreas del país y que también limita nuestra movilidad en oportunidades de empleo. Independientemente de la experiencia profesional que un inmigrante traiga consigo, si éste no habla el idioma, en la mayoría de los casos se verá relegado a trabajos muy por debajo de sus capacidades. Esta es una realidad a la cual debemos enfrentarnos.

Sé que algunas de las personas que están leyendo este libro pueden aducir el hecho de que muchos inmigrantes alcanzaron gran éxito personal en sus respectivas empresas, pese a que no hablaban el idioma. He encontrado a muchos inmigrantes que usan el éxito y el progreso de estas personas como excusa o justificación para reforzar su posición de que aprender inglés no es absolutamente necesario; sin darse cuenta que el hecho de que algunas personas hayan triunfado sin haber aprendido el idioma no hace de esto una regla general, especialmente en una sociedad tan competitiva. Es verdad que podemos alcanzar cierta medida de éxito sin tener que aprender el idioma. De igual manera, es verdad que el aprendizaje del idioma no necesariamente es una garantía de que triunfarás, sinembargo no aprenderlo hará mucho más difícil el logro de tus metas.

El no hablar el idioma repercute en tu vida social. Estás limitado en los libros que puedes leer, en los eventos sociales y culturales a los que puedes asistir, o en tu participación en los asuntos de la comunidad. Poco a poco esto comienza a crear en ti un sentimiento de marginación del resto de la sociedad, y a crear una baja autoestima, donde la frustración de no poder sortear situaciones sencillas, hace que cuestiones tus propias habilidades.

> El no hablar el idioma repercute en tu vida social. Estás limitado en los libros que puedes leer, en los eventos sociales y culturales a los que puedes asistir, o en tu participación en los asuntos de la comunidad.

El lenguaje es una herramienta de la comunicación; si esa herramietna es defectuosa, o si no sabemos cómo usarla, nuestra habilidad para comunicarnos disminuye, y nuestra vida se verá afectada. Cuando los canales de la comunicación se rompen, los resultados pueden ser catastróficos. Déjame ilustrar esto con un ejemplo que te mostrará las proporciones reales de lo que puede suceder.

Permíteme presentarte al señor y la señora Lee. Ellos son inmigrantes chinos recién llegados a los Estados Unidos, residen en un vencindario altamente poblado por inmigrantes asiáticos, muchos de ellos chinos también. El señor Lee, rápidamente, encuentra empleo para trabajar en un restaurante local, mientras que la señora Lee encuentra un empleo de medio tiempo, no muy lejos del apartamento en que ellos viven, como cajera en un pequeño supermercado. Debido a que ella trabaja con el público constantemente, y porque tiene mucho más tiempo que el señor Lee, ella tiene la oportunidad de asistir a la escuela secundaria de su vecindario para tomar clases de inglés, durante las noches. A medida que pasa el tiempo, su entendimiento del idioma se hace mucho más sencillo, mucho más que en el caso del señor Lee. El, a su vez, ve esto como ventaja puesto que ahora ella puede encargarse de los asuntos domésticos para los cuales él no tiene tiempo. Asuntos como pagar los recibos y comprar los alimentos.

Pero ahora, la señora Lee no sólo puede hacer estas cosas, sino que también entiende y disfruta de los programas de televisión; y le gusta salir mucho más que cuando no hablaba el idioma. El señor Lee, por su parte, tiene un grupo pequeño de amigos en el vecindario cuya compañía disfruta mucho. El se siente a gusto con ellos, puesto que pueden hablar de su país, de los viejos tiempos y más importante aún, porque lo pueden hacer en su propio idioma.

Hoy, después de varios años, la señora Lee tiene un trabajo mucho mejor, como asistente de gerente de una tienda más grande, con un mejor salario y por supuesto ahora habla inglés correctamente. Tiene gran confianza en sus conocimientos y sabe que ahora puede ir a cualquier parte que quiera. Ella quisiera poder hacer mucho más, si no fuera porque el señor Lee prefiere pasar el tiempo en su casa leyendo los periódicos de su país, que puede conseguir en la tienda de la esquina.

El ha comenzado a experimentar la frustración de tener que ir día tras día al mismo trabajo monótono y tan poco excitante. El desearía poder encontrar otro trabajo en que le pagasen un mejor salario: por lo menos tan bueno como el de su esposa. También está preocupado porque la comunicación con su mujer es casi inexistente, y la verdad no sabe cómo esa relación va a continuar así, mucho más tiempo. Pero existe una solución en la cual él ha estado pensando desde hace algún tiempo: retornar a su país.

Ella también ha experimentado cierto sentimiento de frustración, puesto que no entiende por qué su esposo no comparte su alegría, ahora que ella ha tomado la decisión de asistir a la universidad. Ella no puede entender por qué él no hace un esfuerzo por aprender inglés, para poder encontrar un mejor trabajo. Ella sabe que si él hablara el idioma las cosas cambiarían. Tal vez de lo único de que está totalmente segura es que ella, definitivamente, no se devuelve a su país.

Voy a parar aquí, pero ya pueden ver la dirección en la cual esta historia va, e infortunadamente casi que podemos predecir su resultado. ¿Es este un caso extremo? La verdad es que un gran número de los problemas que existen en el seno de las familias inmigrantes que residen en los Estados Unidos, tienen su origen en las grandes discordias que se crean como resultado de la diferencia en adaptación a la nueva cultura experimentada por los distintos miembros de la familia. El que unos aprendan el idioma y otros no, crea barreras que pueden presentar pequeñas inconveniencias, pero también puede crear problemas de gran trascendencia. No dejes que esto te pase.

Les presento a la familia Martínez. Rafael Martínez, el padre, es una persona muy respetada en su país. Elena, la esposa, es dulce y siempre ha dependido de Rafael, puesto que nunca tuvo que trabajar en su país. Roberto, Antonio e Isabel tienen siete, tres y dos años respectivamente. Encontrarse en este país es una experiencia nueva para ellos y una que no habían planeado, sinembargo la situación política de su país de origen, se deterioró al punto que no existía otra posibilidad que huir de la violencia.

Afortunadamente Rafael tenía algunos amigos en los Estados Unidos, y en un par de días, gracias a ellos pudo encontrar trabajo en una fábrica a veinte minutos de su apartamento.

El sabe que rellenar maletas con pedazos de papel no es la clase de trabajo que pensó ejecutar, pero él entiende que esta situación es temporal; lo importante ahora es que genere suficiente para comer y pagar la renta. Después de todo, no estará toda la vida en este país; la situación mejorará en su patria y tendrá la posibilidad de retornar a su trabajo de veintisiete años.

Elena por su parte se encuentra algo nerviosa con el hecho de tener que ir a trabajar por primera vez en su vida, especialmente en un país diferente. El temor tan grande de no poder entender nada de lo que se esté diciendo, la petrifica, pero la idea de sentarse frente a una máquina de coser por ocho horas, no es tan aterradora como la de tener que dejar a su pequeña hija con una persona extraña todo ese tiempo. No obstante, ella comprende que así debe ser; después de todo, sería imposible para Rafael mantener a toda la familia por sí solo; el único consuelo es que por lo menos los otros dos niños están yendo a la escuela.

Los primeros dos años pasaron casi desapercibidos, pese a que Rafael había tenido, por lo menos, seis trabajos, y Elena se había visto obligada a dejar su empleo un par de semanas antes, a causa de un dolor de espalda que la había estado aquejando por casi un año. Sinembargo, las cosas no estaban tan mal; además parecía que la situación estaba mejorando en su país de origen, e iba a ser simplemente cosa de uno o dos años antes que ellos pudieran regresar y empezar de nuevo.

Roberto, ahora con nueve años de edad, se desempeñaba muy bien en la escuela. Había aprendido inglés tan rápido y lo hablaba tan bien, que muchos profesores pensaban que él había nacido en este país. A Antonio igualmente le estaba yendo bien y hablaba inglés con facilidad, pero únicamente podía hablar con Roberto o con su pequeña hermana. Cuando hablaba con sus padres, hablaba mitad inglés y mitad español, al punto de que muchas veces no estaba seguro si la palabra que acababa de decir era en inglés o en español.

Rafael nunca vio mayor problema con el hecho de no hablar ni una palabra de inglés; en su trabajo todo el mundo hablaba español, incluso el capataz, quien era americano, sabía suficiente español para decirles a todos qué debía hacerse. Sinembargo, desde que Elena se había enfermado y ellos tuvieron que ir a la oficina del seguro social a tramitar unos papeles sobre su compensación, y él se había visto obligado a llevarla al hospital, se sintió un poco mal, al no entender absolutamente nada, después de dos años de estar en este país. Afortunadamente Roberto estaba libre para ir a la oficina del seguro social y poder servir como traductor, y en el hospital, Antonio, el chico de cinco años, fue bastante útil en traducirle al doctor el problema que aquejaba a Elena; puesto que la enfermera que hablaba español no se encontraba en el hospital, en ese momento.

La tercera vez que Rafael tuvo que ir a la oficina del seguro social con Roberto, no sólo estaba frustrado por el hecho de tener que hablar a través de un niño de nueve años, sino que exaltado culpaba a todos los empleados de esa oficina por no hablar su idioma. Roberto, también estaba cansado de perder clases y tener que sentarse en oficinas por horas, y no podía entender por qué su padre no aprendía a hablar inglés y hacer estas cosas que, se suponía, debían ser hechas por mayores.

El tiempo pasó y Elena se puso mejor y retornó a su trabajo. Rafael había perdido la cuenta de cuántos trabajos había tenido en los nueve años que había estado en este país. Las cosas lucían bastante prometedoras en su tierra y parecía que en un par de semanas todo volvería a la normalidad y finalmente podrían retornar y empezar de nuevo. Isabel, que ahora contaba con once años, era una niña preciosa y ciertamente mucho más colaboradora en traducir cuando Rafael o Elena tenían que ir a algún lado donde necesitaran hablar inglés. Rafael había intentado aprender el idioma, pero después de tres clases en la escuela secundaria de su vecindario, había renunciado a la idea. Elena, en realidad, nunca trató de aprenderlo.

La frustración que Rafael estaba experimentando no tenía nada que ver con el hecho de que él desempeñaba un trabajo pésimo, porque tenía la plena seguridad que sólo sería hasta que las cosas se pusieran mejor en su tierra. Tampoco tenía nada que ver con el hecho de que más de la mitad del tiempo no podía entender ni siquiera a su propia hija. Su frustración real era que desde que los papeles se habían invertido, diez años antes, cuando él comenzó a depender de sus hijos para traducirle, cuando los hijos principiaron, por necesidad, a jugar el papel de los padres y los padres empezaron a depender más y más de los hijos, para solucionar los problemas diarios que involucraban hablar el idioma, después de repetidamente pedir a sus propios hijos que tomaran control de ciertas situaciones que él no podía solucionar, su autoestima había decaído. Vio esfumarse ese respeto que sus hijos solían tener por su figura autoritaria en los primeros años. Estaba cansado de todo esto, y rezaba para que las cosas se pusieran mejor en su tierra y así poder regresar otra vez.

Ahora bien, es posible que muchos de ustedes piensen que, quizás, esta situación sea un poco extrema, pero no necesitamos ir muy lejos para verificar lo que aquí he presentado. Necesitamos ir simplemente a la empresa de teléfonos, o a la compañía de gas, o a la oficina del seguro social para ver cómo un gran número de inmigrantes se encuentran allí con sus hijos que les servirán como traductores. En más de una ocasión he podido observar **cómo** padres afanados, mandan a sus hijos a contestar el teléfono por el temor de que la persona en el otro lado de la línea no hable español, y él se pueda encontrar en medio de una situación embarazosa. Este es un problema real que aqueja a la familia inmigrante; son muchas las personas que atraviesan por la misma situación que los Martínez o los Lee. ¿Dónde exactamente se origina este problema, y cuáles son sus consecuencias? Las siguientes estadísticas llevadas a cabo en un distrito escolar de la ciudad de Nueva York nos dejan ver las consecuencias de esta situación. Unicamente el 15% de los padres reportó hablar inglés con sus hijos, un 82% de ellos reportó no hablar inglés con sus hijos nunca. Los niños reportaron hablar inglés con sus padres únicamente de vez en cuando; el 32% de los niños dijo que hablaba inglés en su hogar ocasionalmente con sus hermanos, pero solamente un 9% de ellos dijo hablar inglés constantemente en su hogar, con sus otros hermanos.

Pero bien, ¿cómo podemos solucionar este problema? ¿Cuáles son las alternativas y oportunidades a nuestra disposición? Indudablemente que necesitamos ir a la escuela y aprender el idioma si queremos eliminar los problemas que acarrea el no aprenderlo, y más importante aún, si queremos aprovechar todas las oportunidades que este país nos ofrece.

Existe una gran diversidad de programas e instituciones que enseñan inglés. El primer paso es encontrar el programa que mejor se ajuste a tus necesidades personales. Muchas personas, erróneamente piensan que simplemente mirando televisión o escuchando la radio van a poder aprenderlo. No dudo que esto ayude, pero como sistema para aprender el idioma es pobre e inefectivo. Los cursos de estudio en el hogar son una buena manera de aprender una gran variedad de oficios y habilidades, incluyendo el aprendizaje de los elementos básicos de un nuevo idioma; especialmente cuando estás en un medio en el cual ese idioma que estás

> Al aprender el idioma tendrás la posibilidad de tomar ventaja de todas las oportunidades que este país te ofrece

tratando de aprender no se oye con regularidad. Sinembargo, ahora que estás aquí, este tipo de cursos no es necesariamente la mejor manera de aprender inglés. Te beneficiarás mucho más con la interacción con otras personas. Necesitas evaluar periódicamente tu progreso y ver cuáles son tus puntos débiles. Tiene que existir un proceso sistemático para aprender el idioma. Quizás, el mayor reto que encuentro en los cursos de inglés a larga distancia, es que requieren una gran disciplina y normalmente muchos de nosotros tendemos a no ser constantes y no mantener un horario fijo de estudios, por esta razón los resultados suelen ser desalentadores, te puede tomar años el aprender lo que normalmente podrías haber aprendido en un período de tiempo mucho más corto. Como resultado, un gran número de personas no simplemente renuncia a ellos, sino que desiste de su intento por aprender el idioma.

Una de las barreras mentales más grandes que nosotros construimos y que no nos permiten aprender el nuevo idioma, es que por alguna razón, percibimos el aprendizaje del inglés como algo totalmente diferente de lo que ya conocemos y esto no es verdad. Un adulto

110

ya conoce mucho acerca de un idioma, después de todo ya ha aprendido uno y sabe cómo usarlo, en todos sus diferentes aspectos, ya sea en la pronunciación, la gramática, el vocabulario, la semántica y mucho más. Lo importante de entender es que sólo debemos tomar ese conocimiento que ya tenemos y simplemente utilizarlo para aprender inglés. No debemos pensar que vamos a tener que empezar de cero, ya sabemos mucho de cómo aprender un lenguaje. Usemos este conocimiento.

Comprenderás que las dificultades de aprender un idioma, no necesariamente son aquellas que tú esperabas. Aprender el idioma requiere una inversión de tu dinero y de tu tiempo; requiere disciplina y compromiso; tienes que ser persistente y perseverante; muchas veces los beneficios no son aparentes, y parecen no justificar el sacrificio que puedes estar haciendo. Pero no te enfoques tanto en el precio que olvides qué es lo que estás comprando. Al aprender el idioma tendrás la posibilidad de tomar ventaja de todas las oportunidades que este país te ofrece.

Podrás continuar tu educación si así lo deseas; podrás continuar expandiendo y cultivando tu propia experiencia cultural; no tendrás que estar atado a un trabajo que puede parecer un callejón sin salida, simplemente, porque no hablas el idioma; podrás disfrutar de poder ayudar a tus hijos con sus tareas; podrás pararte y defender tus derechos y no tener que depender de ninguna otra persona para hacerlo por ti; podrás compartir con otras personas la riqueza de tu propia cultura, tus valores y tradiciones; podrás viajar por todo el país y moverte de un vecindario a otro sin necesidad de tener que preocuparte si habrá personas allí que entiendan tu propio idioma, con quienes poder compartir; porque podrás interactuar con todo el mundo y así tendrás una mejor oportunidad de alcanzar el éxito.

A dónde ir a aprender inglés

Existe una gran variedad de programas diseñados para la enseñanza de inglés a extranjeros. Programas que varían desde los cursos regulares de inglés como segunda lengua o ESL, hasta los programas intensivos administrados por colegios y universidades en los cuales estudiarás un mínimo de 20 horas semanales. La mayoría de los colegios y universidades, al igual que los colegios comunitarios, ofrecen todo el año una gran variedad de cursos de inglés como segunda lengua, como parte de su currículo. Muchos de ellos tienen clases de inglés por las noches y cursos durante los sábados destinados para personas que quieran mejorar su dominio del idioma. Este tipo de programas es usualmente menos intensivo y te permitirá que combines tu estudio del inglés con tu horario en el trabajo. El costo de estos programas depende del nivel intensivo y el tipo de institución que tú escojas; sinembargo, es posible que puedas calificar para ayuda financiera, que te ayudará a subsidiar el costo de tus estudios.

Muchas organizaciones comunitarias y estatales suministran cursos de inglés para inmigrantes, muchos de estos programas son ofrecidos en escuelas secundarias locales, universidades y centros comunitarios. Generalmente estos cursos se ofrecen a muy bajo costo o gratis en algunos casos. Los estudiantes presentan un examen para así poder determinar en qué nivel deben empezar sus estudios.

Estos programas también ofrecen, en muchos casos, más que una simple enseñanza del idioma inglés; ellos dan orientación sobre la cultura norteamericana por medio de lecturas, charlas y visitas a diferentes sitios; también proveen información fundamental y básica para los recién llegados, en cómo sortear algunos de los primeros pasos, cómo escribir un cheque, dónde queda la oficina de correo, o cómo llenar una solicitud de empleo. Es más, muchos de estos programas ofrecen cursos especiales para asistir a inmigrantes en su proceso de legalización y naturalización, y ofrecen orientación sobre las leyes de inmigración. De otra parte, esta clase de programas te ayudarán a establecer nuevas amistades para empezar tu proceso de adaptación a esta nueva cultura.

Pero si aprender el idioma es un factor tan determinante en el logro del éxito en este país, ¿por qué la mayoría de la gente no lo hace? ¿Por qué un gran número de inmigrantes no ataca este problema y lo soluciona de una vez por todas? Hay varias razones que se pueden discutir a este respecto. Muchas de ellas son el resultado de la falta de planeación.

La falta de tiempo, el no tener una necesidad real de aprender el idioma, no saber a dónde ir o no tener el dinero para hacerlo son todas excusas, y en realidad no son razones valederas. Algunas de las verdaderas razones son más que todo psicológicas, una de ellas es la percepción equívoca de que al aprender una nueva lengua, estamos perdiendo algo de nuestra propia cultura. Al examinar las características que identifican una cultura, observamos diferencias en tradiciones, religión, costumbres, comida, lenguaje, y muchos otros factores.

La falta de tiempo, el no tener una necesidad real de aprender el idioma, no saber a dónde ir o no tener el dinero para hacerlo son todas excusas, y en realidad no son razones valederas.

No obstante el lenguaje es el factor predominante en la identificación de un pueblo y de una cultura, porque es fundamental para transmitir esa cultura y mantenerla viva; hay un gran lazo de unión entre tu identidad cultural y tu lenguaje; es por esto que el aprendizaje de un nuevo idioma crea este conflicto, ese temor que al aprender un nuevo idioma estamos sometiendo nuestra identidad a una cultura extraña. Este argumento puede parecer bastante convincente, puesto que se apela a nuestro amor por nuestra patria y nuestra cultura, y puede ser la razón por la cual muchas veces nos encontramos luchando contra el aprendizaje de un nuevo idioma. Pero en realidad lo que sucede cuando aprendes un nuevo lenguaje, es que abres las puertas a la asimilación de otras culturas, al mismo tiempo que te permite compartir tu propia cultura con otras personas.

En buena hora estamos empezando a entender que, en realidad, al aprender un nuevo idioma no estamos relegando o sometiendo nuestras tradiciones y nuestra cultura a una cultura extranjera, sino que simplemente estamos añadiendo o adicionando algo nuevo a ella. La buena noticia es que en la medida en que nos comencemos a sentir más confortables en esta nueva cultura, y más seguros del porqué estamos aquí y qué estamos haciendo, entonces empezaremos a comprender mejor por qué necesitamos aprender el idioma y por qué este idioma es una herramienta necesaria para alcanzar nuestras metas.

Otra razón que muchas veces dejamos que nos inmovilice, es la falta de apoyo de nuestros amigos y familiares. Muchos esposos no dejan que sus esposas vayan a la escuela porque piensan que al hacer esto, ellos se verán relegados a un segundo lugar; que la esposa aprenderá el lenguaje y será capaz de tomar control de más situaciones y él perderá ese lugar de comando que tiene en su hogar. Un claro ejemplo de esto es lo que observamos anteriormente en el caso del señor y la señora Lee. También la actitud del "quién te crees tú" que tienen muchos de nuestros familiares más cercanos. Quién te crees tú que quieres aprender inglés, acaso ¿crees que eres mejor que nosotros? Esa es una actitud muy común entre amigos y familiares que erróneamente interpretan nuestro deseo por aprender el idioma, como un acto de desafío a sus tradiciones y costumbres.

Es por esto que debes tener presente, que tu propósito en esta nueva tierra es el logro de tus metas y aspiraciones. Que aprender el idioma es simplemente parte del precio a pagar en tu camino hacia el éxito. Si descuidas este aspecto te estarás privando de todas las oportunidades que este país y la gente que en él habita tiene que ofrecer. Te habrás aislado del resto de la sociedad; te habrás privado de compartir con otros la riqueza de tu propia cultura y de tus propias experiencias; otras personas necesitan oír tu historia, acepta el reto. Recuerda que si decides no tomar ninguna acción, por virtud de esta decisión, habrás decidido también el privarte de todas las recompensas que vienen con el aprender el idioma. Es el aceptar que tendrás que olvidarte de todo aquello que pudiste haber hecho si lo hubieses aprendido. ¿Cuáles son esas cosas? esa es una pregunta que sólo tú puedes responder.

Programas intensivos de inglés

Para encontrar más información acerca de los diferentes programas de inglés, puedes contactar el colegio comunitario o universidad más cercana a ti, y preguntar sobre los cursos de inglés (ESL). También puedes llamar a cualquiera de las universidades que presento al final de este capítulo, las cuales ofrecen programas intensivos de inglés. Los centros comunitarios y las organizaciones de ayuda a inmigrantes que encontrarás a lo largo de este libro, también podrán orientarte hacia el programa de inglés que más se ajuste a tus necesidades. Lo más importante es que des el primer paso y que lo des ahora; cuanto más te tardes en tomar esta decisión, más estarás retardando la realización de tus sueños.

La UCIEP, es un consorcio de universidades y colegios que ofrecen programas intensivos de inglés, en los Estados Unidos. A continuación encontrarás un listado de un gran número de estas instituciones que ofrecen programas de inglés intensivo a lo ancho de todos los Estados Unidos, y la dirección de la UCIEP en caso de que requieras más información.

UCIEP Central Office Intensive English Institute
707 South Matthews Ave. 3070 Foreign Language Building
University of Illinois U.S.A.Tel.: (217) 333-6598

English Language Institute
The American University
4400 Massachusetts Ave.
N.W. Washington, D.C. 20016
Phone: (202) 885-2147

English Language Institute
College of Staten Island/CUNY
30 Bay Street. Room 203
Staten Island,
New York 10301
Phone: (718) 390-6530
Fax: (718) 390-6537

American Language Program
Columbia University,
505 Lewisohn Hall
New York, New York 10027
Phone: (212) 854-3584
Fax: (212) 932-7651

English Language Institute
M07 University Park
Florida International University
Miami, Florida 33199

Phone: (305) 348-2222
Fax: (305) 348-2959

Center for Intensive English Studies
Florida State University
918 West Park Avenue
Tallahassee, Florida 32306
Phone: (904) 644-4797

Division of English as a Foreign Language
Georgetown University,
481 Intercultural Center
Washington, D.C. 20057
Phone: (202) 687-5978

The American Language Institute
New York University, One Washington Square North
New York, New York 10003
Fax: (212) 995-3585

Program of American Language Studies
Rutgers, The State University
Newark Campus:

University Heights
232 Smith Hall
Newark, New Jersey
07102
Tel: (201) 648-5013

New Brunswick Campus: 3
Bartlett st.
New Brunswick,
New Jersey 08903
Tel: (908) 932-7422
Fax: (908) 932-7422

American Language
Institute
San Diego State University
San Diego,
California 92182-1900
Phone: (619) 594-5907
Fax: (619) 287-2735

American Language
Institute
San Francisco State
University
1600 Holloway Avenue
San Francisco, California
94132
Phone: (415) 338-1438

Center for English as a
Second Language
University of Arizona
Tucson, Arizona 85721
Phone: (602) 621-1362
Fax: (602) 621-9180
Intensive English Program
for International Students

University Extension
University of California,
Davis
Davis, California 95616-8727
Phone: (916) 757-8686
Fax: (916) 757-8676

International English
Center
University of Colorado at
Boulder Campus Box 63
Boulder, Colorado 80309-
0063
Phone: (303) 492-5547
Fax: (303) 492-5515

English Language Institute
315 Norman Hall
University of Florida
Gainesville, Florida 32611
Phone: (904) 392-2070

Language & Culture
Center
Department of English
University of Houston
Houston, Texas 77204-3012
Phone: (713) 749-2713
Fax: (713) 749-1590

Intensive Language
Institute
University of Miami P.O.
Box 248005
Coral Gables, Florida
33124
Phone: (305) 284-2752
Fax: (305) 284-4235

118

English Language
Programs
University of Pennsylvania
21 Bennett Hall, 34th &
Walnut Streets
Philadelphia,
Pennsylvania 19104-6274
Phone: (215) 898-8681
Fax: (215) 898-2684

American Language
Institute
University of Southern
California
JEF 141 University Park
1294
Los Angeles California
90089-1294
Phone: (213) 743-2678
Fax: (213) 746-7169

International Language
Institute
University of South
FloridaLIB 618, 4202 Fowler
Avenue
Tampa, Florida 33620
Phone: (813) 974-3433
Fax: (813) 974-3149

Texas Intensive English
Program P.O. Box 7667
Austin, Texas 78713-7667
Phone: (512) 477-4511
Fax: (512) 322-9079

English Institute for
International Students
University of Tulsa
600 South College Street
Tulsa, Oklahoma 74104
Phone: (918) 584-3888
Fax: (918) 587-2518

Capítulo IV

OTRA VEZ A LOS LIBROS

Una vez determines cuáles son tus metas y escribas un plan detallado de cómo conseguirlas, podrás determinar el tipo de educación o conocimiento especializado que necesites adquirir. Cuando hablo de conocimiento especializado no necesariamente me refiero a educación universitaria. Déjame darte un ejemplo: he encontrado muchas veces que algo tan sencillo como un simple curso de mecánica de seis meses de duración, con un costo de menos de cien dólares, en una escuela local, es la diferencia entre la persona que trabaja en una gasolinera de ayudante, ganando un salario mínimo y aquel que trabaja en la misma gasolinera como mecánico con un salario tres veces mayor. Cualquier clase de curso, por más básico que sea puede ejercer una diferencia notoria. Quiero que entiendas que cuando hablo acerca de adquirir educación especializada o entrenamiento, o simplemente nuevos conocimientos, no estoy necesariamente hablando de un programa de cuatro o cinco años en una universidad. Creo que esa es la primera idea que viene a las mentes de la mayoría de los inmigrantes, cuando hablo de educación o conocimiento especializado.

Es importante saber qué tipo de entrenamiento educacional necesitas, para así poder estar en mejor posición para competir por determinado trabajo. Un gran número de los inmigrantes con los cuales he podido hablar, traen consigo cierta experiencia vocacional o técnica, o inclusive entrenamiento profesional. Tú puedes aprovechar esa experiencia, no tienes que empezar otra vez de nuevo. En muchas ocasiones estos nuevos conocimientos pueden ser simplemente una manera de complementar conocimientos que ya hayas adquirido en tu país de origen. Si este es tu caso y tienes gran experiencia en cualquier campo, la educación especializada a la que me refiero se reduce sencillamente a aprender el idioma y evaluar esos conocimientos que traes de tu país.

Cómo evaluar tu experiencia educativa

Existen diferencias notables entre el sistema educativo de este país y el de otros países; pero también existen muchas similitudes. Un gran número de los requisitos para determinada profesión, generalmente son los mismos, o muy similares. Comúnmente muchos de nosotros asumimos de manera equívoca, que no podremos obtener crédito alguno por aquellos cursos tomados en nuestros países.

He visto muchos estudiantes empezar de nuevo , sin tomar en cuenta su pasada experiencia, y por esta razón terminan gastando una gran cantidad de tiempo y de dinero innecesariamente. Aunque es muy posible que necesites tomar ciertos cursos básicos de inglés, esta no es regla general para otras áreas. Examinemos algunas de las alternativas que tienes.

Hay varias maneras de capitalizar en la experiencia educativa que hayas adquirido previamente. La primera de ellas es simplemente empleando los servicios de una agencia autorizada para evaluar tus credenciales educativas. La mayoría de las instituciones educativas en los Estados Unidos, requerirán que tengas tus credenciales evaluadas por una de estas agencias, antes que ellos puedan examinarlas y darte la acreditación particular, de acuerdo a los requisitos de dicha institución, por los cursos que hayas tomado.

De esta manera puedes evaluar tus diplomas, certificados y calificaciones de toda clase de educación que hayas recibido, después de la escuela secundaria, en tu país de origen o en cualquier otro país. Esta evaluación puede ser usada en caso que quieras proseguir tu educación o en caso que estés buscando un empleo; también puede ser utilizada para procedimientos de inmigración o residencia. Sinembargo muy pocas personas toman ventaja de esta oportunidad que les puede ahorrar miles de dólares y una gran cantidad de tiempo.

Si tienes un diploma de una institución vocacional, técnica, o una carrera profesional de tu país, la evaluación identificará y describirá este documento estipulando la duración del programa por el cual este diploma te fue concedido, y proveerá la equivalencia de este certificado, en comparación con certificados otorgados por instituciones acreditadas en los Estados Unidos, por programas similares. Si tu intención es la de continuar tu educación, y deseas que la institución educativa a la que piensas asistir, evalúe y te dé crédito por cursos específicos que hayas tomado en tu país, puedes conseguir que la agencia evalúe tus credenciales curso por curso y le asigne una nota equivalente a las utilizadas en los Estados Unidos. El número de créditos que podrás transferir a cualquier programa en los Estados Unidos, varía de acuerdo con las regulaciones de cada institución.

Esta evaluación de tus credenciales educativas requiere que llenes una solicitud y que presentes una fotocopia autenticada del documento original. No envíes tus documentos originales para esta o ninguna otra transacción, en la mayoría de los casos esto no es necesario. La solicitud también debe ser acompañada por una traducción de tus certicados, en caso de que éstos no se encuentren escritos en inglés. Para esta traducción puedes pedir ayuda a una organización comunitaria, a algún profesor de escuela que conozca tu idioma, a un amigo, o a una agencia que se especialice en traducciones. Esta traducción también tiene que ser autenticada antes de ser mandada con la solicitud. El costo de esta evaluación, generalmente es menos de cien dólares y depende del número de documentos y el tipo de evaluación que requieras.

Para más información sobre este tipo de evaluaciones y para conseguir una solicitud, llama a cualquiera de las agencias que están enumeradas a continuación.

Recuerda que si estás planeando evaluar tus notas y diplomas, debes asegurarte de que la institución educativa a la cual estás aplicando aceptará y reconocerá el reporte de esta agencia de evaluación. Las agencias son:

World Education Services
P.O. Box 745, Old Chelsea Station
New York, N.Y. 10113-0745
Tel.: (212) 966-6311

Educational Credential Evaluators Inc.
P.O. Box 17499
Milwaukee, WI 53217
Tel.: (414) 964-0477

Credentials Evaluation Service
International Education Research Foundation
P.O. Box 6694
Los Angeles, California 90066
Tel.: (310) 390-6276

La segunda manera de capitalizar en tu experiencia educativa, es una que muy pocas personas exploran. Esta, no sólo te puede representar un ahorro de gran cantidad de tiempo y dinero, sino que eliminará la frustración de tener que tomar de nuevo cursos que hayas realizado, pero de los que por una u otra razón, no puedas presentar un certificado o documento para verificar que en realidad los has tomado. Digamos que eres estudiante graduado de la escuela secundaria de tu país y que no tienes ninguna clase de educación después de ésta; pero, posees conocimientos en ciertas áreas. También es posible que tengas cierto entrenamiento en una escuela profesional, pero que por razones fuera de tu control, no puedes presentar la documentación necesaria para verificar estos cursos. Uno de mis estudiantes, a quien aconsejé hacer esto y quien estaba tomando un curso que ya había tomado anteriormente en su país de origen, había tenido que abandonar su país en medio de la conmoción de la guerra, y no veía la posibilidad de obtener un certificado que evidenciara su estudio. En casos como éste, puedes, de todas maneras, capitalizar esa experiencia. He aquí cómo hacerlo.

El "Educational Testing Service", una organización sin ánimo de lucro, compuesta por más de 2.500 universidades y otras instituciones educativas, ofrece un programa en el cual recibirás créditos universitarios a través de exámenes que puedes tomar. La más conocida de estas juntas en todo el país, es aquella conocida con el nombre de CLEP (College Level Evaluación Program), o Programa de Evaluación a Nivel Universitario. Este programa te da la oportunidad de recibir créditos universitarios por conocimientos generales o específicos, que puedas haber adquirido estudiando independientemente, a través de tu propia lectura, por experiencia en tu trabajo, o en la escuela.

El programa CLEP ofrece evaluaciones en forma de exámenes escritos en cinco áreas generales: inglés, humanidades, matemáticas, ciencias naturales y ciencias sociales. Esta clase de evaluación satisface los requerimientos generales de los primeros dos años de universidad. El CLEP también ofrece evaluaciones en 30 áreas específicas, tales como química, español, una variedad de cursos de administración de empresas y mucho más. El recibir crédito en estas áreas específicas, te permitirá avanzar más rápidamente en tus cursos universitarios.

Si actualmente estás asistiendo a una institución educativa o si planeas asistir a una, asegúrate de preguntar acerca de la posibilidad de tomar estas evaluaciones; pregunta qué clase de exámenes CLEP son aceptados, cuál es la nota mínima que tienes que obtener para que sean tomados en consideración. Esto es determinado independientemente por cada institución. Es importante que preguntes por todo esto, en la oficina de admisiones o servicios de consejería de dicha institución. Las evaluaciones CLEP son reconocidas y aceptadas en gran número de universidades.

> El recibir crédito en estas áreas específicas, te permitirá avanzar más rápidamente en tus cursos universitarios.

Las evaluciones CLEP son administradas en más de 1.200 localidades en el país, a un costo de $ 38 dólares por evaluación. Un folleto gratis llamado "CLEP colleges" puede ser obtenido en todas las localidades en las cuales el CLEP es administrado. Comunícate con la universidad de tu localidad para obtener más información. También puedes conseguir éste y otros folletos escribiendo a la siguiente dirección:

```
CLEP
P.O. Box 6601
Princeton, N.J. 08541-6601
Tel.: (609) 951-1026
```

Créditos a través de evaluación también pueden ser adquiridos a través de otras entidades, tales como DANTES, que es una entidad de apoyo y defensa a procesos educativos no tradicionales. Los estudiantes también pueden examinarse en lenguas extranjeras, tomando el LMA test de la Asociación de Lenguas Modernas.

Para más información acerca de otros temas referentes a la evaluación de credenciales educativas, comunícate con el "Educational Testing Service" llamando o escribiendo a:

```
Educational Testing Service
P.O. Box 6051
Princeton, N.J. 08541-6051
Tel.: (609) 771-7395
Fax: (609) 771-7906
```

Existe otro centro de información educacional llamado ERIC (Educational Resources Information Center/ Centro de Información de Recursos Educativos). Esta entidad es una red de información nacional establecida para proveer acceso inmediato a un gran volumen de literatura educativa. Puede ser usado por estudiantes que quieran obtener información y asistencia vocacional, o por el público en general que quiera información acerca de diferentes aspectos en el campo de la educación. Para más información llama al número: 1 (800) USE-ERIC ó 1 (800) 873-3742.

Si tienes credenciales educativas y crees que deberían ser tomadas en consideración, pregunta en la oficina de admisiones de la universidad o institución educativa a la cual planeas ingresar, para que te dirijan a los canales apropiados. También puedes consultar la biblioteca pública, o cualquiera de las organizaciones cuyos nombres encontrarás en el resto de este capítulo. Es totalmente absurdo que tengas que tomar un curso en un área en la cual ya has adquirido bastante experiencia. Trata de conseguir créditos por estos cursos y sigue aprendiendo nuevas áreas, aquellas que te ayudarán a seguir adelante en tu carrera.

El que busca encuentra.. un buen programa educativo

Existe un gran número de fuentes de las cuales puedes adquirir información sobre los diferentes programas educativos, universidades y colegios (colleges) para programas profesionales, colegios comunitarios (community colleges), escuelas vocacionales que te pueden proveer educación técnica en campos más especializados. De otra parte, muchas escuelas secundarias y organizaciones comunitarias ofrecen programas nocturnos en diferentes áreas a costos muy bajos.

Hay un gran número de cursos de educación a larga distancia y otra clase de entrenamiento; programas que no solamente te instruirán, sino que te ofrecerán una mejor oportunidad para triunfar y poder conseguir un mejor trabajo en este mercado tan competido. Es cierto que los trabajos que requieren muy pocos conocimientos son los más competidos. La gente que posee escasos conocimientos especializados se encuentra siempre sufriendo al no poder encontrar empleo, o no poder avanzar en su campo. De otra parte, aquellos trabajos que requieren conocimiento especializado o conocimiento técnico, son menos competidos y ofrecen mejores oportunidades.

Todos estos diferentes tipos de instituciones educativas presentan soluciones reales a tu situación. La educación no garantiza la solución a tus problemas, pero ciertamente te preparará para tomar ventaja de mejores oportunidades. Te pondrá en una situación más privilegiada para competir por un empleo. Cuando comencé a trabajar en la industria, descubrí que muchas compañías emplean gente que tenga un buen conocimiento general, pero que también tenga la habilidad de perfeccionar y adquirir conocimientos especializados. En conclusión, la persona que consigue un trabajo, es aquella que logra persuadir al empleador que él o ella es la mejor para ese trabajo. Es así de simple. Por supuesto, que tu meta debería ser el poder empe-

> Hay un gran número de cursos de educación a larga distancia y otra clase de entrenamiento; programas que no solamente te instruirán, sino que te ofrecerán una mejor oportunidad para triunfar y poder conseguir un mejor trabajo en este mercado tan competido.

zar tu propio negocio y no tener que depender más de la decisión de otras personas para determinar tu futuro. Después de todo es tu futuro.

Examinemos algunos de los diferentes programas educativos que encontramos en casi todas partes de este país. La mayoría de bibliotecas municipales tiene guías y publicaciones que te pueden ayudar a decidir qué clase de programa es el más apropiado en términos de entrenamiento y educación técnica. Es importante examinar claramente todas tus opciones para determinar la calidad del programa, al igual que la institución que mejor se ajuste a tus necesidades. Para verificar las credenciales de cualquiera de los programas descritos en este capítulo, escribe a la siguiente dirección:

Council of Postsecondary Accreditation
1 Dupont Circle NW., Suite 305
Washington, D.C. 20036
Tel.: (202) 452-1433

Recuerda, es tu futuro. La responsabilidad de escoger el mejor pograma, la mejor institución e investigar acerca de los diferentes aspectos de los programas educativos presentados aquí, es tuya. Este libro, al igual que todas las guías mencionadas en este capítulo, te servirán simplemente para presentarte con la información general acerca de los diferentes programas e instituciones educativas. Para más información respecto de cada programa específico, llama a la oficina de planeación y consejería de la institución que tengas en mente. Haz esto, inclusive si no estás seguro si esta es la institución que se ajusta más a tus necesidades. Un consejero vocacional te puede dar sugerencias e ideas acerca de otras alternativas.

Hay un gran número de programas y organizaciones designadas para ayudar a grupos específicos, en áreas como alternativas de estudio, y planificación profesional. Folletos con oportunidades para minorías y mujeres, publicado por el Departamento de Educación de los Estados Unidos, están a tu disposición. Hay otras publicaciones oficiales que te pueden ayudar a determinar el mejor programa e institución para tus planes. En las próximas páginas sugeriré un número de estas publicaciones que te podrán ayudar en áreas específicas. Todas estas publicaciones puedes encontrarlas en tu biblioteca local. Una guía general sobre los programas acreditados en educación superior, es publicada por el Consejo Americano de Educación (American Educational Counsel), y es llamado, Instituciones Acreditadas de Educación Superior.

El primer paso para determinar la institución educativa que más se ajuste a tus necesidades es el de examinar las diferencias entre los programas educativos ofrecidos; para esto, examinemos una breve descripción de las diferentes instituciones educativas a las cuales puedes asistir a adquirir tu entrenamiento educativo. Para adquirir más información acerca de programas específicos, busca el nombre de la universidad en tu directorio telefónico, llama a la oficina de admisiones y pide que te envíen información escrita acerca de ésta y de los diferentes programas que ella ofrece.

Universidades y Colegios de Pregrado (Colleges)

En la gran mayoría de países hispanoamericanos las instituciones educativas profesionales son simplemente conocidas como universidades; sinembargo, en los Estados Unidos, hay dos tipos de Instituciones Educativas Profesionales: los colegios o Colleges y las Universidades. Estos dos grupos ofrecen programas educativos de cuatro años, que culminan con la adquisición de un diploma de pregrado (bachillerato en ciencia o bachillerato en arte), en diferentes áreas. Además de esto, las universidades y algunos colegios ofrecen programas graduados con miras a la obtención de maestrías o doctorados (Ph. D., como son comúnmente conocidos). Las universidades son generalmente más grandes que los colegios y un buen número de ellas están orientadas hacia la investigación. Estas son algunas de las diferencias más grandes. Si estás considerando asistir a un colegio o universidad, también tienes que tomar en cuenta factores como el costo, localidad, y si vas a matricularte como estudiante de medio tiempo o estudiante de tiempo completo.

Existen muchos factores que deben ser considerados para seleccionar el mejor colegio o universidad. Es importante que uses las guías de referencias para tomar la decisión correcta. Tienes a tu disposicón un gran número de guías que te pueden ayudar en este aspecto, y las puedes encontrar en las secciones de referencia de tu biblioteca pública. Uno de los libros de referencia mejor conocidos en este campo es el de Barron's, Descripción de Universidades Americanas. Barron's provee una descripción detallada de más de 1.500 colegios y universidades en los Estados Unidos. Este libro de referencia también señala guías sobre cómo seleccionar la mejor escuela para ti, y te brinda información acerca de las condiciones de admisión, ayuda financiera, requisitos para estudiantes internacionales y todos los procedimientos de solicitud de aceptación. Otras dos guías que puedes usar son: "The College Handbook" y el "Comparative Guide to American Colleges".

Si has establecido metas, como te expliqué en el primer capítulo, y has logrado determinar la clase de conocimiento especializado que necesitas, e inviertes parte de tu tiempo en seleccionar la escuela que mejor se ajuste a tus necesidades, ten la seguridad que estarás muy satisfecho con los resultados.

Hay muchas otras guías que te pueden dar información específica acerca de programas en escuelas de medicina, escuelas de odontología, escuelas de leyes y escuelas de negocios. Consulta en tu biblioteca sobre estas guías.

Programas de pregrado y de postrado

Como ya vimos, no todas las instituciones educativas que ofrecen programas de pregrado, ofrecen también programas de postgrado. Ahora bien, la diferencia entre estos dos programas no para ahí. Existen grandes variantes en el proceso de aplicación, los requisitos para admisión, y la forma de pagar por los estudios, entre otros. En los siguientes párrafos examinaremos más de cerca estas diferencias.

Mientras que en los programas de pregrado el proceso de admisión es más impersonal por así decirlo, el proceso de aplicación a la escuela graduada es mucho más flexible. El estudiante tiene muchas más facilidades para ir y hablar con los profesores del área en la cual él está interesado; de igual manera los requisitos de admisión no se ciñen a un patrón poco flexible como muchas veces pasa en los programas de pregrado. Es más, estos patrones varían de acuerdo al campo de estudio. El proceso de aceptación es totalmente diferente entre una especialización en química, una maestría en administración de empresas, o una carrera en medicina, pese a ser todos estudios de postgrado.

Uno de los requisitos de admisión en los diferentes pogramas es la presentación de diversos exámenes de admisión. Si estás aplicando a un programa de pregrado (tu primera carrera en college), muchas universidades y colegios te exigirán que tomes el examen de admisión llamado SAT, el cual es un examen de conocimiento general y matemáticas. De igual manera, si tu lengua nativa no es el inglés, deberás tomar un examen para probar tus conocimientos básicos del idioma llamado TOEFEL. Este examen lo puedes tomar dentro o fuera de los Estados Unidos. En tu país la Embajada americana te podrá dar información acerca de estos exámenes. Muchos países también cuentan con diferentes institutos de estudios en el exterior que

> Si has establecido metas, como te expliqué en el primer capítulo, y has logrado determinar la clase de conocimiento especializado que necesitas, e inviertes parte de tu tiempo en seleccionar la escuela que mejor se ajuste a tus necesidades, ten la seguridad que estarás muy satisfecho con los resultados.

te pueden informar acerca de estos exámenes y otros aspectos de los diferentes programas universitarios de los Estados Unidos.

Dependiendo de la clase de especialización de postgrado en la cual estés interesado, es posible que la universidad te exija que tomes el GRE, que es un examen que te prueba en conocimientos generales de tu área y en conocimientos específicos de tu carrera. Sinembargo si el título que persigues es una maestría en administración de empresas (Masters in Business Administration MBA) el examen que tendrás que tomar para poder ser aceptado es el conocido como GMAT. La escuela de medicina exige que los aspirantes a entrar a ella tomen el MCAT y obtengan cierto puntaje en él para ser considerados, pero esto también varía de escuela a escuela. Otros programas tienen otros exámenes de admisión, por lo cual es importante saber claramente cuáles son los requisitos de admisión para estar preparado, puesto que la mayoría de estos exámenes sólo pueden ser presentados en determinadas fechas.

Pero el proceso de admisión no es lo único diferente entre los distintos programas de pregrado y postgrado. Mientras que en los programas de pregrado la forma casi universal de pagar por los estudios es a través de la ayuda financiera, préstamos y de tu propio bolsillo, en los programas de postgrado existe una serie de becas, y otras oportunidades a disposición de los estudiantes. Están las becas de estudios o "Scholarships" que generalmente cubren parte o el valor total de la matrícula. "Fellowshpis" que pagan también por la matrícula y muchas veces ofrecen una mensualidad para gastos personales del estudiante; éstas generalmente son otorgadas a estudiantes que ya son parte de un programa graduado, y son dadas teniendo en cuenta diferentes aspectos como el campo de especialización, los logros, o el grupo étnico del aplicante.

Quizás dos de las formas de asistencia financiera más populares en los programas de postgrado son las conocidas como "Teaching Assistanship" y "Research Assistanship". Estas generalmente incluyen el pago de la matrícula y una mensualidad para gastos personales que varía de acuerdo a la universidad, pero que generalmente no es más de $ 1.000 mensuales. Sinembargo estas dos clases de becas requieren que tú te desempeñes como asistente de cátedra o de investigación trabajando alrededor de quince horas semanales ya sea como asistente de laboratorio o como tutor, o sirviendo como asistente de investigación con alguno de los profesores del departamento en el cual estudiarás.

Como mencioné anteriormente, para obtener más información acerca de los programas de postgrado, es necesario que no sólo te comuniques con el departamento de admisiones de la universidad, sino que vayas a la facultad correspondiente y hables con los profesores que se desempeñan en el campo en el cual estás interesado. Para más información acerca de becas y otras maneras de financiar tus estudios de postgrado puedes consultar dos fuentes:

- The Graduate Scholarship Book, de Daniel Cassidy, publicado por el "National Scholarship Research Service NSRS".

- "A Foreign Student's Selected Guide to Financial Assistance for Study and Research in the United States" (Guía selecta de asistencia financiera para estudios o investigación en los Estados Unidos para Estudiantes Extranjeros). Puedes buscar esta guía en tu biblioteca local u ordenándola de la editorial Adelfi Universtiy Press, South ave., Garden City, N.Y. 11530.

Colegios comunitarios (Community colleges)

El número de colegios comunitarios se ha incrementado a pasos agigantados durante los últimos 30 años. En más de 2.000 colegios comunitarios que operan actualmente en todo el país, hay una política de admisión abierta para todos los estudiantes que tengan un diploma de escuela secundaria o su equivalente; esto quiere decir que cualquier persona que tenga un diploma de este tipo será admitido. Los colegios comunitarios ofrecen programas de dos años que de alguna manera respondan a las diversas necesidades de la comunidad.

Los colegios comunitarios tienen dos metas, la primera es la de ofrecer grados en ciencias aplicadas o asociadas, y certificados para estudiantes cuyo interés principal es obtener una carrera técnica y que no están planeando ir a un programa de colegio de cuatro años. Una segunda meta de los colegios comunitarios es la de ofrecer pogramas destinados a preparar estudiantes que están planeando transferirse a colegios o universidades.

La mayoría de colegios comunitarios ofrecen programas destinados a atender las necesidades específicas de diferentes sectores de la comunidad; éstos incluyen programas para obtener el grado de equivalencia de la escuela secundaria. Muchos de los colegios comunitarios ofrecen estos cursos en inglés y en español. También muchos ofrecen programas de entrenamiento en trabajos específicos. Una gran fuente de información acerca de estos colegios comunitarios y de los diferentes programas que ellos ofrecen, es la Guía de Colegios de dos años publicada por Peterson's Guides, o la publicada por Barron's Educational Series, Inc., las cuales están a tu disposición en tu biblioteca local; o consultando a un consejero profesional en la oficina de tu colegio comunitario local.

Escuelas vocacionales

Existe un gran número de oportunidades de empleo para personas con diferentes conocimientos en áreas vocacionales. Conocimientos que no necesariamente requieren un grado académico, sino que más bien requieren experiencia técnica obtenida de un entrenamiento vocacional. Esta puede ser una excelente oportunidad para muchos inmigrantes, que no poseen educación secundaria, que quieran aprender un nuevo oficio para entrar en el mercado del trabajo, con mejores posibilidades. Si ya tienes un empleo, el entrenamiento vocacional te puede permitir adquirir una estabilidad en tu trabajo o brindar mejores oportunidades para avanzar en tu campo.

Algunos de los aspectos que necesitas tener en cuenta para seleccionar una carrera técnica y una escuela vocacional que se ajuste a tus necesidades, son los que a continuación explico.

Ya sea que hayas llegado a este país recientemente, que estés planeando entrar al campo laboral por primera vez, o simplemente, si estás cambiando carrera, es posible que necesites adquirir un conocimiento especializado para calificar en el trabajo que tú quieres. Para ayudarte a alcanzar tu meta es posible que tengas que asistir a una escuela privada, técnica o vocacional. Estas escuelas ofrecen una gran variedad de programas de entrenamiento en campos como asistentes de odontología, peluquería, técnico automotriz, operación de maquinaria, manejo de camiones, asistente de abogado, diseñador de interiores y muchos otros campos. Estos programas usualmente toman menos tiempo que los ofrecidos por los colegios comunitarios o los colegios de cuatro años. Algunas de las escuelas profesionales, también te pueden ayudar a localizar empleadores, y a presentar las solicitudes de trabajo, una vez hayas terminado tu entrenamiento.

Pese a que muchas de estas escuelas vocacionales, públicas o privadas, gozan de buena reputación y enseñan en áreas necesarias para conseguir un buen trabajo, otras hacen promesas que en realidad no pueden cumplir. Muchas de éstas, usualmente, tratan de llegar a aquellas personas que recién arriban a este país y que no están familiarizadas con las leyes que regulan dichas instituciones. La Comisión Federal de Comercio (FTC), ha presentado cargos contra algunas de estas escuelas por propaganda falsa.

Por esta razón, es necesario tomar ciertas precauciones antes de matricularte en una escuela vocacional privada. Déjame sugerirte algunas de las preguntas que puedes hacer a representantes de dichas escuelas, antes de tomar tu decisión. También recuerda que puedes verificar dicha información con la asociación encargada de acreditar estas instituciones, de igual manera que puedes verificar las credenciales de la escuela vocacional a la que estás planeando asistir.

Prácticas engañosas más comunes

La mayoría de las quejas recibidas por las agencias federales o estatales acerca de estas instituciones se refieren, particularmente, al modo en que ellas suelen presentar las oportunidades de empleo existentes, para quien se gradúe de dicha institución. He aquí algunos ejemplos de estas prácticas:

a. Algunas escuelas anuncian posibilidades de empleo en ciertas industrias, haciendo creer que hay grandes oportunidades en áreas en que esto no es necesariamente cierto.

b. Hay escuelas que deliberadamente presentan niveles de salario para ciertas carreras, mucho más altos de lo que en realidad pueden ser.

c. Otras escuelas no le comunican a los estudiantes acerca de las políticas de cancelación de cursos o devolución de dinero de dicha institución.

d. Algunas, simplemente, prometen más de lo que en realidad pueden dar.

e. Finalmente, están las que falsamente informan sobre las conexiones que dicen tener con determinadas áreas de la industria.

¿Qué puedes hacer acerca de todo esto? He aquí algunas de las consideraciones que debes tener en cuenta antes de matricularte en una escuela vocacional.

Primero que todo, investiga varios tipos de programas educativos. Los colegios comunitarios, generalmente, ofrecen pogramas a costos más bajos que las escuelas privadas. La única diferencia es que los programas comunitarios pueden tomar más tiempo para completarse. Muchas empresas también ofrecen programas educativos a través de aprendizaje en el trabajo.

Averigua sobre el nivel académico de la institución, preparación de los profesores, pregunta acerca de sus credenciales; número de estudiantes en las clases; observa la planta física, laboratorios, biblioteca y en general lo que creas de interés para tu área en particular. Sólo así podrás determinar si ella ofrece la clase de programa que tú buscas.

Pregúntale al administrador de dicha institución sobre el porcentaje de éxito de estos programas; porcentaje de estudiantes que se gradúa; deserción, pues esto te deja ver mucho acerca de la satisfacción sobre este programa. Si te es posible, habla con algunos estudiantes sobre sus experiencias en dicha escuela.

Elabora una lista con estas preguntas: ¿Cómo puede esta institución ayudarme a conseguir trabajo una vez termine mi entrenamiento? ¿Llamará la escuela a potenciales empleadores para arreglar entrevistas? ¿Seré ayudado por un consejero sobre cómo asistir a dicha entrevista? ¿O cómo buscar trabajo? ¿qué porcentaje de los estudiantes, en realidad, encuentra trabajo? De acuerdo al departamento de educación de los Estados Unidos, si dicha institución exhibe listados sobre porcentajes de estudiantes que han encontrado empleo, también deben publicar la lista más reciente de dichas estadísticas y cualquier otra información que sea necesaria para corroborar sus resultados.

En la mayoría de los estados, las escuelas privadas reciben la acreditación pertinente del departamento de educación de dicho estado; sinembargo, en algunos estados, programas de escuelas de entrenamiento para manejo de camiones, por ejemplo, están licenciadas por el departamento de transporte del mismo estado.

Puedes llamar a la oficina de protección al consumidor local o a la oficina de mejores negocios para preguntar si ha habido quejas acerca de la escuela que estás considerando asistir; pide una copia de los contratos que la escuela da y léelos detalladamente antes de firmarlos; esto es muy importante porque el contrato explica tus derechos y responsabilidades para con la escuela, asegúrate que todas las promesas que la escuela hace las haga por esrito.

Si no estás satisfecho con la calidad de instrucción recibida, habla con tu profesor o con el administrador de la escuela, o también puedes llamar a la junta de educación del estado; si tienes algún problema relacionado con tu contrato con la escuela, trata de resolverlo con ellos, pero si no tienes éxito, reporta tu problema a la oficina de protección del consumidor de tu estado o localidad. Para más información acerca de escuelas privadas o técnicas, se incluye una lista de las escuelas acreditadas y más información acerca de cómo escoger el mejor pograma y la mejor institución. Escribe a la siguiente dirección:

Federal Trade Commission
Division of Service Industry Practices
Washington, D.C. 20580
Tel.: (202) 326-2222

La Asociación de Carreras Colegiales (Career College Association) publica una serie de guías en este campo, que pueden ser obtenidas escribiendo a la dirección anterior. Estas publicaciones incluyen una guía a escuelas técnicas y privadas acreditadas; al igual que otros folletos, como: "Cómo escoger tu carrera y una escuela técnica, College Plus", "Pon tu grado y tus conocimientos técnicos a trabajar". Estos son algunos de los folletos que puedes obtener.

Career College Association
750 First Street N.E., Suite 900
Washington, D.C. 20002-4242
Tel.: (202) 336-6700

Programas de aprendizaje (Apprenticeship programs)

Si quieres obtener conocimiento especializado, puedes estar interesado en esta clase de aprendizaje, que es una combinación de entrenamiento en el trabajo e instrucción en el salón de clase. Por medio de estos programas de aprendizaje, muchos trabajadores pueden aprender los aspectos teóricos y prácticos de sus ocupaciones. Los períodos de entrenamiento varían de uno a seis años y los aprendices devengan un salario, mientras aprenden en el trabajo. Para más información acerca de programas de aprendizaje, comunícate con tu oficina de servicio de empleo local, o con una agencia de aprendizaje, o con la unión de la compañía donde trabajas, o con un empleador en el área en la cual quieres entrar.

Las uniones locales, los consejeros y las oficinas de empleo estatal, te pueden proveer más información acerca de buenos programas de aprendizaje. Un gran número de trabajadores adquiere su experiencia técnica a través de dichos programas. Una copia de los programas nacionales de aprendizaje puede ser obtenida llamando al siguiente número telefónico o escribiendo a la siguiente dirección:

145

Bureau of Apprenticeship and Training
3U.S. Department of Labor
200 Constitution Ave. NW
Washington, D.C. 20210
Tel.: (202) 535-0545

Cursos de estudio a distancia

Hay una gran cantidad de cursos disponibles de muchas instituciones en las cuales el estudio se lleva a cabo fuera del salón de clase.

Para obtener información acerca de todos los programas de estudio a distancia, comunícate con el Consejo Nacional de Educación a Distancia. El consejo publica un directorio de todos los cursos y escuelas acreditadas y otro número de publicaciones. Puedes obtener esta información directamente del Consejo Nacional llamando al siguiente número telefónico o escribiendo a la siguiente dirección:

National Home Study Council
1601 18th Street NW
Washington, D.C. 20009
Tel.: (202) 234-5100

Otros pogramas

Hay muchos otros programas de entrenamiento que pueden estar operando en tu vencindario. Muchos de ellos son auspiciados y patrocinados por el gobierno

146

federal, otros son auspiciados por el gobierno estatal o el gobierno local; un ejemplo de esta clase de entrenamiento es el Job Training Partnership Act (JTPA), que ofrece el sistema más grande de entrenamiento y reentrenamiento para trabajos, en los Estados Unidos. Los programas son operados por el estado y los gobiernos locales, a través de coaliciones entre el sector público y privado, que son usualmente llamadas Consejo de la Industria Privada, los cuales incluyen:

a. Determinación de habilidades y asesoría profesional.

b. Aprendizaje de diferentes vocaciones en el salón de clase o en el trabajo.

c. Entrenamiento y capacitación en conocimientos básicos y de lectura y escritura.

d. Asistencia en la búsqueda de trabajos, experiencia laboral y consejería acerca de ellos.

Si te encuentras en situación desventajosa económicamente, o tienes otro obstáculo al cual sobreponerte como una incapacidad física, embarazo a temprana edad, un problema de adicción a las drogas o al alcohol, o no tienes dónde vivir, es posible que exista un programa del JTPA que te ayude a incorporarte en el campo laboral.

Para más información acerca de los programas JTPA en tu área, busca en las páginas azules de tu guía telefónica, bajo el título: "Local government" (Gobierno local) o "County government" (Gobierno del condado); también puedes investigar en otras agencias regionales y locales como las agencias de empleo, recursos humanos o la oficina del alcalde de tu ciudad; la oficina nacional del ETA en Washington o una de las oficinas regionales.

La "Career College Association", publica anualmente una lista de escuelas independientes acreditadas por esta asociación. Estas escuelas ofrecen programas de estudio de asistencia legal, contabilidad, procesamiento de datos y muchas otras carreras técnicas que hoy por hoy, encuentran gran demanda en nuestro medio, y que pueden ser una alternativa viable para ti. Para obtener una copia de este directorio, llama a la asociación directamente, al siguiente número de teléfono o escribe a la siguiente dirección:

Career College Association
750 First Street N.W., Suite 900
Washington, D.C. 20002-4242
Tel.: (202) 336-6700

Cómo obtener ayuda financiera para tus estudios

El costo de la educación superior nunca debe ser una razón que te detenga para perseguir tu sueño de obtener un grado técnico o profesional. Aunque en muchos casos, este costo puede ser muy alto, debe ser considerado, no como un gasto, sino como una inversión.

Ahora bien; si has llegado recientemente a este país y tienes dificultades con los gastos diarios, esto puede servir de poco consuelo para ti. Sinembargo, recuerda que donde existe el deseo, existe la solución y el camino. Si en realidad quieres continuar tu educación e invertir en ti mismo, encontrarás la solución para financiarla. He aquí algunas de las alternativas.

El primer paso, por supuesto, es encontrar la institución educativa y el programa específico que quieres proseguir. No elimines ninguna institución, debido al costo de la matrícula. Universidades y colegios en los cuales la matrícula es bastante alta, saben que no muchas personas pueden afrontar el costo completo de su institución, y estarán dispuestas a ayudarte a encontrar la ayuda financiera que necesitas.

El siguiente paso es determinar exactamente cuál va a ser el costo de la educación. Esto incluye fijar el valor de la matrícula, libros, vivienda, alimentación y otros gastos personales, leyendo cuidadosamente los folletos de gastos que suelen dar las universidades.

Hay un gran número de alternativas para financiar tu educación. Todo, desde becas, préstamos y otro tipo de programas, están disponibles para el programa y la universidad que has escogido. La ayuda financiera viene de diferentes fuentes, muchas de ellas son ofrecidas por el gobierno federal, otras por el gobierno estatal y otras son ofrecidas y administradas por cada una de las escuelas; por esta razón es importante que escojas el programa y la institución a la cual piensas asistir primero.

Fuera de estos programas de asistencia financiera que he mencionado, puedes recibir ayuda de otras fuentes como fundaciones, compañías y donantes privados. Regularmente este tipo de ayuda es suministrado a personas que persiguen programas en áreas específicas, a miembros de determinado grupo étnico, o a estudiantes que poseen habilidades y talentos en áreas específicas.

Debido a la gran diversidad de fondos, la mejor manera de descubrir cuáles son las fuentes que están a tu disposición, es contactando la oficina de ayuda financiera de cada escuela a la que piensas aplicar. El administrador de esta oficina está en capacidad de suministrarte el costo total de la educación de dicha escuela, al mismo tiempo que te podrá informar de todos los programas de asistencia financiera que están a tu disposición.

> Fuera de estos programas de asistencia financiera que he mencionado, puedes recibir ayuda de otras fuentes como fundaciones, compañías y donantes privados. Regularmente este tipo de ayuda es suministrado a personas que persiguen programas en áreas específicas, a miembros de determinado grupo étnico, o a estudiantes que poseen habilidades y talentos en áreas específicas.

La agencia estatal de educación superior en tu estado, puede suministrarte la información acerca de los programas de ayuda financiera que existen en tu localidad, al igual que los programas privados que estén disponibles. En la biblioteca pública puedes encontrar un gran número de guías que te orientarán en esta área. Uno de estos manuales es la Guía Anual de Ayuda Financiera para Colegios, publicada por la firma ARCO que te proporciona, no solamente todas las fuentes de ayuda financiera que están disponibles a nivel federal y estatal, sino la lista de fundaciones, corporaciones y otras becas, lo mismo que los pasos a seguir para adquirir esa información.

Si aún necesitas más información acerca de ayuda financiera, puedes contactar al Centro Informativo de Ayuda Financiera para Estudiantes, escribiendo o llamando a:

Federal Student Aid Information Center
P.O. Box 84
Washington, D.C. 20044
Tel.: 1 (800) 4-FED-AID / 1 (800) 433-3243

De esta misma dirección puedes pedir que te envíen una copia del folleto: Student guide (Guía estudiantil), una gran fuente de información acerca de todos los programas de ayuda financiera y de préstamos.

Cómo escoger la mejor escuela para tus hijos

El llegar a un nuevo vecindario, especialmente cuando éste se encuentra en un nuevo país, puede ser causa de gran desorientación para los padres inmigrantes, sobre cuál es la escuela más adecuada para sus hijos. En esta sección compartiré contigo los pasos más importantes acerca de cómo escoger la mejor escuela disponible para tus hijos. Puesto que las opciones varían de acuerdo a los distritos escolares, identificaremos los factores más importantes que debes tener en cuenta, antes de tomar una determinación.

La primera manera en que los padres pueden influir positivamente en la selección de la escuela a la cual asistirán sus hijos, es la de decidir en dónde vivir. Si tienes hijos y estás buscando mudarte a un nuevo vecindario, siempre que examines una casa, examina también la escuela local. En muchas áreas, los sistemas de escuelas públicas dan algunas opciones, incluyendo escuelas públicas o de selección propia, o pautas que permiten al niño trasladarse a otra escuela o distrito. La selección de una escuela privada o de una escuela con afiliación religiosa es otra posibilidad.

Debes estar directamente involucrado en la elección de la escuela para tu hijo. A nadie le interesa tanto su bienestar como a ti, y nadie pondrá tanto cuidado en que tu hijo reciba una buena educación y sea bien tratado en la escuela como tú. Conoces más acerca de las inclinaciones especiales de tu hijo, los puntos fuertes que requieren una escuela que los dirija y sus puntos débiles que necesitan un apoyo mayor; los intereses que hacen brillar los ojos de tu hija, o los valores familiares que la escuela de tu hijo debe respetar.

Clases de escuelas disponibles

Si todas las escuelas fueran iguales, no habría objeto de elegir entre ellas. En este país sinembargo, hay muchos tipos de escuelas, con diferencias en lo que enseñan, cómo enseñan y cuán bien los estudiantes aprenden.

Examinemos algunas de las escuelas que puedes encontrar; recuerda que pueden existir variaciones a las normas generales presentadas aquí, de acuerdo al estado en que residas.

1. La escuela pública de tu vecindario

En muchos sistemas de escuelas públicas, los niños asisten a una escuela pública en su vencindario, de acuerdo a un mecanismo de asignación desarrollado por el distrito escolar. Asistir a una escuela pública en tu vecindario, puede ser más fácil para que tu hijo llegue a la escuela y para que se reúna con sus compañeros. Si tu comunidad cuenta con el apoyo de sus habitantes, y la escuela ofrece un buen programa que satisfaga las necesidades de tu hijo, la escuela del vecindario puede ser una buena opción.

2. Las escuelas públicas de selección propia

En un número creciente de distritos, puedes enviar a tu hijo a una escuela pública especial. Estas escuelas de selección, son llamadas, a menudo, escuelas magneto o escuelas alternativas. Los padres de cualquier parte del distrito, pueden pedir que sus hijos asistan a estas escuelas. Si hay demasiados niños solicitando matrícula, el distrito puede admitirlos en el orden en que hayan presentado su solicitud, hacer uso de un sorteo, o utilizar cualquier otro mecanismo de selección.

Aunque solamente una minoría de los distritos escolares ofrecen ahora formalmente escuelas de selección propia, el número está creciendo. Muchos distritos escolares a lo largo de los Estados Unidos, brindan escuelas de selección propia, aunque todavía conducen la mayoría de sus escuelas sobre la base de asistencia vecinal.

Las escuelas públicas de selección propia, a menudo hacen énfasis en un tema particular o tienen una filosofía especial de educación. Una puede hacer énfasis en ciencias, arte o el estudio de un idioma; otras pueden ofrecer un código firme de conducta, un código de vestir y un programa académico tradicional riguroso. Otras escuelas de selección propia pueden ser designadas para servir a un grupo particular de estudiantes.

3. Escuelas con afiliación religiosa y otras escuelas privadas

Además de las escuelas públicas, existe una gran variedad de escuelas de afiliación religiosa y otras escuelas privadas disponibles. Estas escuelas son todas de selección propia, las cuales fueron establecidas para satisfacer la diversidad de ideologías de padres que desean cierto tipo de educación para sus hijos. Dentro del grupo de escuelas religiosas, están las llamadas parroquiales. El grupo más grande es el afiliado a la iglesia católica romana; pero también están las escuelas luteranas, calvinistas y otras escuelas protestantes; grupos judíos, musulmanes y budistas que también han establecido escuelas en algunas comunidades.

Igualmente hay muchas escuelas privadas de afiliación religiosa, y algunas de ellas son escuelas preparatorias tradicionales destinadas a preparar estudiantes para la universidad. Estas, a menudo, tienen una reputación excelente y una larga historia. Otras pueden ser escuelas alternativas establecidas por familias y niños que pueden estar descontentos con varios aspectos de las escuelas convencionales.

Cómo lograr que tu hijo sea aceptado

Cuando te decides por una escuela, necesitas pasar por el proceso de matricular a tu hijo y los pasos a seguir dependen de la escuela; de cualquier modo, necesitas empezar este proceso con tanta anticipación como te sea posible. Tu hijo puede necesitar ser examinado o entrevistado y a ti se te puede pedir que presentes documentos escolares, recomendaciones u otra información. Será necesario que verifiques cuidadosamente, para que te asegures que toda tu información sea precisa, sobre cómo y dónde hacer la inscripción.

De todas maneras hay que ser precavidos y tener decidida otra escuela, si por algún motivo nos falla la primera; ya que muchas de ellas condicionan la aceptación a ciertos antecedentes, como darle prelación a los niños cuyos padres o hermanos hayan estudiado allí mismo. Otras examinan y comprueban las habilidades y conocimientos que los niños traen consigo.

En algunos estados, podrás obtener ayuda financiera del gobierno; por ejemplo Nueva Jersey ayuda a pagar el transporte escolar. Minesota ofrece una reducción de impuestos relacionada con los gastos escolares, la cual puede ser usada para la matrícula en una escuela privada o de afiliación religiosa o, para los gastos que tendrás en una escuela pública. La mayoría de las escuelas privadas o de afiliación religiosa te podrán informar sobre tal ayuda del estado.

> Manteniéndote en contacto con el programa que escojas; estimulando al niño a que estudie y proporcionándole oportunidades adicionales para que aprenda en tu casa y en la comunidad, tú puedes ayudar a que tu hijo progrese. Recuerda que es tu derecho, tanto como tu responsabilidad, buscar la mejor educación posible para tus hijos.

Como nuevo inmigrante, tú más que nadie, necesitas comprometerte en la elección de la escuela y el sistema educativo para tu hijo. Tus hijos pueden beneficiarse mucho de tu interés activo y de tu preocupación por su educación. Al recopilar información, hablando con otros padres, visitando escuelas y ejercitando tu derecho de selección, puedes aprovechar la ventaja de que tu hijo o hija obtengan una excelente educación. Manteniéndote en contacto con el programa que escojas; estimulando al niño a que estudie y proporcionándole oportunidades adicionales para que aprenda en tu casa y en la comunidad, tú puedes ayudar a que tu hijo progrese. Recuerda que es tu derecho, tanto como tu responsabilidad, buscar la mejor educación posible para tus hijos.

Algunas fuentes de información adicional

Si tienes preguntas acerca de las escuelas públicas de tu zona, podrás obtener información en la guía telefónica, en la oficina del distrito de la escuela o en el departamento de educación del estado. Dicho departamento ha publicado un folleto en español llamado: Cómo escoger una escuela para su hijo. Obtenga este folleto de la oficina estatal o directamente de la siguiente dirección:

United States Department of Education
Office of Educational Research and Improvement
555 New Jersey Av. N.W.
Washington, D.C. 20208-5572
Tel.: (202) 401-1576

Para conseguir información sobre escuelas privadas o escuelas de afiliación religiosa, debes consultar la guía de teléfonos o una guía de escuelas no públicas. Por ejemplo, el Consejo Americano de Educación Privada representa a 14 organizaciones escolares de afiliación religiosa o privadas y han desarrollado una lista de escuelas privadas en los Estados Unidos; esta es una lista de las escuelas en esas organizaciones. Si una copia de este ejemplar no está disponible en la biblioteca local, puedes solicitar una, a la siguiente dirección:

Council for American Private Education
1726 M Street N.W., Suite 1102
Washington, DC 20036
Tel.: (202) 659-0016

Dos organizaciones que no son miembros del Consejo Americano de Educación Privada, pero que pueden proporcionar información sobre sus escuelas afiliadas son:

157

American Association of
Christian Schools
P.O. Box 1088
Fairfax VA 22030
Tel.: (703) 818-7150

Association of Christian International Schools
P.O. Box 4097
Whittier, CA 90607
Tel.: (310) 694-4791

El Instituto para la Educación Independiente, el cual está formado por padres minoritarios y dirigentes de la comunidad, también puede ser una buena fuente de información. He aquí su dirección:

Institute for Independent Education
1313 North Capitol Street, N.E.
Washington, D.C. 20002
Tel.: (202) 745-0500

Además las bibliotecas y librerías locales ofrecen una variedad de directorios y guías anuales de escuelas no públicas en las cuales encontrarás gran ayuda.

Capítulo V

BUENOS DIAS SEÑOR, ESTOY BUSCANDO TRABAJO

Recientemente me encontraba en la oficina de desempleo, recopilando alguna información para este libro. Mientras aguardaba en la fila para ser atendido, entablé conversación con un joven que también esperaba ser ayudado. Me comentó que estaba desempleado desde hacía bastante tiempo, pese a que tenía mucha experiencia en procesamiento de datos y era un buen vendedor. Procedió a contarme que había estado buscando trabajo en toda la ciudad e indagando en periódicos y no le había sido posible hallar nada. Le pregunté si había tratado de contactar algún amigo que trabajase en la misma área en la que él estaba interesado, y que le pudiese notificar sobre la existencia de alguna vacante. Sus ojos se abrieron expresando gran asombro, ya que esto era algo en lo cual no había pensado. De repente recordó que tenía un amigo que trabajaba en el mismo campo, con quien no había hablado desde hacía largo tiempo. La razón por la cual menciono este incidente, es porque estos contactos personales no son frecuentemente usados y pueden llegar a ser de gran importancia.

Esta comunicación directa con amigos o conocidos que trabajen en diferentes áreas, es parte de lo que en inglés se conoce como networking, que es simplemente el establecimiento de una red de comunicación o información. Esta es una de las herramientas más importantes para moverse en el campo laboral. Aplicado a este capítulo, networking es simplemente la comunicación entre un grupo de personas para compartir ideas e información que puede ser de beneficio mutuo. Si conoces a alguien que se desempeñe en el mismo campo en el cual estás interesado en ingresar, esta persona no sólo te podrá mantener informado de posibles vacantes, sino que también te podrá orientar sobre la labor misma. Esta persona puede estar en condición de informarte acerca de las calificaciones o tipos de entrenamiento requerido para posiciones específicas en las cuales tengas interés. Esta información puede ser de gran ayuda cuando la oportunidad se presente.

El mejor procedimiento para encontrar trabajo dependerá del tipo de trabajo que estés buscando. Si estás consiguiendo empleo a nivel administrativo, el procedimiento para identificar un trabajo será diferente al utilizado por aquella persona que busca una posición técnica. Por lo general, una combinación de diferentes estrategias rinde los mejores resultados. La manera menos efectiva de encontrar trabajo y la que produce menos éxito, es también infortunadamente la más comúnmente usada; el volumen de solicitudes constantemente recibido por la mayoría de las industrias, hace que esta técnica sea bastante ineficaz e inoperante.

No estoy sugiriendo que no uses ninguna de estas alternativas para buscar trabajo. Es más, para algunas clases de trabajos, éstas pueden ser las mejores opciones. Sinembargo, deberías examinar más de cerca algunas de las sugerencias enumeradas en el resto de este capítulo, para complementar la búsqueda de un buen empleo.

También puedes considerar el ir a la oficina local de Servicio de Empleo Público, la cual es administrada por el estado donde habitas. Esta dependencia asiste anualmente a millones de personas que se encuentran en la misma situación. El servicio de empleo público indaga sobre las vacantes que pueden existir en las diferentes industrias para ubicar en ellas a los trabajadores calificados. Un banco interestatal computarizado une a estas oficinas a través de toda la nación. Algunas oficinas de servicio de empleo también suministran información acerca de los programas de entrenamiento, consejería profesional y otros servicios. El Servicio de Empleo Público puede ayudar a cualquier individuo que se encuentre legalmente autorizado para trabajar en los Estados Unidos. Pregunta acerca de los servicios especiales disponibles para inmigrantes, veteranos o personas con incapacidades físicas.

En las siguientes dos secciones encontrarás información de gran valor sobre cómo organizar tu operación de búsqueda de trabajo, cómo moverte en el campo laboral, qué hacer y qué buscar cuando estás pensando en trasladarte a un nuevo campo. También veremos cómo capitalizar en tu experiencia previa y hacer de ésta, una transición que te produzca grandes beneficios. Finalmente, hablaremos acerca de algunas agencias de empleo, para determinar si necesitas la ayuda de alguna de ellas; qué buscar y cómo encontrar aquella que te preste la mejor ayuda por tu dinero.

Empecemos con algunos pasos básicos que necesitas tomar para romper la inercia.

Cómo organizar la búsqueda de tu trabajo

Ya sea que estés buscando el primer empleo en este país o simplemente estés averiguando sobre una mejor oportunidad, es importante que mantengas en mente que si necesitas un trabajo, en algún lugar hay un empleador que tiene el trabajo que tú buscas. ¿Cómo conseguir ese empleo? Mercadeando tus talentos y habilidades. Mostrándole a aquellos empleadores que tienes las habilidades que ellos necesitan. En este mundo tan competitivo es importante que te levantes por encima de tu competencia. Esto se aplica, ya sea que estés vendiendo productos o que estés vendiendo tus servicios a posibles empleadores.

El primer paso es identificar esos talentos que posees.

¿Tienes talentos? Por supuesto que sí. Amas de casa, individuos con impedimentos físicos, estudiantes que hayan salido recientemente de la escuela secundaria o personas que ya estén trabajando. Todos tienen habilidades y experiencia para muchas labores. Lo que tienes que hacer es saber cómo comerciar esos talentos, más eficazmente. Para encontrar la mejor opción, es necesario que sigas los siguientes pasos:

1. Evaluar tus intereses y habilidades.

2. Evaluar aquellos trabajos de interés para ti.

3. Encontrar la información acerca de estos trabajos.

4. Desarrollar un proceso para buscar trabajo que cubra networking, hojas de vida, cartas de solicitud si es necesario, y prepararte para entrevistas de trabajo.

Todos estos pasos demandan organización y el desarrollo de un plan de acción para tomar control de tu tiempo.

Planeando tu tiempo

Hoy es el mejor día para empezar a buscar ese nuevo trabajo. Estás tan calificado como otros solicitantes; por eso empieza ahora antes que otra persona consiga el trabajo que tú buscas. Ya has dado un gran paso al empezar a leer este libro.

Lo más importante que debes pensar acerca de tu búsqueda, es que ella, en sí misma, es un trabajo de tiempo completo. No es algo que vayas a hacer simplemente cuando te sea conveniente o cuando te sientas bien para hacerlo. Lo tienes que hacer ya, sea que te sientas bien o no, y si tienes que afrontar situaciones

CAMILO F. CRUZ

difíciles, debes hacerlo. He aquí algunos consejos para lograr que la búsqueda de trabajo sea más efectiva:

1. Haz una lista de lo que tienes que hacer todos los días, describe estas actividades diarias que te permitirán encontrar un empleo.

2. Solicita trabajo en la primera parte del día, esto dará una buena impresión y te dejará tiempo libre para cubrir todas las solicitudes, tener entrevistas o presentar exámenes.

3. Llama a los potenciales empleadores y pregunta cuáles son las mejores horas para solicitudes; algunas compañías reciben solicitudes sólo en determinados días y horas durante la semana.

4. Mantén una lista de todos los empleadores que contactas, fecha del contacto, persona con la cual hayas hablado y notas especiales acerca de ellos.

5. Solicita en varias compañías, en cuanto te sea posible, que se encuentren en la misma área; esto te ahorrará tiempo y dinero.

6. Debes estar preparado. Ten en todo momento una solicitud, documentación, hoja de vida, lápiz, mapas e información acerca de los diferentes trabajos. No sabes cuándo alguien te puede informar sobre un trabajo que necesita ser ocupado inmediatamente.

7. Si alguien te informa de un trabajo, sigue esta pista inmediatamente; si te enteras sobre un trabajo ya muy tarde en el día, llama inmediatamente de todas maneras, no esperes hasta el día siguiente.

8. Network, dile a todas las personas que conoces, que estás buscando trabajo; mantente en contacto con tus amigos y conocidos.

9. Lee todos los panfletos, libros y demas material sobre cómo encontrar trabajo, o cómo mejorar tus técnicas de búsqueda de trabajo. El tiempo que gastes leyendo este material será una buena inversión, puesto que te ahorrará gran cantidad de tiempo en tu plan de búsqueda.

Determinando tus habilidades de trabajo

A. Haz una lista de tu historial de trabajo y tu experiencia

Si crees que no tienes ninguna experiencia, piensa otra vez. Puede que no tengas experiencia específica en determinado trabajo en este país, pero tienes experiencia de trabajo, ya sea que hayas trabajado como maquinista en una plantación, como estudiante, como voluntario o en otros hobbies o actividades personales. Las habilidades que usabas en estas actividades, pueden aplicarse a otros trabajos.

Tu historial y experiencia es una lista que puede suministrar información para las entrevistas y preparación de tu hoja de vida (en caso de que estés solicitando trabajo de oficina o trabajos administrativos). Pue-

des empezar haciendo una lista de tus intereses, apti-
tudes, hobbies, clubes a los cuales perteneces, deportes en los que participas, actividades de la iglesia y de
la escuela y cosas que sean de interés general para ti.
Escribe aquellas cosas para las cuales eres bueno o
tienes una habilidad especial. Esto puede ser de gran
valor en caso de que también quieras participar en un
programa educativo o en una escuela vocacional antes de buscar empleo. Esta lista puede que te parezca
como algo que no tiene en absoluto que ver con tu
experiencia o con tus talentos de empleo, y eso está
bien. El propósito de esta lista es hacer que pienses
acerca de tus intereses y de las cosas que haces todos
los días. Mira, por ejemplo, lo que escribiste en el
primer punto de tu lista, piensa acerca de las habilidades o talentos que son necesarios para hacer esto;
piensa en todos tus hobbies y actividades; ellos necesitan de grandes habilidades, conocimientos y talentos.
Escríbelos todos.

Supón que uno de estos puntos sea que tienes la
habilidad de arreglar carros y en tu país de origen solías
hacer esto regularmente. Eso quiere decir que tienes los
siguientes talentos:

1. Habilidad para diagnosticar problemas mecánicos.

2. Habilidad en el uso de una gran variedad de
herramientas.

3. Conocimiento de electrónica.

Ahora bien, estos son talentos que tú puedes

mercadear cuando estés buscando un trabajo; también puedes complementar estos talentos tomando un curso técnico en estas áreas, en una escuela vocacional. Esto puede incrementar bastante tus posibilidades de encontrar un trabajo.

B. Historial de trabajo

Si has trabajado antes, enumera todos tus trabajos, inclusive aquellos que solías hacer en tu país de origen. Incluye todos los trabajos de medio tiempo, como voluntario, empleos temporales durante el verano y trabajos que hayas hecho por tu propia cuenta.

El siguiente paso es escribir todas las responsabilidades que tenías en cada uno de los trabajos que acabas de enumerar. Ahora piensa acerca de las habilidades y talentos que requerían cada una de esas responsabilidades y escríbelos. He aquí un ejemplo:

Responsabilidades en el trabajo - Primer trabajo

Recolección de vegetales y frutas en una granja; uso de azadón, picos y palas para plantar, cultivar y recoger frutas de los árboles.

Habilidades y talentos

- Inspección de frutas.

- Habilidad para trabajar con conocimiento y rápidamente con las manos.

- Habilidad para trabajar con herramientas pesadas.

- Habilidad para trabajar fuera, por largos períodos de tiempo.

- Resistencia física.

Responsabilidades en el trabajo - Segundo trabajo

Oficinista en una compañía de seguros, archivo de récords y mantenimiento de libros.

Habilidades y talentos

- Habilidad de trabajar en una oficina.

- Habilidad de llevar a cabo contabilidad básica.

- Habilidad de archivar documentos.

- Cierto conocimiento en el área de los seguros.

C. Educación

- Enumera todas las escuelas en las cuales hayas estudiado; con fechas, áreas de estudios y cursos que hayas terminando. Incluye educación vocacional, militar o entrenamiento en el trabajo.

- Enumera todos los grados, diplomas, certificados y honores que hayas recibido.

- Pregúntate qué clase de entrenamiento fue el que más te gustó y por qué.

D. Objetivos profesionales

Cierra los ojos y piensa por un momento dónde quisieras estar dentro de 10 años, qué clase de trabajo quisieras estar haciendo 5 ó 10 años más tarde, qué clase de vida quisieras estar viviendo y qué clase de trabajo te ayudaría a alcanzar estos objetivos. Tienes que ser claro y específico en tus objetivos profesionales. Recuerda, como dijimos en el primer capítulo: objetivos borrosos producirán resultados borrosos.

El proceso de identificar la mejor oportunidad de trabajo, consta de tres pasos: primero, tienes que mirar el área de trabajo que has escogido como vehículo para alcanzar tus metas, para así poder determinar qué clase de trabajos existen y cómo en-contrarlos. El segundo paso incluye el precisar exactamente qué es lo que estás buscando en ese nuevo trabajo, qué esperas de él, y organizar las habilidades y talentos usando el mejor formato para mercadearlas. El tercer paso, es seguir el proce-

> Tienes que ser claro y específico en tus objetivos profesionales. Recuerda, como dijimos en el primer capítulo: objetivos borrosos producirán resultados borrosos.

dimiento descrito en este capítulo para encontrar ese trabajo. Recuerda que simplemente conocer los pasos para encontrar un trabajo, no te garantizan este trabajo. Tienes que tener las habilidades y preparación necesarias para poder competir en el mercado.

El primer paso entonces, es descubrir qué trabajos existen que requieran estos conocimientos y habilidades que ahora posees. Hay muchos lugares en los cuales puedes averiguar acerca de vacantes de empleo. Fuera de los avisos clasificados, existen las oficinas de empleo estatales, asociaciones comunitarias y profesionales, oficinas de empleo en colegios y universidades y otras organizaciones que te podrán proveer con la información específica para tu situación particular. Un gran libro de referencia y una fuente de gran información acerca de los empleos es el Ocupational Outlook Handbook, que es una guía que describe la mayoría de los empleos en el mercado actual y que está disponible en tu biblioteca pública.

Esta guía, no sólo provee información estadística en diferentes ocupaciones que pueden ser de gran ayuda a tu situación personal, sino que también proporciona mucha más información que te pueden ayudar a tomar la decisión correcta, especialmente si estás planeando moverte a una nueva área. Esta, al igual que otras guías en tu biblioteca pública, puede ser un excelente primer paso, al escoger una carrera.

La Asociación Internacional de Servicios de Consejería, con su sigla en inglés IACS que representa a la International Association and Counseling Services, ofrece un directorio de servicios de consejería acreditado en todas las regiones de este país. Para recibir una copia de este listado puedes contactarte con la asociación directamente, llamando al número que daré a continuación, o enviando un sobre con tu dirección y con el sello postal a:

International Associations of Counseling Services
101 South Whiting Street, Suite 211
Alexandria, VA 22304
Tel.: (703) 823-9840

Doce ideas para identificar el trabajo que deseas

He aquí doce ideas que te serán de gran ayuda en identificar el trabajo que deseas. Es tiempo que hagas saber a todos tus conocidos que estás buscando trabajo y explícales cuáles son tus talentos. Puedes encontrar vacantes de empleo en las siguientes fuentes:

1. Networking, como dije antes, es una de las mejores herramientas para hallar trabajo. Déjale saber a todo el mundo que estás buscando trabajo y pregunta a tus amigos si hay vacantes en los sitios donde ellos trabajan.

2. Empleadores públicos. Contacta directamente a los diferentes empresas para mercadear tus talentos. Habla con las personas que eventualmente te pueden supervisar, inclusive si en ese momento no hay vacantes.

3. La oficina de servicio de empleo estatal te puede ayudar a encontrar trabajos y te puede ofrecer otros servicios, como consejería profesional.

4. Oficinas de personal del gobierno federal, estatal o local, publican listas de oportunidades de trabajo. Chequea diferentes oficinas de empleo en tu guía telefónica.

171

5. Revistas y publicaciones semanales de asociaciones profesionales, muchas veces publican vacantes de empleo en sus respectivos campos de acción. Puedes preguntar por éstas en tu biblioteca pública.

6. Las bibliotecas públicas locales tienen muchos libros en ocupaciones y de vez en cuando publican oportunidades de empleo locales.

7. Los avisos limitados del periódico ofrecen vacantes de empleo, especialmente la edición del domingo de muchos periódicos, que cuentan con una sección especial que puede ser de gran ayuda.

8. Los colegios comunitarios y las escuelas privadas usualmente ofrecen consejería e información de empleo a estudiantes y al público en general.

9. Las organizaciones comunitarias como clubes, asociaciones y centros de mujeres y minorías, y asociaciones juveniles, también pueden ser de gran ayuda.

10. Los centros de veteranos de guerra que operan a través de las oficinas de empleo estatal, los centros sociales y organizaciones para ayudar a los veteranos, tienen listas sobre empleos para miembros de esas asociaciones.

11. Las uniones y programas de aprendizaje proveen oportunidades de empleo e información. Contacta al consejo de aprendizaje de tu estado o a la unión laboral directamente.

12. Programas de entrenamiento patrocinados por el gobierno ofrecen entrenamiento y oportunidades de trabajo para solicitantes que califiquen. Chequea las páginas amarillas del Job Training Programs or Goverment Services; esto quiere decir programas de entrenamiento de trabajo y servicios gubernamentales.

Bajo el acta de los derechos civiles de 1964, todas las fuentes que acabo de enumerar deben servir a personas de cualquier raza, color, religión, sexo o nacionalidad. El acta de discriminación del empleo por edad de 1967, prohíbe a las agencias discriminar empleados mayores. Ambas leyes prohíben a empleadores discriminar en sus prácticas de retención de empleados.

El segundo paso al cual nos referíamos anteriormente, puede conseguirse respondiendo a las siguientes preguntas:

a. ¿Qué es lo que quiero conseguir de este trabajo?

En términos de satisfacción personal, profesional, retribuciones financieras y mucho más. Este paso puede ser tomado después que hayas examinado tus metas y objetivos personales, siguiendo los pormenores detallados en el capítulo segundo. No pienses que esto es algo superficial que puede ser ignorado. Si no sabes qué es lo que quieres, no podrás determinar qué es lo que estás buscando o a dónde ir.

b. ¿Por qué una compañía me escogería a mí para este trabajo?

Esto incluye una lista detallada de tus valores. Evaluando tu historial educativo y tu experiencia de trabajo y resumiendo tus calificaciones, el análisis cuidadoso de estas tres áreas debe producir como resultado un hoja de vida capaz de comunicar tus objetivos y capacidades a los posibles patronos.

Muchos trabajos pueden requerir que presentes esta hoja de vida y una carta de solicitud. También, si estás solicitando trabajo muy lejos de donde resides, o respondes a un anuncio de una revista o un periódico, es posible que tengas que enviar esta información por correo a la empresa correspondiente. Ahora miremos cómo preparar estas hojas de vida y algunas muestras sobre las cartas de solicitud.

Preparación de la hoja de vida

Carta de presentación

Si estás solicitando un empleo que requiera una hoja de vida, también tienes que escribir una carta de cubierta acompañándola. El propósito de esta carta es el describir qué talentos, que tú posees, beneficiarán directamente a la compañía, y dar una razón al empleador para que lea tu hoja de vida o solicitud, y pedir una entrevista.

He aquí algunas recomendaciones para escribir estas cartas:

1. Escribe una carta para cada solicitud.

2. Escribe las cartas en papel de buena calidad, de 8.5 pulgadas por 11 pulgadas.

3. Ten cuidado en la redacción, gramática, ortografía y puntuación. Pide a alguien que mire la carta que acabas de escribir y que te de una opinión. Recuerda, esta va a ser la primera impresión que el posible patrón tenga de ti. Las oficinas de consejería de todas las universidades, pueden ayudarte a elaborar esta carta o a corregir aquella que hayas escrito. Recuerda que tu carta tiene que expresar un mensaje personal con calor y entusiasmo. Elabora esta carta concreta, breve y que vaya al grano.

Ejemplo de una carta de presentación

Esta muestra de la carta de presentación la daré en inglés, porque obviamente como empleado, aunque seas hispano, tendrás que escribir tu correspondencia en inglés.

Mr. Harold White
Manager of Human Resources
First National Bank
7125 Franklin Avenue
Los Angeles, CA 90042

Dear Mr. White:

I am applying for the position of financial analyst which was adversited on April 15 in the Los Angeles Times. The position seems to fit very well with my career goals, education and experience.

Your position requires experience in credit analysis, and I have extensive training in personal and commercial credit. My practical experience as commercial credit analyst in the International Bank of Colombia gave me valuable exposure to all the different aspects pertaining to this area. My resume provides more details of my qualifications.

My background and career goals seem to match your job requirements well. I am confident that I can perform the job effectively. Furthermore, I am genuinely interested in the position and in working for the First National Bank.

Would you please consider my request for a personal interview to discuss further my qualifications and to learn more about this opportunity? Should you need to reach me, please feel free to call me at 482-2747.

Thank you for your consideration. I look forward to talking with you.
Sincerely yours

Firma
Diego A. Romero

La hoja de vida (Curriculum vitae)

Ahora que estás listo para salir a buscar tu nuevo empleo, es posible que te estés preguntando si necesitas presentar o no una hoja de vida. La respuesta depende de la clase de trabajo que estés buscando. La clase de empleos que requieren la presentación de una hoja de vida son aquellos profesionales, técnicos o administrativos; también posiciones de ventas, secretarias y trabajos de oficina en general.

Ciertos trabajos requieren ocasionalmente la presentación de una hoja de vida. Generalmente estos son trabajos que precisan habilidades especiales, como para atender un hotel, trabajo de repostería, electricista, soldador; también para trabajos que exijan ciertas calificaciones como guardia de seguridad, asistente en electrónica y otros más. Aquellos que no requieren de habilidades o conocimientos específicos, generalmente no exigen la presentación de una hoja de vida. Me refiero a trabajos como ayudante en restaurantes, trabajos en fábricas, ayudante de construcción, y muchos otros por este estilo.

Consejos para preparar una buena hoja de vida

Para preparar una buena hoja de vida precisas la información a la cual nos referíamos anteriormente. Información personal, que incluye tus talentos, tu historial de trabajo, tu educación y tus objetivos profesionales. Pero también necesitas cierta información acerca del trabajo que estás solicitando, con el propósito de poder relacionar las responsabilidades de dicha posición con las habilidades que tienes.

Con la información personal y la información acerca del trabajo solicitado, estás preparado para escribir tu hoja de vida. Hay dos tipos de hoja de vida. La cronológica que señala los trabajos que has tenido, empezando por el último, luego el que está en segundo lugar y así sucesivamente. Cada trabajo con sus correspondientes responsabilidades. La segunda clase de hoja de vida es la funcional; describe tus habilidades, conocimientos y logros y cómo estos se relacionan con el trabajo que estás solicitando. El historial de empleo es menos detallado que en la hoja de vida cronológica.

¿Qué clase de hoja de vida debes usar? Para encontrar la respuesta es necesario que respondas las siguientes preguntas:

1. ¿Has ascendido de manera clara y definida en tu trabajo y estás buscando un trabajo que te permita ascender aún más?

2. ¿Has tenido experiencia de trabajo reciente en una o más compañías?

Si las respuestas a estas dos preguntas son afirmativas, entonces usa la hoja de vida cronológica.

¿Eres una ama de casa? ¿eres un veterano y quieres relacionar tu entrenamiento militar a trabajos civiles? ¿tienes poca o ninguna experiencia? ¿hay grandes lapsos en tu historial de trabajo? ¿es el empleo que estás solicitando ahora diferente de tu trabajo presente o del más reciente? ¿deseas enfatizar tus habilidades y tus logros en lugar de describir tus responsabilidades anteriores?

Si tu respuesta, a cualquiera de estas preguntas ha sido afirmativa, usa la hoja de vida funcional.

Diez reglas para escribir una hoja de vida efectiva

Las siguientes reglas se aplican a toda clase de hoja de vida:

1. Escribe tu hoja de vida a máquina o con el uso de un procesador, utiliza papel de buena calidad, blanco o de color beige muy claro de medidas de 8.5 pulgadas por 11 pulgadas.

2. No incluyas información personal irrelevante, como edad, peso, altura, etc.

3. No incluyas salarios deseados, si éstos no fueron presentados en el aviso.

4. Asegúrate que los títulos y subtítulos y toda la información esté bien centrada y no uses abreviaturas.

5. Sé positivo, identifica tus logros.

6. Usa verbos de acción, como por ejemplo administré, supervisé o estuve a cargo de reparar, planeé u organicé, en lugar de decir, administración o supervisión, etc.

7. Sé específico, usa oraciones concisas y mantén tu hoja de vida corta; una página generalmente es suficiente.

8. Asegúrate que tu hoja de vida luzca bien, sea presentable y entendible.

9. Asegúrate de leer la hoja de vida muy cuidadosamente y pídele a alguien más que la lea, para ver si hay errores de ortografía o puntuación.

10. Inspecciona todas las fotocopias y asegúrate que ellas sean claras y que no tengan marcas o estén arrugadas.

Ejemplo de la hoja de vida

El ejemplo que presentaré a continuación está en inglés por razones obvias. Presta atención a cómo logramos introducir la experiencia adquirida en nuestros países como parte de nuestra hoja de vida. La biblioteca pública tiene guías que contienen cientos de ejemplos de hojas de vida. Usa estas guías para elaborar la tuya. La universidad más cercana a tu residencia podrá ayudarte a determinar si ésta necesita algún cambio. Existe mucha ayuda a tu disposición, úsala.

DIEGO A.ROMERO
141 Manhattan Ave.
Los Angeles, CA 90010
Tel.: (213) 482-2747

Objetive: To serve as a financial analyst or management trainee in a major bank in the Los Angeles metropolitan area.

Education: 1985-1990 Polytechnic University Santafé de Bogotá Colombia.
B.S. Finance and Economics.

Major Courses Included: Advance Financial Analysis, Cost and Standard Accounting, Commercial Credit Analysis, International Banking and Executive Banking.

1983-1985 School of Business. Cali, Colombia. Technical Degree in Accounting.

Experience: 1990- Present ARCO Incorporated, Los Angeles Data processsing Operator. Process data and information from commercial accounts, Update methods of operation and assist in training of personnel.

1989-1990 International Bank Santafé de Bogotá, Colombia. Trust Officer, Legal Advisor, Managed Trust Accounts, reviewed investments, analized commercial credit applications, provided legal advice to all departments.

General: Bilingual in Spanish and English, very knowledgeable in International Financing, work with the Hispanic community in Los Angeles, hobbies are soccer and reading.

References available upon request

Para más información

La mayoría de las bibliotecas o servicios de consejería y organizaciones como aquellas listadas al final de este capítulo, pueden darte la información necesaria para preparar una buena hoja de vida. Tu biblioteca local puede también tener muchos libros a este respecto. Algunos de estos libretos son específicos para ciertos sectores del mercado, como por ejemplo el libro Complete Guide to Public Employement o Guía Completa para Trabajo Público, escrito por Ronald Cranick y Carol Gree Cranick, que es una excelente fuente de información en todos los aspectos que hemos discutido, cuando se aplican al sector público, pero que también pueden ser utilizados en cualquier otro caso.

Finalmente, el departamento de trabajo publica un folleto llamado Mercadeando tus talentos de trabajo, que ofrece consejos en cómo escribir y organizar una hoja de vida y planear tu búsqueda de trabajo. Este folleto puede ser obtenido en la mayoría de oficinas de empleo o puede ser solicitado al superintendente de documentos de la oficina de publicaciones del gobierno de los Estados Unidos, en Washington. Puedes llamar al siguiente número telefónico para más información: (202) 783-3238.

Recuerda que no es únicamente la calidad del producto lo que lo vende, sino su propaganda y su comercialización. Usa este concepto.

Buscando trabajo. ¿Es necesario que pagues?

Si has estado buscando trabajo infructuosamente, es posible que te hayas encontrado con agencias de asistencia de empleo que prometen buenos resultados. Pese a que muchas de estas firmas pueden ser legales y pueden ser de gran ayuda, se ha encontrado que muchas otras simplemente exageran el alcance real de sus servicios. Prometen empleos ficticios o que ya no existen y en muchos casos, cobran grandes cantidades de dinero por servicios que no necesariamente te ayudan a conseguir trabajo.

Si estás pensando en obtener los servicios de una agencia de empleo, antes que todo, asegúrate de obtener toda la información al respecto. Un buen lugar para empezar es la Comisión Federal del Comercio; para aprender más acerca de las firmas de servicios de empleo, escribe a tu oficina de mejores negocios. También puedes obtener un volante sobre los números 1-900 emitidos por la Comisión Federal de Trabajo, escribiendo a la siguiente dirección:

Federal Trade Commission
Public Reference
Washington. D.C. 20580
Tel.: (202) 326-2222 / 2502

Si has tenido o experimentado algún problema con alguna de estas firmas, ponte en contacto con la oficina de protección al consumidor local o con la oficina de mejores negocios; también puedes consultar a la oficina estatal encargada de dar licencias a dichas compañías.

Cómo aprovechar tu experiencia previa

Muchos de los inmigrantes que arriban a este país cada año, son individuos maduros que tienen familias y responsabilidades. Algunos han sido parte de la fuerza laboral en sus países por muchos años y generalmente tienen una gran experiencia y conocimiento especializado en diversas áreas. Sinembargo, muchos dejan que el hecho de estar recién llegados a este país o porque son personas mayores, los detenga de aprovechar al máximo, su potencial en esta nueva tierra.

La experiencia ocupacional de los inmigrantes llegados a los Estados Unidos en los últimos años, es similar a la de la fuerza laboral de los Estados Unidos; sinembargo, por alguna razón, la mayoría de ellos tiende a agruparse en una de las dos puntas del espectro ocupacional. Durante el período de 1985-1987 casi un 50% de los inmigrantes se concentraba en ocupaciones que requerían de medianas a pocas habilidades, como obreros, operadores de máquina, o trabajadores de fábrica, los cuales comprendían aproximadamente un 22.5%, mientras que la industria de los servicios como limpieza, restaurantes, etc. comprendían, cerca de un 20% y casi un 5% estaba empleado en la industria de frutas, granjas y pescadería. De otro lado, un tercio de la población de los Estados Unidos estaba empleada en estas ocupaciones.

El Departamento de Salud y Servicios Humanos de los Estados Unidos, en su reporte al congreso en cuanto a programas de asentamiento y refugios, en enero de 1988, publicó un estudio sobre las ocupaciones previas y corrientes de los refugiados del sureste asiático que arribaron a los Estados Unidos desde 1982. Después de analizar esta información y comparándola con otras fuentes, he encontrado que esta información refleja no solamente el estado de los refugiados asiáticos, sino la situación de la población de inmigrantes en general.

Este reporte señala que del 34% de refugiados que en su país de origen tenía una ocupación profesional administrativa, de venta o de oficina, únicamente un 15.1% continúa trabajando en la misma área. De otro lado, mientras que un 15.4% de estos inmigrantes o refugiados trabajaba en posiciones técnicas especializadas, semiespecializadas o de bajas habilidades en su país, un 61.6% de ellos está ocupando estas posiciones en los Estados Unidos. Solamente un 6.8% reportó el estar trabajando en la industria de los servicios en su país, mientras que un 20.6% lo está haciendo corrientemente en esta área. De igual manera, una gran mayoría de los inmigrantes, en general en los Estados Unidos, ocupa posiciones muy por debajo de sus habilidades y capacidades.

Por la época en que me encontraba escribiendo este capítulo, uno de mis estudiantes me expresó su inquietud acerca del hecho que el trabajo que él desempeñaba no le dejaba suficiente tiempo para estudiar. Descubrí que estaba trabajando como asistente en una gasolinera y que tenía miedo que debido a su edad, si perdía este trabajo, no iba a estar en posibilidad de encontrar otro. Procedió a explicarme que nadie estaba interesado en emplear un hombre de 56 años. Le dije que eso era cierto, sólo si él estaba solicitando trabajos en los cuales un hombre de 25 años estaría mucho mejor calificado, pero que no era necesariamente cierto si organizaba una buena búsqueda de trabajo, concentrándose en labores donde la edad no fuera un factor determinante, y donde pudiera hacer uso de su experiencia como veterinario, la cual había desempeñado por más de 20 años en su país. Este es un claro ejemplo del hecho de que muchos inmigrantes, como he mencionado con anterioridad, no hacen uso de la experiencia que traen consigo a este país.

¿Cuál es la primera pregunta que un posible patrón hace a una persona que este buscando trabajo? ¿No es acaso acerca de la experiencia? Pues bien, ¿no es cierto también que cuantos más años tengas más experiencias has acumulado? Entonces capitalicemos este hecho. Muéstrale a la compañía que tu edad puede ser considerada como una ventaja, puesto que estará adquiriendo un empleado que es maduro y experimentado; dos cualidades que son muy importantes en cualquier trabajo.

Si tienes 55 años de edad o más y devengas un salario de no más de un 25% por encima del nivel federal de pobreza y puedes desempeñarte en un trabajo de tiempo medio, haciendo trabajo comunitario, puedes ser elegible para participar en un programa de servicio de empleo a la comunidad mayor. Los sitios de empleo pueden incluir centros de ciudadanos mayores, escuelas, hospitales y otros servicios comunitarios. Contacta al ETA, división de programas para trabajadores mayores.

Los programas también están disponibles para americanos nativos y para trabajadores inmigrantes con experiencia en trabajo de granjas. La asistencia dada por estos programas incluye consultoría de trabajo,

> Muéstrale a la compañía que tu edad puede ser considerada como una ventaja, puesto que estará adquiriendo un empleado que es maduro y experimentado; dos cualidades que son muy importantes en cualquier trabajo.

entrenamiento y otros servicios de soporte como el cuidado de niños, servicio médico y transporte. Contacta a la oficina del ETA, al programa de División de Trabajo en Granjas. Busca el número telefónico de la oficina regional de la ETA en tu guía telefónica bajo "U.S. Government", o a la siguiente dirección:

Employment and Training Administration
U.S. Department of Labor
200 Constitution Avenue, N.W.
Washington, D.C. 20210
Telephone: (202) 535-0236

Muchas de las agencias de consultoría de inmigración mencionadas en el capítulo sexto, también están en posibilidad de ayudarte y ofrecerte una guía sobre las oportunidades ocupacionales y los centros de consultoría; muchas de estas organizaciones responden a necesidades de grupos específicos y algunas de ellas son las siguientes:

Wider Opportunities for Women
1325 G st. N.W.
Washington, D.C. 20005
Tel.: (202) 638-3143

President's Committee on Employment
of the Handicapped
1331 F. street N.W.
Washington, D.C. 20004
Tel.: (202) 376-6200

Quizás el factor más importante de aprender de este capítulo, es que no hay ninguna razón por la cual no puedas aprovechar la experiencia laboral que ya has adquirido. Usa esta experiencia a tu favor. Es tu futuro.

PERDON SEÑOR, ¿ME PUEDE AYUDAR?

En la lengua española existe un refrán que dice: "dime con quién andas y te diré quién eres"; esto puede ser buenas o malas noticias, puede trabajar a tu favor y ayudarte a conquistar tus sueños, pero también puede detenerte y no dejar que alcances tus metas. Como seres humanos, todos nosotros somos susceptibles a las influencias de otras personas, sean positivas o negativas. Por esta razón no sólo es importante asociarnos con personas que de una u otra manera contribuyan a nuestro éxito a través de su entusiasmo, apoyo y fe en nosotros, sino también tener cuidado en seleccionar aquellos a quienes ir en busca de ayuda. En orquestar tu triunfo eres tú quien tendrás que hacer el trabajo, nadie lo hará por ti. Sinembargo, el camino será mucho más duro, si pretendes hacer todo tú solo, sin contar con la ayuda de otros.

El beneficiarte de las experiencias de otras personas, es una de las fuentes de sabiduría más importantes que existen. No obstante, cuida de no dejar que los fracasos de otras personas te detengan en tu camino hacia la consecución de tus sueños. Recuerda que el ingrediente más importante con el que cuentas es tu fe y tu compromiso con tu éxito personal. Evalúa las experiencias de aquellos que han triunfado. Estudia las diferencias entre aquellos que han tenido éxito y aquellos que han fracasado y compáralas, pero ten siempre en cuenta que sigue siendo tu decisión.

Un ingrediente fundamental del éxito es saber dónde acudir a solicitar ayuda. En esta sección cubriré algunos de los aspectos fundamentales acerca de qué hacer y a dónde ir cuando necesites ayuda en materia de inmigración y otros asuntos de interés general, como el obtener tu seguro social, sacar tu licencia de conducir y cómo atender otras necesidades básicas.

A lo largo de esta sección encontrarás el nombre de organizaciones estatales, asociaciones comunitarias y grupos, que no sólo pueden ser fuentes de información en estos aspectos de gran interés para todo inmigrante, sino que pueden ser parte de la solución a los problemas que quizá estés experimentando. La gran ironía, es que pese a la enorme cantidad de ayuda existente, muchos de nosotros optamos por no hacer uso de ella, y en lugar, obtenemos nuestra información de fuentes menos calificadas, lo que muchas veces representa un perjuicio contra nuestras propias metas y aspiraciones.

Capítulo VI

INMIGRACION, TODO LO QUE NECESITAS SABER

A l igual que con otras situaciones que los nuevos inmigrantes enfrentan en este país, en materia de inmigración, también se comete un error bastante común. Deambulamos, pidiendo a todo el mundo información sobre asuntos de inmigración. Pensando que simplemente porque ellos han estado en este país dos o tres años más que nosotros, van a tener la solución a nuestro problema. Debido a que las respuestas que obtenemos de amigos o conocidos son casi siempre especulaciones, terminamos tomando decisiones incorrectas o, peor aún, optamos por no tomar ninguna decisión. Obviamente que hay preguntas en las cuales podemos utilizar el consejo de un buen amigo; sinembargo, hay otros asuntos que deben ser reservados para discutirlos con una persona que tenga experiencia en esa área.

Las leyes de inmigración deben ser correctamente interpretadas. Toda información acerca de cuotas, requisitos especiales o fechas para entrevistas es constantemente renovada; por esta razón, únicamente aquellas personas que estén trabajando en este campo están calificadas para darte la información oficial y para asistirte en tu entendimiento de la complejidad de esta ley.

Existe un gran número de organizaciones cuya misión es poder ayudar a los nuevos inmigrantes en todos los asuntos relacionados con inmigración y naturalización. Al final de este capítulo encontrarás una lista de algunas de ellas. También existen grupos de consultoría en casos de inmigración, en colegios y universidades locales o asociaciones comunitarias.

Las asociaciones comunitarias, particularmente aquellas formadas para el servicio de grupos étnicos específicos, organizaciones profesionales, asociaciones religiosas, y grupos de apoyo, muchas veces ofrecen consultoría en inmigración. Estos consejeros, en su mayoría, no son oficiales del Departamento de Inmigración y Naturalización, sino personas que tienen conocimiento de la ley de inmigración y por esta razón pueden ayudarte y orientarte sobre cómo dar solución a tus problemas específicos. Muchas de estas organizaciones comunitarias que prestan ayuda en áreas de inmigración, son reconocidas por el departamento de inmigración para representar a extranjeros, ante el servicio de inmigración y naturalización. Organizaciones tales como el "Catholic Community Service" o Servicio Comunitario Católico, tiene consejeros que han sido acreditados individualmente por el Departamento de Inmigración para aconsejar a las personas en esta materia.

Si tu situación financiera es tal, que no crees poder obtener los servicios de un abogado, entonces ésta puede ser tu mejor ruta, puesto que muchas de estas organizaciones cobran honorarios mínimos. De otro lado, ellas también pueden remitirte a un abogado cuyos honorarios se ajusten a tu presupuesto. No obstante, pienso que dichas organizaciones deben ser tomadas en cuenta por cualquier persona que esté interesada en procesar su caso ante inmigración, o simplemente en adquirir información acerca del proceso mismo.

> Es importante que mantengas en mente, que no todo abogado es un experto y está calificado para brindarte consultoría en materia de inmigración. Por esta razón es mejor consultar una de las organizaciones sugeridas al final de este capítulo, antes de obtener los servicios de un abogado.

Algunos abogados que se especializan en casos de inmigración, cobran honorarios por la consulta inicial para escuchar tu caso y algunos no. Si necesitas obtener los servicios de un abogado, busca uno que no cobre honorarios iniciales, puesto que algunas veces encontrarás que es posible que ellos no puedan ayudarte o también porque muchas de estas cosas son suficientemente sencillas para que las resuelvas por ti mismo sin necesidad de un abogado. Es importante que mantengas en mente, que no todo abogado es un experto y está calificado para brindarte consultoría en materia de inmigración. Por esta razón es mejor consultar una de las organizaciones sugeridas al final de este capítulo, antes de obtener los servicios de un abogado.

Como mencioné anteriormente, la ley de inmigración y su interpretación puede ser bastante compleja. A pesar de que la preparación de algunos de los formularios no requiere el servicio de un abogado de inmigración, si los asuntos que quieres resolver son complejos y requieren llenar numerosas solicitudes y la presentación de un gran número de documentos, es posible que necesites la asistencia legal y el consejo que solamente una persona conocedora de las leyes de inmigración puede darte. El llenar estas formas de manera incorrecta o el no presentar la documentación apropiada para verificar esta información, puede retardar, algunas veces años, o influenciar negativamente la solución a tu caso. Si tienes alguna duda acerca de la representación que estás recibiendo, no dudes en buscar una segunda opinión, así tu caso ya esté siendo procesado.

Clasificación de los inmigrantes

Todos los extranjeros que se encuentran en los Estados Unidos pueden ser clasificados en dos categorías: inmigrantes y no inmigrantes. Antes que defina estas dos categorías, déjame darte una rápida definición de la palabra "Alien" o extranjero, para propósitos de inmigración. Un "Alien" es una persona que no es ciudadano de los Estados Unidos, como tampoco de Guam, Samoa Americana, las Islas Vírgenes de los Estados Unidos y las Islas Marianas.

Como dije antes, existen dos categorías de extranjeros viviendo en los Estados Unidos. Los inmigrantes y los no inmigrantes. Empecemos por definir quiénes son los inmigrantes y los diferentes aspectos que atañen a este grupo especial de extranjeros.

Los inmigrantes son definidos por la ley de los Estados Unidos como extranjeros que han sido admitidos legalmente en ese país para residir de manera permanente. Este término, sinembargo, se refiere al estado legal y no simplemente al hecho de residir en este país. Por esta razón, el acto de convertirse en inmigrante no siempre coincide con la fecha en que la persona haya llegado a esta nación. En el año fiscal de 1988, le fue concedido estrato legal de residentes permanentes a un total de 643.025 extranjeros. Méjico continuó, al igual que en los 5 años anteriores, siendo el país de origen de la mayoría de estos inmigrantes admitidos, con un total de 95.039.

De acuerdo al Acta de Inmigración de 1990, que entró en vigencia el primero de octubre de 1991, y que es la última reforma a la ley de Inmigración y Naturalización, se establece que a partir de esa fecha, las nuevas categorías para clasificar a los inmigrantes reconocen tres grupos mayores:

1. Residencia permanente mediante auspiciamiento por familiares. (Sistema preferencial).

2. Residencia permanente mediante empleo.

3. Residencia permanente a inmigrantes diversos.

Sistema preferencial

Los inmigrantes que califican bajo esta clase, pueden ser colocados en una de cuatro diferentes categorías.

195

Estas categorías son utilizadas para asignar la prioridad con que las visas de inmigrantes se otorgan. Las cuatro divisiones de este sistema preferencial y los requisitos pertinentes correspodnientes a la petición de visa, son los siguientes.

Primera preferencia. Hijos e hijas solteras de ciudadanos de los Estados Unidos. Cuota anual de visas: 23,400.

Segunda preferencia.
A. Esposas, hijos e hijas menores de residentes permanentes.

B. Hijos e hijas solteros de residentes permanentes.
Cuota anual de visas: 114,200. 77% de esta cuota para la clase A y 23% para la clase B

Tercera preferencia. Hijos e hijas casados de ciudadanos de los Estados Unidos. Cuota anual de visas: 23,400.

Cuarta preferencia. Hermanos y hermanas, mayores de 21 años, de ciudadanos de los Estados Unidos. Cuota anual de visas: 65,000.

Sin preferencia. Familiares inmediatos de ciudadanos norteamericanos. Un ciudadano extranjero puede ser clasificado en este grupo si es familiar inmediato de la persona que llena la petición, la cual debe ser ciudadana de los Estados Unidos por nacimiento, o a través del proceso de naturalización. El término familiar incluye esposos o esposas e hijos menores solteros. También incluye padres y madres de ciudadanos de los Estados Unidos, padrastros e hijastros, de la misma manera que padres e hijos relacionados a través de adopción. Sinembargo, para que esta categoría pueda ser aplicada en el último caso, la adopción debe haber sido hecha antes de que el niño cumpla 16 años de edad. En caso de padrastros o hijastros, el matrimonio debe haber tenido lugar antes que el niño tenga 18 años de edad.

Los requisitos para la petición de visa son similares a los que mencionaremos más adelante para las categorías preferenciales. El número de nuevos inmigrantes que entraron a los Estados Unidos bajo esta categoría en el año de 1988 fue de 219.340, siendo los esposos y las esposas el número más grande de familiares inmediatos. No hay límite en el número de visas que pueden ser otorgadas bajo esta categoría.

Para estas categorías que involucran familiares de ciudadanos o residentes permanentes de los Estados Unidos, es necesario llenar una petición de visa y que ésta sea aprobada, antes de que un extranjero pueda ser clasificado como familiar inmediato del ciudadano residente permanente. La forma I-130 es usada con este propósito. La petición debe ser llenada por el residente permanente o ciudadano norteamericano a nombre de la persona que planea emigrar a los Estados Unidos.

El tipo de documentación que debe acompañar esta petición depende de si la persona es ciudadano de los Estados Unidos o residente permanente, y también

197

depende de su relación con la persona que pretende inmigrar. Si la petición es aprobada, entonces el ciudadano extranjero puede solicitar una visa de inmigrante en el consulado de los Estados Unidos de su país de origen.

Residencia permanente mediante empleo

Existen cinco categorías bajo las cuales los inmigrantes pueden ser clasficados en este grupo:

Primera categoría. Trabajadores prioritarios. El número de visas anuales asignadas es de 40.000; para calificar, el inmigrante debe figurar en uno de los siguientes grupos:

A. Extranjeros de habilidades extraordinarias en las ciencias, las artes, los negocios, o los deportes, cuyas habilidades hayan sido reconocidas nacional o internacionalmente y cuyos logros en su área de especialización hayan sido extensamente documentados, y tengan la posibilidad de beneficiar a los Estados Unidos de manera substancial.

B. Profesores e investigadores destacados. Estas personas deben gozar de gran reconocimiento internacional, tener por lo menos tres años de experiencia en su campo, y deben estar interesadas en enseñar o proseguir su investigación en dicha área.

C. Ciertos ejecutivos o gerentes multinacionales. La persona debe haber estado empleada por lo menos por un año durante los tres años inmediatamente anteriores a su aplicación para residencia permanente, por la firma, corporación, o subsidiaria para la cual tiene intenciones de continuar trabajando una vez residenciado en los Estados Unidos.

Segunda Categoría. Extranjeros que posean títulos de postgrado, como maestrías o doctorados, o que tengan habilidades excepcionales. El número total de visas otorgadas anualmente es de 40.000. El poseer un título universitario por sí solo no es prueba suficiente de esta habilidad excepcional.

Tercera categoría. Trabajadores calificados, profesionales y otros trabajadores. La cuota anual de visas es de 40.000 y se requiere certificado de trabajo. Esta categoría comprende tres clases de trabajadores:

A. Trabajadores calificados. Capacitados para desarrollar trabajos que requieran de habilidades especiales, que no sean temporales y para los cuales exista gran demanda en los Estados Unidos.

B. Profesionales. Extranjeros calificados que posean un título universitario de pregrado.

C. Otros trabajadores. Trabajadores no calificados para trabajos no temporales, para los cuales exista gran demanda en los Estados Unidos. El número de visas bajo esta clase no puede exceder de 10.000.

Cuarta categoría. Inmigrantes especiales. Esta clase de inmigrantes incluye personas que poseían ciudadanía americana anteriormente y que desean adquirir de nuevo esta ciudadanía. También incluye otros ciudadanos de los Estados Unidos que regresan a este país y residentes permanentes que retornan a los Estados Unidos, después de un viaje temporal al exterior. También incluye ministros de religión, sus esposas e hijos menores solteros. Es importante anotar que estos ministros de religión deben tener por lo menos dos años de haber sido ordenados y su venida a los Estados Unidos debe ser para llevar a cabo sus obligaciones ministeriales para una organización religiosa reconocida en este país. El número anual de visas otorgadas bajo esta categoría es de no más de 10.000.

Quinta categoría. Inversionistas. El número total de visas no deberá exceder de 10.000 y serán otorgadas a individuos que deseen entrar a los Estados Unidos con el propósito de crear una empresa que beneficie la economía de los Estados Unidos, cree no menos de diez trabajos, y en la cual el empresario tenga invertido un capital mínimo de un millón de dólares.

Residencia permanente a diversos inmigrantes

El número de visas para ser otorgadas a esta clase de inmigrantes será de 55.000 para cada año fiscal. El ciudadano extranjero debe poseer mínimo su diploma de escuela secundaria y haber estado empleado por dos años en una ocupación que exija por lo menos dos años de entrenamiento o experiencia.

Un segundo grupo dentro de esta categoría es el formado por ciudadanos extranjeros nativos de ciertas regiones que se han visto adversamente afectadas. El número de visas disponible es de 40.000 y la persona debe tener una oferta firme de empleo en los Estados Unidos de por lo menos un año.

Refugiados

Si estás fuera de tu país de origen y no puedes o no quieres retornar a él por miedo a persecución debido a raza, religión, nacionalidad u opiniones políticas, o porque seas miembro de un grupo social en particular, eres considerado un refugiado. Pese a que los refugiados son inicialmente admitidos bajo un criterio de admisión separado, también son admitidos para residencia permanente. Es más, después de un año de haber entrado a los Estados Unidos, se les permite ajustar su estrato, al de residente permanente. El presidente de los Estados Unidos es quien determina el número total de refugiados que pueden ser admitidos en los Estados Unidos durante determinado año. Un total de 110.721 refugiados y asilados adquirieron su estrato de residentes permanentes en el año de 1988.

Obligaciones, beneficios y limitaciones de aquellas personas que poseen la tarjeta verde o "Green card"

1. Cuando te conviertes en un portador de la tarjeta verde, adquieres el privilegio de vivir en cualquier parte de los Estados Unidos, viajar a cualquier lugar y permanecer en este país tanto como quieras.

2. Puedes desarrollar cualquier tipo de trabajo o adquirir cualquier tipo de educación y obtener ayuda financiera para este propósito.

3. Debes pagar impuestos al gobierno de los Estados Unidos por el salario que hayas devengado dentro y fuera de los Estados Unidos (para más información ver el capítulo IX).

4. Puedes optar por convertirte en ciudadano de los Estados Unidos, después de haber permanecido como residente permanente durante cierto período de tiempo.

5. Puedes disfrutar de los diferentes beneficios disponibles para los ciudadanos de los Estados Unidos tales como seguro social, médico, y seguro de desempleo, para mencionar algunos de ellos.

6. No puedes votar en elecciones generales para presidente, congresistas, gobernadores o alcaldes en ningún estado de la legión americana.

7. Debes vivir dentro de los Estados Unidos. Si permaneces fuera del país por más de un año seguido, perderás tu tarjeta verde.

8. Si obtuviste tu tarjeta verde a través de una de las categorías por empleo, tu esposo o esposa o hijos solteros menores de 21 años, también pueden obtener su tarjeta verde.

9. Debes obedecer las leyes de los Estados Unidos de igual manera que cualquier otro ciudadano. Si cometes un crimen, puedes perder tu tarjeta verde y ser deportado.

Clasificación de los no inmigrantes

El segundo grupo de ciudadanos extranjeros, son aquellos que pueden ser clasificados bajo el estrato de no inmigrantes. Un no inmigrante es un ciudadano extranjero admitido en los Estados Unidos durante un período de tiempo específico, pero no para residencia permanente, o sea que la persona no inmigrante típica es un turista que visita los Estados Unidos por unos días o unos meses. Hay muchas clases de no inmigrantes; éstas incluyen estudiantes, trabajadores temporales, visitantes en intercambio, visitantes por negocios e inclusive, embajadores. Durante el año de 1987, más de 12 millones de ciudadanos extranjeros fueron admitidos en los Estados Unidos como no inmigrantes. Más de 2 terceras partes de estos no inmigrantes fueron turistas. Casi un 50% de todos los no inmigrantes que entraron a los Estados Unidos en este año, fueron ciudadanos de uno de estos cinco países: Japón, Méjico, El Reino Unido, Alemania y Francia.

Como mencioné anteriormente, hay un número considerable de categorías de no inmigrantes y subdivisiones dentro de estas categorías; cada una de ellas con requisitos especiales para calificar. Trabajadores temporales son admitidos en los Estados Unidos para desarrollar un gran número de servicios de naturaleza excepcional que requieren méritos distinguidos y habilidades, o para desarrollar servicios o trabajos laboriosos cuando personas capaces de hacerlo no pueden ser encontradas en los Estados Unidos.

También, y pese a no ser considerados empleados en los Estados Unidos, importadores y exportadores e inversionistas pueden entrar temporalmente para conducir negocios o invertir substancialmente en diferentes empresas bajo las provisiones de tratados de comercio entre los Estados Unidos y países extranjeros. También se otorga autorización para entrar a visitantes de intercambio estudiantil y personas que vengan a conducir ciertos tipos de investigación y obtener entrenamiento en campos técnicos.

A continuación daré una breve definición de algunas de las categorías más comunes y los requisitos especiales. Sinembargo, para saber con absoluta seguridad bajo cuál categoría calificas, o para enterarte si existe otra categoría, que no haya sido mencionada aquí, bajo la cual puedas calificar, debes consultar a un consejero de inmigración. Remítete al final del presente capítulo para este propósito.

Visitantes (B)

Esta clasificación se te aplica si eres residente de otro país y deseas venir a los Estados Unidos de visita o a conducir negocios. La persona debe tener su hogar en un país extranjero al cual él o ella retornará después de su estadía temporal en los Estados Unidos. Durante los años fiscales de 1985 a 1987, casi un 90% de los no inmigrantes que entraron a los Estados Unidos, lo hicieron como turistas o visitantes de negocios.

Visitantes temporal en viaje de negocios (B1)

Este tipo de visa es otorgado a aquellas personas que desean entrar a los Estados Unidos como representantes de empresas extranjeras para negociar contratos, comprar productos, atender asuntos de manufactura, de producción, distribución y mercadeo de productos o asistir a reuniones con el propósito de expandir negocios contemplados por los tratados internacionales. Sinembargo, a los visitantes por negocios que obtengan una visa B1, no se les permitirá conducir cualquier clase de trabajo que pueda ser hecho por un residente legal de este país. Como visitante en plan de negocios, es imperativo que seas empleado de una compañía extranjera. Este tipo de visa es válido por un año, con posibilidad de prórroga.

Visitante temporal en plan de vacaciones (B2)

Esta visa de visitante temporal permite a ciudadanos extranjeros visitar amigos o familiares, participar en excursiones, viajar y vacacionar en los Estados Unidos. De igual manera que en el caso previo, el visitante debe tener un hogar en un país extranjero al cual pueda retornar después de terminar su visita. Como visitante no puedes trabajar mientras permanezcas en los Estados Unidos.

Para solicitar estos tipos de visa tienes que ir al consulado americano, debes llenar la solicitud de no inmigrante forma 156 y debes presentar un pasaporte válido, fotografías tamaño pasaporte y estar listo a presentar la documentación necesaria, ya sea una carta u otro documento que dé la empresa extranjera, en la que se justifique y explique la necesidad de tu visita a los Estados Unidos. En caso de que estés solicitando una visa B, debes estar listo a presentar prueba de los vínculos permanentes que tengas fuera de los Estados Unidos, como empleo y posesiones personales, y también debes presentar evidencia de tener suficiente dinero para cubrir todos los gastos de tu viaje. Si estás visitando amigos o familiares, una carta de invitación es requerida algunas veces por el consulado de los Estados Unidos. La validez de esta visa es de un año pero en ciertos casos se pueden permitir prórrogas.

Visas de tránsito (C)

Esta clasificación se aplica a personas que están en camino a un tercer país, pero que necesitan pasar por los Estados Unidos. Como residente extranjero en tránsito a otro país, se te permitirá permanecer en los Estados Unidos por un lapso de hasta 29 días, durante los cuales no te está permitido trabajar.

Importador, exportador o inversionista (E1 y E2)

Si eres ciudadano de un país que tiene tratados con los

Estados Unidos, tú, tu esposa e hijos menores solteros pueden ser elegibles para obtener una visa de entrada a los Estados Unidos. Esta clasificación se te aplica si trabajas y representas a una compañía que intenta establecer negocios con los Estados Unidos, o si estás desarrollando un negocio en el cual hayas invertido una cantidad substancial de capital. Para solicitar este tipo de visa, debes contactar el consulado general de los Estados Unidos en el exterior.

Durante el año de 1987, más de 114.000 personas fueron admitidas en los Estados Unidos bajo esta categoría. Si obtienes una visa E1 o una visa E2, solamente podrás trabajar para aquella firma que haya actuado como tu patrocinador. La visa es inicialmente otorgada hasta por 5 años y una renovación hasta por 5 años, más, puede ser considerada.

Visa de estudiante (F1)

Puedes solicitar visa de estudiante si estás planeando venir a los Estados Unidos a estudiar en un programa académico en una institución autorizada por el Departamento de Inmigración y Naturalización. El estudiante debe tener un hogar en un país extranjero al cual pueda retornar una vez haya terminado sus estudios, y debe presentar evidencia de tener acceso a fondos suficientes para cubrir todos los gastos relacionados con sus estudios y su permanencia en los Estados Unidos.

Para obtener una visa de estudiante F1, debes ser aceptado en una institución educativa aprobada por el

Servicio de Inmigración y Naturalización. Una vez hayas sido aceptado, dicha institución te proveerá con el certificado de elegibilidad conocido como el formulario I-20 A o B. Una vez recibas este formulario de la institución educativa a la cual piensas asistir, debes presentarlo al consulado americano en tu país, junto con una serie de documentos como pasaporte válido, fotografías y prueba de aquellos requisitos mencionados en el párrafo anterior.

La visa F1 es generalmente otorgada por el período de tiempo necesario para completar tus estudios. Este período de tiempo es estipulado en el pasaporte con las letras D/S, que significan "Duration of Status" o duración de los estudios. Esto significa que tu estrato como portador de una visa F1 es válido mientras que estés registrado como estudiante en dicha institución. Estudiantes que posean su visa F1 pueden obtener permisos para trabajar, solamente en ciertas situaciones; por ejemplo, puedes aceptar empleo de medio tiempo dentro de la institución educativa. Si necesitas trabajar debido a cambios imprevistos en tu habilidad para cubrir tus gastos como estudiante, puedes solicitar una autorización de empleo al Servicio de Inmigración y Naturalización.

Con respecto a la autorización de trabajo para estudiantes extranjeros que posean una visa F1, el acta de inmigración y nacionalidad estipula que por el período de tres años comenzando el primero de octubre de 1991, el fiscal general la otorgará para que los estudiantes trabajen en ocupaciones que pueden no estar relacionadas a su campo de estudio, o trabajen fuera de la universidad, solamente si:

1. El estudiante ha completado un año de estudios bajo esta clasificación y ha mantenido un buen rendimiento académico.

2. El patrón provee a la institución educativa y al departamento del trabajo con una certificación de que el proceso de reclutamiento para llenar dicha vacante ha durado por lo menos sesenta días, y que el no inmigrante recibirá un salario similar al de otras personas en parecida situación.

3. El estudiante no tendrá jornadas de trabajo de más de 20 horas semanales mientras que la escuela esté en sesión, pero puede ser empleado de tiempo completo durante las vacaciones o cuando la escuela no esté en sesión.

El Servicio de Inmigración y Naturalización, estima que aproximadamente un 50% de los casi 400.000 estudiantes extranjeros en los Estados Unidos, trabaja en sus respectiva universidades; entre un 75 y un 85 por ciento de todos los estudiantes trabaja durante determinado año. Si un estudiante trabaja sin la debida autorización, corre el riesgo de perder su visa y que se le exija abandonar el país, dado que esto es una violación de su condición de estudiante.

La solicitud para autorización de empleo puede ser hecha a través de la oficina de inmigración o la oficina de estudiantes internacionales de la institución en la cual te encuentres estudiando. Los estudiantes también pueden obtener permiso para trabajar y ganar experiencia práctica en su campo de estudio. Esto puede ser hecho antes de completar el programa educacional.

Este permiso para trabajar antes de completar tus estudios, debe ser obtenido del consejero de estudiantes extranjeros de la institución a la cual actualmente asistes. Después de completar tu programa educativo, puedes permanecer hasta por un año más, con el propósito de adquirir experiencia práctica en tu campo de estudio, recibiendo el salario correspondiente. Esto también debe hacerse a través del consejero de estudiantes extranjeros. Debes contactar a tu consejero para obtener una lista de los requisitos necesarios para este entrenamiento práctico y para obtener respuesta a todas tus preguntas.

Si deseas transferirte a otra escuela dentro de los Estados Unidos, debes notificar al consejero de estudiantes extranjeros. El Servicio de Inmigración y Naturalización requiere que completes el proceso de admisión y registro, de tal manera que no haya espacios de tiempo entre semestres. El consejero de la nueva escuela te ayudará para completar los requisitos de transferencia e informar al Servicio de Inmigración y Naturalización al respecto.

Si estás corrientemente en los Estados Unidos con otro tipo de vida de no inmigrante, y durante tu visita encuentras un programa educativo que tengas interés en proseguir, puedes solicitar un cambio de estrato al de estudiante. Sinembargo, puesto que entraste a los Estados Unidos con la intención de retornar a tu país después de un corto tiempo, no con la intención de convertirte en estudiante, no debes empezar a estudiar tiempo completo ni solicitar un cambio de estrato a vida de estudiante, por lo menos hasta no completar la mitad del período de tiempo que te fue otorgado como estadía bajo el estrato de visitante.

Para averiguar acerca del procedimiento para completar la solicitud de cambio de estrato al de estudiante, debes contactar al consejero de estudiantes extranjeros de la institución educativa a la que estás planeando asistir, y debes estar listo a presentar evidencia de suficiencia de fondos para pagar la matrícula, libros y demás gastos en los que tengas que incurrir mientras asistes a dicha institución en los Estados Unidos.

En caso de que el estudiante sea casado o tenga hijos, con la presentación de la debida documentación (registro civil, certificado de nacimiento o certificado de matrimonio), la esposa y los hijos del estudiante podrán recibir una visa F2 para así poder acompañarlo en sus estudios en los Estados Unidos.

Trabajadores temporales (H)

La clasificación de trabajador temporal cobija a ciudadanos extranjeros que deseen entrar a los Estados Unidos a trabajar de manera temporal y estén planeando retornar a su país de origen después. Hay tres clases diferentes bajo esta categoría. En 1987, admisiones con visa H1 fueron de aproximadamente 65.000 personas, mientras que admisiones bajo el estrato H2 sumaron una cifra de aproximadamente 27.000

Extranjeros con habilidades y méritos excepcionales (H1)

La categoría H1 se aplica a extranjeros que son profesionales o que tienen habilidades excepcionales en las artes o las ciencias. Esta categoría requiere que poseas una habilidad única en determinados campos o que seas internacionalmente conocido en un campo que esté en demanda en los Estados Unidos, pero también requiere la existencia de una oferta de trabajo temporal como resultado de la alta demanda de personas con esas habilidades en los Estados Unidos. Esta categoría se subdivide en H1-A para enfermeras extranjeras; se requiere la presentación de un certificado por parte del hospital o clínica declarando que se requiere de dichos servicios. La clasificación H1-B se aplica a extranjeros que deseen venir a los Estados Unidos a trabajar en una ocupación especializada. Algunas áreas pueden requerir que poseas un título de doctorado o Ph. D., o un grado de maestría, o que tengas la experiencia profesional equivalente en determinado campo, para calificar en esta categoría. En otras palabras, debes poseer la experiencia profesional correcta para desarrollar dicho trabajo. Si eres un médico de una escuela de medicina extranjera, puedes entrar a los Estados Unidos con una visa H1, única y exclusivamente si vas a conducir investigación o enseñar en una institución sin ánimo de lucro.

Si te han otorgado una visa H1, puedes trabajar únicamente para la firma que actuó como tu patrocinador. Si deseas trabajar para una compañía diferente, debes solicitar una visa H1 diferente. Inicialmente esta clase de visa puede ser otorgada hasta por 3 años, la cual puede ser renovada por dos años más. Al cabo de este período de tiempo debes retornar a tu país de origen y no podrás solicitar otra visa H1 antes de un año.

Servicios temporales para labores generales (H2)

Si tienes una habilidad que esté en gran demanda en los Estados Unidos, y el trabajo que pretendes ocupar es temporal, puedes clasificar bajo esta categoría. Hay dos subdivisiones bajo esta categoría, H2-A la cual se aplica a trabajadores agrícolas, y H2-B que se aplica a trabajadores que entran temporalmente a los Estados Unidos a desempeñar otra clase de labores o servicios. Parte de los requisitos para una petición de visa H2-A o H2-B, incluye una certificación del departamento de trabajo de que aquella habilidad que posees, está en demanda en los Estados Unidos. Esto debe ser hecho antes de llenar la solicitud, con el Servicio de Inmigración y Naturalización. Debes contactar a las oficinas de servicio estatal para obtener más información acerca de las certificaciones de trabajo.

Para que una visa H2-A sea otorgada, el posible patrón debe probar que ha buscado de manera extenuante trabajadores agrícolas estadounidenses en la región entera sin haber tenido éxito. Estas clases de visas no podrán ser otorgadas a extranjeros que ya se encuentren en los Estados Unidos, de manera ilegal.

Para obtener una visa H2-B, el posible patrón debe

mostrar que tienes las habilidades y experiencia necesarias para desarrollar dicho trabajo y también debe mostrar que no hay trabajadores estadounidenses calificados disponibles para tomar este trabajo. Las visas H2-B son otorgadas hasta por un año pero puedes renovarla hasta por otro año, cada vez. Si se te ha otorgado una visa H2-B, podrás trabajar única y exclusivamente para quien haya actuado como tu patrocinador.

Aprendices (H3)

Extranjeros que quieran participar en programas de entrenamiento y aprendizaje en los Estados Unidos, que no están disponibles en su país de origen, pueden conseguir una visa H3, siempre y cuando vayan a utilizar estas habilidades fuera de los Estados Unidos. La persona o institución que provee dicho entrenamiento debe tener un programa formal y establecido para suministrar esta educación vocacional. La solicitud de visa debe estar acompañada por descripción escrita y la duración del programa.

Para la obtención de visas H1 o H2, una solicitud de visa de no inmigrante (I-129H), debe ser llenada por la persona o compañía que te esté ofreciendo el empleo, y para la obtención de la visa H3, esta misma forma debe ser llenada por la persona o compañía que esté suministrando el entrenamiento. El patrocinador también debe presentar una descripción del trabajo temporal o el programa de entrenamiento, al igual que prueba de la experiencia educativa del ciudadano extranjero o la experiencia profesional del mismo.

Esta petición debe ser aprobada por el Servicio de Inmigración y Naturalización, antes que puedas ser clasificado bajo alguna de estas tres categorías. El INS, entonces, notificará a la compañía y al consulado americano si esta petición ha sido aprobada, de tal manera que puedas solicitar tu visa. En el caso de las visas H1, éstas pueden ser otorgadas inicialmente por un período de hasta dos años y las refrendaciones subsiguientes pueden ser obtenidas directamente del Servicio de Inmigración y Naturalización. La duración del estrato de la visa H2 y H3 depende de la duración del trabajo temporal o del programa de entrenamiento, respectivamente. Si te encuentras en los Estados Unidos con una visa H, podrás trabajar única y exclusivamente para la persona o compañía que llenó dicha petición en tu nombre, y no podrás empezar tu empleo hasta que se te otorgue el estrato correspondiente por el servicio de Inmigración y Naturalización. Si clasificas bajo cualquiera de las categorías H, tu esposa e hijos menores solteros podrán obtener una visa de estrato H4, pero no les será permitido trabajar.

Intercambio extranjero (J)

Esta clasificación se aplica a extranjeros que estén participando en uno de los programas de intercambio aprobados por la agencia de información de los Estados Unidos; tu participación en este programa puede ser para proseguir tu educación, recibir entrenamiento, enseñar o conducir investigación en ciertos campos especializados en diferentes instituciones educativas.

Aquellas personas que se hayan graduado en una escuela de medicina extranjera y que quieran proseguir su educación y entrenamiento en los Estados Unidos, deben contactar la oficina de Inmigración o a los oficiales consulares para obtener más información, o también pueden establecer contacto con la comisión educativa para graduados de escuelas de medicina extranjera ECFMG. Para más información puedes escribir a:

> Educational Commission
> for Foreign Medical Graduates
> 3624 Market Street
> Philadelphia, Pennsylvania 19104
> Tel.: (215) 386-5900

De igual manera que las otras categorías de no inmigrantes, para calificar para visa de intercambio, debes tener un hogar en un país extranjero, al cual retornar cuando el programa de intercambio termine. Es más, en algunos casos especiales se requiere que el visitante en intercambio retorne a su país por dos años, después de completar el programa. Si estás participando en un programa para proseguir tu educación u obtener entrenamiento especial en un campo que en tu país sea considerado de gran demanda, o si estás obteniendo algún tipo de asistencia de tu gobierno para participar en un programa de intercambio, se requerirá que retornes a tu país por dos años. El cambiar este requerimiento es extremadamente difícil.

Si se te ha otorgado una visa J1, se te permitirá trabajar únicamente si esto es parte del programa o si estás autorizado para hacerlo por el pograma que te ha patrocinado.

Para solicitar una visa de intercambio J1, debes ser patrocinado por un programa de intercambio, el cual te proveerá la forma IAP-66. Deberás entonces contactar al consulado americano y presentar esta forma junto con tu pasaporte y fotografías y llenar la forma I-156. En general, como extranjero en intercambio sólo se te permitirá trabajar de acuerdo con los requisitos del programa de intercambio de tu patrocinador. Si logras obtener una visa J1, tu esposa e hijos recibirán

Estas categorías que acabamos de describir en los párrafos anteriores, son algunas de las más importantes clasificaciones de no inmigrantes. Hay otras clasificaciones y requisitos, y éstas pueden variar con el tiempo. Por esta razón es muy importante que si tienes una duda relacionada con tu situación legal en este país, no lo pospongas, busca la ayuda de un consejero de inmigración que pueda responder a todas tus preguntas.

una visa J2 y ellos sólo podrán pedir permiso para trabajar, en la Oficina de Inmigración que tenga jurisdicción sobre tu residencia temporal en los Estados Unidos.

En los años 1985 y 1987, las admisiones de no inmigrantes a los Estados Unidos bajo las categorías J1, se incrementaron en más de una tercera parte, al pasar de 110.942 a 148.205.

Estas categorías que acabamos de describir en los párrafos anteriores, son algunas de las más importantes clasificaciones de no inmigrantes. Hay otras clasificaciones y requisitos, y éstas pueden variar con el tiempo. Por esta razón es muy importante que si tienes una duda relacionada con tu situación legal en este país, no lo pospongas, busca la ayuda de un consejero de inmigración que pueda responder a todas tus preguntas.

Proceso de naturalización

Examinemos algunos de los requisitos para el proceso de naturalización, qué personas están exentas de estos trámites y qué se debe hacer para convertirse en ciudadano naturalizado de los Estados Unidos. Para más información acerca de asuntos de naturalización, puedes ir a la oficina más cercana del Servicio de Inmigración y Naturalización. Una lista de estas oficinas será proporcionada al final de este capítulo. También puedes consultar algunas de las agencias que prestan el servicio de consejería en asuntos de inmigración, enumeradas también al final de este capítulo.

El proceso de naturalización requiere que sigas una serie de pasos. Examinemos cada uno de ellos; sinembargo, para información de tu caso en particular, consulta un consejero de inmigración.

1. Llenando la solicitud

El primer paso es conseguir una solicitud; con excepción de niños menores de 14 años, también debes obtener una tarjeta de registro de tus huellas dactilares y una forma de información bibliográfica de la oficina del Servicio de Inmigración y Naturalización o de cualquier otra agencia de servicio social de la comunidad. La solicitud usada es la forma N-400, llamada "Application to File Petition for Naturalization" o solicitud para presentar una petición para naturalización, en caso de que la persona esté solicitando su propia naturalización. Sinembargo, en caso que sea un padre quién quiere llenar una solicitud para la naturalización de su hijo o hija, o para un hijo adoptivo por la corte, la solicitud que debe ser llenada es la forma N-402, "Application to File Petition for Naturalization on behalf of a child", solicitud para presentar una petición de naturalización en nombre de un niño.

La solicitud, la tarjeta con las huellas dactilares y la forma que contiene la información, pueden ser obtenidas sin cargo alguno; deben ser diligenciadas de acuerdo con las instrucciones y presentadas ante el Servicio de Inmigración y Naturalización con jurisdicción en el lugar de residencia del solicitante. Tres fotografías sin firmar como se describen en la solicitud, también deben ser presentadas. No se requiere pagar ningún dinero en el momento en que se presente esta solicitud (forma N-400 o N-402).

2. Examen de la solicitud

Después que el Servicio de Inmigración y Naturalización haya completado ciertas acciones con respecto a tu solicitud, como solicitante deberás presentarte ante el examinador del proceso de naturalización para un examen de la solicitud. El Servicio de Inmigración y Naturalización te dejará saber cuándo y dónde debes presentarte para dicho examen. En el momento del mismo, el solicitante, si ha sido encontrado elegible, será ayudado a llenar los papeles legales conocidos como petición para naturalización en la Corte de Naturalización.

En la fecha en que el solicitante presenta su petición para naturalización, paga cierta cuota a la oficina de la Corte de Naturalización. Esta es la única cuota requerida en el proceso.

3. Audiencia final en la corte

Después que el examen ha sido completado y la petición ha sido presentada en la Corte y todas las investigaciones de eligibilidad para la ciudadanía han sido completadas, el solicitante que haya llenado la petición será notificado para que se presente ante la Corte, para una audiencia final. Generalmente los jueces no hacen preguntas acerca del solicitante en esta audiencia porque el examinador de naturalización ya habrá hecho esto. El examinador del proceso de naturalización simplemente informa al juez que el solicitante ha sido encontrado calificado para naturalización y se le puede otorgar la ciudadanía.

Si el examinador encuentra que el solicitante no ha demostrado eligibilidad para naturalizarse, el solicitante será notificado de esto antes de la audiencia final. El o ella tendrá la oportunidad de venir a la audiencia final con o sin un abogado y hacer su petición de naturalización ante el juez. El juez oirá lo que el solicitante tiene que decir acerca de si él o ella cree calificar para la ciudadanía y decidirá si puede hacerse ciudadano.

Requerimientos generales para la naturalización

El solicitante debe estar presente en los Estados Unidos y debe reunir todos los requisitos para la naturalización, a menos que sea una persona que cae bajo alguna de las clases especiales que están exentas de algunos de estos requisitos. Para la información detallada acerca de estas clases especiales, obtenga la forma N-17 (información general y requisitos para la naturalización). Los requisitos básicos para la naturalización son los siguientes:

Edad. Para poder solicitar naturalización, la persona debe contar por lo menos con 18 años de edad.

Admisión legal. Unicamente aquellos extranjeros que hayan sido admitidos legalmente a este país para residencia permanente, pueden ser naturalizados. Esto quiere decir que el extranjero debe haber recibido permiso legal para vivir de manera permanente en este país como inmigrante y debe poseer su tarjeta verde. No todos los extranjeros en los Estados Unidos han recibido este privilegio; por ejemplo, visitantes y estudiantes a quienes se les ha permitido entrar a este país únicamente de manera temporal, no pueden permanecer legalmente en este país de manera permanente; estas personas no llenan los requisitos.

Residencia y presencia física. Después que el solicitante haya sido admitido como residente permanente, debe residir en los Estados Unidos continuamente por lo menos cinco años antes de que pueda llenar una petición en la Corte para naturalización. De igual manera, por lo menos los últimos tres meses de esos cinco años de residencia antes de que decida llenar esta solicitud, los debe haber pasado como residente del estado en el cual pretende presentar la solicitud.

El solicitante no está obligado a permanecer en los Estados Unidos durante todos los días de esos cinco años. Visitas cortas fuera de los Estados Unidos, ya sea antes o después de haber solicitado la naturalización, son permitidas y pueden incluirse como parte de los cinco años requeridos. Sinembargo, el solicitante debe estar seguro de lo siguiente: (1) Que él o ella no esté ausente por un período continuo de más de un año, y (2) Que él o ella no esté ausente o fuera de los Estados Unidos por un total de más de treinta meses durante los últimos cinco años.

Generalmente, si el solicitante se encuentra ausente por un año o más durante este período de cinco años que preceden al proceso de solicitud, se rompe el requisito de residencia para naturalización y él debe completar un nuevo período de residencia después de retornar a los Estados Unidos. Esto quiere decir que deberá esperar por lo menos cuatro años y un día más, después de volver a los Estados Unidos, para poder obtener su naturalización. Es más, si durante el período de cinco años ha estado ausente por un total de más de treinta meses, tendrá que permanecer en los Estados

Unidos hasta que haya estado presente físicamente, por lo menos, un total de treinta meses de esos cinco años, antes de presentar su petición en la Corte para su naturalización.

Bajo ciertas circunstancias, algunas personas y sus dependientes que esperan permanecer fuera de los Estados Unidos de manera continua por más de un año, ya sea porque estén empleadas por ciertas organizaciones o corporaciones norteamericanas, u organizaciones religiosas que exijan su presencia en el exterior, podrán obtener un permiso, para estar ausentes sin romper con el requisito de residencia para naturalización. Para obtener este permiso una solicitud debe ser presentada haciendo uso de la forma N-470 llamada "Application to Preserve Residence for Naturalization Purpose", solicitud para preservar la residencia para propósitos de naturalización.

Lealtad y carácter. El solicitante para el proceso de naturalización debe mostrar que durante todos esos cinco años anteriores a su solicitud para su petición de naturalización, ha sido una persona de buen carácter moral que cree en los principios de la Constitución de los Estados Unidos y que favorece el buen orden y la armonía en este país.

La ley de naturalización específica que el solicitante para naturalización, no puede ser considerado de buen carácter moral si puede ser clasificado en alguna de las siguientes clases durante el período de cinco años y hasta que sea naturalizado:

a. Alcohólicos habituales.

b. Polígamos o personas conectadas con la prostitución, narcóticos o criminales.

c. Jugadores y apostadores convictos o personas cuyas entradas principales provengan del juego y la apuesta.

d. Personas que hayan mentido bajo juramento para obtener el beneficio, bajo las leyes de inmigración o naturalización.

e. Personas que hayan sido condenadas y encarceladas hasta por 180 días.

Miembros del partido comunista y otros similares. Aquellas personas que hayan sido miembros o hayan estado conectadas con el partido comunista o un partido similar fuera de los Estados Unidos en cualquier período de tiempo durante los diez años inmediatamente anteriores a llenar la petición para naturalización, no pueden obtener su ciudadanía. Tampoco pueden convertirse en ciudadanos americanos aquellas personas que hayan sido miembros o hayan estado conectados con cualquier otro partido u organización que esté contra el gobierno organizado o que pregone el comunismo mundial o las dictaduras en los Estados Unidos, o que proponga o predique el derrocamiento del gobierno de los Estados Unidos por fuerza, matando o hiriendo a oficiales de los Estados Unidos o mediante sabotaje.

Si el ser miembro o estar conectado con cualquiera de estos partidos u organizaciones durante el período de diez años previo a la fecha de solicitud ocurrió de manera involuntaria, o fue antes de haber cumplido los 16 años de edad, o era requerido por ley, o para conseguir empleo, comida u otras necesidades vitales, la persona puede convertirse en ciudadano si ya no es miembro o no está conectado de cualquier otra manera con este partido u organización.

Deportación. Aquella persona que haya quebrantado las leyes de inmigración y como consecuencia de esto haya estado bajo orden de deportación, no puede naturalizarse.

Requisitos de educación y alfabetización

A menos que les sea físicamente imposible, las personas que deseen naturalizarse deben demostrar un entendimiento mínimo del inglés básico, mediante la presentación de un examen. Sinembargo, una persona mayor de 50 años de edad en la fecha del examen, que haya estado viviendo en los Estados Unidos por lo menos durante 20 años como residente permanente, o mayor de 55 años y por lo menos 15 años de residencia, puede convertirse en ciudadano estadounidense, aunque no pueda hablar, leer o escribir en inglés.

Pero aquellos solicitantes físicamente incapacitados de escribir, tienen que ser capaces de firmar sus nombres en idioma inglés. Sinembargo, una persona como la mencionada en el primer párrafo, a la que se le ha excusado de saber inglés, se le permite firmar en su idioma natal si no puede hacerlo en inglés. Toda persona que esté solicitando naturalización, incluyendo las personas mencionadas anteriormente, deben tomar y pasar un examen para demostrar un conocimiento de la historia y el gobierno de los Estados Unidos. No hay excepciones a este requisito. El examen en estos dos aspectos y en el inglés, es hecho por el examinador de naturalización en la fecha que el solicitante llena su solicitud.

Las preguntas que dé el examinador serán hechas en inglés simple y rudimentario, y requieren conocimiento de asuntos básicos con los que cualquier persona que haya tratado de hacerlo, ha podido familiarizarse. En muchos lugares las escuelas públicas al igual que otros grupos comunitarios, tienen clases para preparar a las personas que necesiten tomar el examen de ciudadanía. Ciertas instituciones educativas también ofrecen cursos por correo para aquellas personas que quieran estudiar bajo su supervisión en la casa en vez de la escuela. La oficina del servicio de Inmigración y Naturalización más cercana a tu residencia, te puede dar más información acerca de estos cursos por correspondencia. De igual manera hay varias publicaciones que puedes encontrar en tu biblioteca local o en la librería más cercana a tu residencia, que informan y preparan a aquellas personas que tengan intención de naturalizarse.

El gobierno federal publica textos para ayudar a los solicitantes de naturalización en sus estudios para convertirse en ciudadanos y es la información en estos libros la que se usa para preparar los exámenes de historia y gobierno de los Estados Unidos. Aquellos solicitantes que asistan a las clases de ciudadanía en escuelas públicas o que han tomado cursos por correspondencia, pueden recibir estos libros de las escuelas sin ningún costo. Estos libros también pueden ser comprados directamente del superintendente de documentos en la oficina de publicaciones del gobierno de Washington, y pueden ser usados para estudiar privadamente en su casa en vez de asistir a una escuela.

Otra opción es un examen estandarizado autorizado por el Servicio de Inmigración. Hay dos organizaciones autorizadas para proveer este examen. Una de ellas es la junta de asistencia para legalización con el Servicio Educacional de Exámenes (ETS) y la otra es el departamento de educación del estado de California, con el sistema comprensivo para la evaluación de estudiantes adultos (CASAS). Las personas interesadas en someterse al examen estandarizado del ETS, deben comunicarse con la Asociación Nacional de Oficiales Latinos Nombrados y Electos, al teléfono: 1 (800) 446-2536 y en California: 1 (800) 346-2536, para informarse sobre la ubicación y el horario de estos exámenes.

La forma M-132 llamada "Information Concerning Citizenship Education to meet Naturalization Requirements", o información concerniente a la educación para completar los requisitos de naturalización, contiene más información acerca de los libros federales en ciudadanía y cursos que pueden ser tomados por correspondencia. Esta forma puede ser obtenida sin ningún costo en la oficina del Servicio de Inmigración y

Naturalización. Otra forma que puede ser de gran ayuda especialmente a aquellos inmigrantes de ascendencia hispana, es la forma M-327 llamada "I Pledge Allegiance..." ya que se encuentra en inglés y en español, y que contiene 100 preguntas y respuestas sobre la historia y gobierno de los Estados Unidos.

Las mejores fuentes de ayuda en asuntos de inmigración

No ha sido la intención de este capítulo responder todas las preguntas específicas sobre inmigración, sino darte una idea de las diferentes clasificaciones y explicar la terminología usada, para que cuando vayas a hablar con tu consejero de inmigración, entiendas completamente el proceso. Una de las organizaciones que proveen consejería en asuntos de inmigración y otras clases de ayuda a inmigrantes, y una que debes considerar seriamente si tienes cualquier pregunta acerca de asuntos de inmigración, es el "Catholic Community Service" o servicio comunitario católico (CCS).

Quiero presentar de manera más profunda la labor que desempeña esta entidad, para que sepas exactamente qué puedes esperar de este tipo de organizaciones y qué clase de ayuda se encuentra a tu disposición. Las organizaciones enumeradas al final de este capítulo operan más o menos de la misma manera. Tuve la oportunidad de entrevistar al señor John McTernan, director del programa de asistencia en inmigración, en la oficina de migración del Catholic Community Service. El CCS es la agencia voluntaria sin ánimo de lucro más grande en el estado de Nueva Jersey. Veamos qué es el Catholic Community Service y cómo trabaja.

Catholic Community Service

El Catholic Community Service y la mayoría de las organizaciones católicas en el país, que ofrecen asistencia en materia de inmigración, están bajo la jurisdicción de la Conferencia Católica de los Estados Unidos y dentro de ésta, como subsidiaria o afiliada de esa organización, existe otra organización llamada CLINIC (Catholic Legal Inmigration Network Inc.). Esta es una institución a nivel nacional, fundada en el año de 1989, que ofrece contratos de asistencia legal a las diferentes diócesis.

Esto y los muchos años de experiencia de los consejeros de inmigración, resultan en un mejoramiento constante de la calidad de los servicios ofrecidos al público. CLINIC trabaja de manera regional y la mayoría de las diócesis están suscritas a sus servicios. Las direcciones de las cuatro oficinas regionales se presentarán más adelante. Las oficinas del Catholic Community Service están localizadas en 42 estados. Puedes contactar la más cercana a tu residencia para descubrir la de tu localidad, o también buscar en tu biblioteca o en tu guía telefónica.

El CCS es una de las organizaciones de su clase más grandes en los Estados Unidos. Emplea más de 700 personas y presta servicios a la comunidad en la forma de más de 75 diferentes programas, que van desde el campo de la salud a los servicios sociales, que incluyen consejería familiar, prevención de drogas y asistencia en materia de inmigración, para nombrar unas cuantas de las ayudas ofrecidas por la agencia. La oficina de inmigración brinda programas de asistencia en inmigración, ayuda a refugiados y muchos otros programas que una agencia de servicio social puede ofrecer a la comunidad. El servicio consiste en aconsejar al cliente en materia de inmigración y naturalización y representarlos, como agencia aprobada que es, ante las oficinas de inmigración.

Es importante saber que las CCS, al igual que muchas de las organizaciones listadas al final de este capítulo, son agencias acreditadas y autorizadas por el Departamento de Inmigración para representar a clientes ante el Departamento de Inmigración de los Estados Unidos, de igual manera que un abogado lo haría; es más, muchos de los clientes vienen remitidos del servicio de inmigración mismo, al igual que de muchas iglesias y otras organizaciones comunitarias. El Catholic Community Service cobra honorarios mínimos para aquellas personas que puedan pagarlos; sinembargo, si tu salario está por debajo del nivel de pobreza o no puedes pagar estos honorarios debido a otras circunstancias en que te encuentres, no tendrás que hacerlo. El señor John McTernan rápidamente enfatiza con respecto a este punto, que nadie será devuelto debido a su raza, nacionalidad, creencias religiosas, o porque no pueda pagar los honorarios.

En la mayoría de los casos con que la agencia trabaja, los clientes pueden ahorrar hasta un 80% comparado con lo que tendrían que pagar a un abogado. Por esta razón vale la pena explorar esta alternativa. El señor McTernan también me decía que uno de los problemas que el CCS encuentra con más frecuencia es el hecho que muchos inmigrantes que están necesitando asistencia en materia de inmigración, no contactan organizaciones acreditadas y sí ponen sus asuntos de inmigración en las manos de personas que no están calificadas o autorizadas para llevar a cabo esta clase de trabajo, como notarios públicos, asistentes legales y otro tipo de personas que suelen llamarse a sí mismos especialistas de inmigración y que en muchos casos causan daños irreparables a los inmigrantes.

He aquí las direcciones para las oficinas regionales del Catholic Legal Inmigration Network Inc., CLINIC:

SOUTHEAST AREA OFFICE
3211 Fourth Street N.E.
Washington, D.C. 20017
Tel.: (202) 541-3220 or
(202) 628-6861
Fax: (202) 541-3399

NORTHEAST AREA OFFICE
902 Broadway, 8th Floor
New York, N.Y. 10010
Tel.: (212) 614-1259
Fax: (212) 614-1201

SOUTHWEST AREA OFFICE
1200 North Mesa, 2nd Floor
El Paso, TX 79902
Tel.: (915) 533-3971
Fax: (915) 533-3974

NORTHWEST AREA OFFICE
180 Montgomery Street,
Room 1225
San Francisco, CA 94104
Tel.: (415) 362-8677
Fax: (415) 394-8696

En cualquiera de estas oficinas te podrán suministrar las direcciones de organizaciones locales involucradas con el Servicio Comunitario Católico, que pueden prestarte asistencia en materia de inmigración. Recuerda que si tienes un problema de inmigración, debes consultar un abogado de inmigración o a una agencia que esté acreditada por el departamento de Inmigración de los Estados Unidos. No dudes en preguntar a la persona que te está suministrando consejería en asuntos de inmigración, si está acreditada por el Departamento de Inmigración. Si así es, pídele que te muestre la carta de certificación. Recuerda que no es sólo dinero lo que puedes perder por trabajar con personas que no estén autorizadas, lo más importante que puedes perder es la oportunidad de solucionar tu situación.

Hay varios libros fáciles de leer que te pueden absolver algunas de las preguntas más simples acerca de las diferentes materias de inmigración. Muchos de ellos están disponibles en tu biblioteca local. Sinembargo, el leer estos libros no debe reemplazar el consejo de una persona acreditada en este campo. En un área tan compleja como la ley de inmigración, el tener poco conocimiento puede ser algo peligroso, puesto que dada la complejidad del proceso mismo, la terminología usada en estos libros, puede no ser siempre fácil de entender, pese a que hay algunos escritos en lenguaje sencillo. Examina cuidadosamente la fecha en que este libro haya sido publicado, para asegurarte que contiene los cambios más recientes que hayan podido ocurrir en materia de inmigración. Si estos asuntos de inmigración y naturalización son importantes para ti, y espero que lo sean, entonces toma el tiempo para investigarlos. Sinembargo, recuerda consultar siempre con un consejero autorizado por el departamento de inmigración antes de tomar cualquier decisión.

232

Las oficinas del Servicio de Inmigración y Naturalización pueden darte mucha información, formas, solicitudes y folletos en diferentes materias al respecto. Pueden asistirte en llenar ciertas formas o dirigirte a organizaciones en tu área, que te pueden prestar consejería en casos de inmigración. Sinembargo, dado el volumen tan alto de trabajo que ellos manejan, día a día, éste puede no ser necesariamente el mejor lugar para una discusión profunda de tu situación en particular. Es aquí cuando la consultoría con una agencia de inmigración, como las enumeradas anteriormente, se convierten en tu mejor alternativa.

> Recuerda que no es sólo dinero lo que puedes perder por trabajar con personas que no estén autorizadas, lo más importante que puedes perder es la oportunidad de solucionar tu situación.

Muchos inmigrantes en este país pasan por problemas innecesarios, debido a la falta de conocimiento de la ley de inmigración. No estoy sugiriendo la necesidad de convertirnos en expertos en este campo, pero es importante entender los principios fundamentales del proceso, porque al igual que con cualquier otra ley, ésta se aplica, ya sea que la conozcas bien o no.

Para obtener información acerca de las asociaciones que te pueden proveer con consultoría en casos de inmigración, comunícate con la oficina central del INS o con uno de los centros regionales de servicio del INS (INS Regional Service Centers) a las siguientes direcciones:

INS Central Office
425 Eye st.
Washington, D.C. 20536
Tel.: (202) 514-4330

Eastern Regional Service
Center
75 Lower Weldon st.
St. Albans, Vermont 05479
Tel.: (802) 527-3160

Northern Regional Service
Center
P.O. Box 82521
Lincoln, Nebraska
68501-2521
Tel.: (402) 437-5218

Southern Regional Service
Center
7701 N. Stemmons
Freeway
P.O. Box 568808
Dallas,
Texas 75356-8808
Tel.: (214) 767-7769

Western Regional Service
Center
P.O. Box 1-C
801 East San Isidro Blvd
San Isidro, California
92173
Tel.: (619) 428-7311

Muchas de las otras organizaciones enumeradas a continuación, tienen afiliación con grupos religiosos particulares u otra clase de grupos étnicos, o simplemente trabajan con grupos específicos de inmigrantes. Si eres trabajador agrícola, puedes optar por contactar a la organización llamada Legalización de Extranjeros para la Agricultura; agencia que de una u otra manera puede reflejar tu situación particular y por esta razón estar en mejor posición para suministrarte, no sólo ayuda en materia de inmigración, sino con otros tipos de información que pueden ser de mucho interés para ti, como eventos sociales y culturales, programas educativos y planeación profesional.

Sinembargo, no dudes en contactar cualquiera de estas agencias, puesto que su objetivo principal es el asistir a la población inmigrante en general. Una lista de las oficinas distritales del Servicio de Inmigración y Naturalización de los Estados Unidos, también se dará a continuación. Comunícate con cualquiera de estas fuentes para buscar respuestas a tus preguntas. Recuerda: lo peor que puedes hacer, es no hacer nada. Para más información acerca de otras organizaciones que ofrezcan ayuda a inmigrantes, puedes comunicarte con la siguiente dependencia del INS:

INS Outreach Program
425 I street, N.W.
Washington, D.C. 20536
Tel.: (202) 633-4123

Oficinas nacionales de las agencias voluntarias de asistencia al inmigrante

Fuera de las agencias que acabé de mencionar, hay muchas otras organizaciones que te pueden ayudar con tus asuntos de inmigración y Naturalización. Asegúrate de contactar una de ellas, antes de contratar los servicios de un abogado. El departamento de justicia de los Estados Unidos, servicio de Inmigración y naturalización ha puesto junto un directorio (M-233) de todas las agencias voluntarias que asisten a los inmigrantes, para información de la agencia más cercana a ti. Contacta el INS en su oficina distrital en tu ciudad. La dirección y el número del teléfono se darán al final de esta sección.

Las siguientes son las oficinas nacionales de las organizaciones coordinadoras nacionales envueltas en el servicio del programa de legalización y agencias voluntarias que están involucradas en consultoría de inmigración y ayuda a refugiados. La letra Q, después del nombre, denota que son agencias calificadas y designadas para representar a los inmigrantes.

Alien Legalization for
Agriculture (ALFA) Q
1601 Exposition Boulevard,
FB-1
Sacramento, CA 95815
Tel.: 916/924-4019

American Council for
Nationalities Service Q
95 Madison Avenue
New York, N.Y. 10016
Tel.: 212/543-5858

Association
of Farmworker Opportunity
Programs
(AFOP) Q
408 Seventh Street, SE
Washington, D.C. 20003
Tel.: 202/532-3443

Church World Service
Immigration and Refugee
Program
475 Riverside Drive
New Yor, N.Y. 10015
Tel.: 212/870-3300

Congress of Racial
Equality (CORE) Q
2111 Nostrand Avenue
Brooklyn, N.Y. 11210
Tel.: 718/434-CORE

INTERACTION
1717 Massachusetts
Ave., N.W. Suite 801
Washington D.C. 20036
Tel.: 202/667-8227

International Institute
of New Jersey Q
880 Bergen Avenue,
5th floor
Jersey City, N.J. 07306
Tel.: 201/653-3888

Immigration Project
(ILGWU) Q
275 7th Avenue
New York, N.Y. 10001
Tel.: 212/627-0600

International Rescue
Committee, Inc.
386 Park Avenue South
New York, N.Y. 10016
Tel.: 212/679-0010

Lutheran Immigration and
Refugee Service Q
Lutheran Council
in the USA
390 Park Avenue South
New York, N.Y. 10016
Tel.: 212/532-6350

Metropolitan Analysis and
Retrieval Systems, Inc.
(MARS) Q
288 Expressway
Missoula, MT 59802
Tel.: 406/6277

Presiding Bishop's Fund for
World Relief Q
Episcopal Church Center
815 Second Avenue
New York, N.Y. 10017
Tel.: 212/867-8400

Private Immigration
Agency (PIA) Q
7880-B Biscayne Boulevard
Miami, FL 33138
Tel.: 305/751-8212;
751-8217

United States Catholic
Conference Q
Migration and Refugee
Services
3211 Fourth Street, N.E.
Washington, D.C. 20017
Tel.: 202/541-3000

World Relief
450 Gunderson Drive
Carol Stream, IL 60188
Tel.: 708/665-0235

YMCA of the USA
International Division
Refugee Services Office
101 N. Wacker Drive
Chicago, IL 60606
Tel.: 312/977-0031,
ext. 209

Oficinas distritales del INS

He aquí algunas de las oficinas distritales del Servicio de
Inmigración y Naturalización.

Dirksen Federal Office
Building
10 W. Jackson Blvd.,
Suite 600
Chicago, IL 60604
312/353-7300

Anthony J. Celebreeze
Federal Building,
Room 1917

1240 E. 9th Street
Cleveland, OH 44199
216/522-4770

Federal Building
8101 North Steman
Freeway
Dallas, TX 75247
214/655-5384

Federal Building
8101 North Steman
Freeway
Dallas, TX 75247
214/655-5384

Federal Building
333 Mt. Elliott Street
Detroit, MI 48207
313/226-3240

Room 214, Federal
Building
700 E. San Antonio
Avenue
El Paso, TX 79901
915/543-6334

300 North Los Angeles St.,
room 1001
Los Angeles, CA 90012
213/894-2119

7880 Biscayne Boulevard
Miami, FL 33138
305/536-4787

Rodino Federal Building
970 Broad Street
Newark, N.J. 07102
201/645-3350

26 Federal Plaza
New York, N.Y. 10278
212/264-5942
Information Line
Philadelphia, PA
215/656-3122

Federal Building
2035 N. Central Ave.
Phoenix, AZ 85004
602/379-3122

U.S. Federal Building
San Antonio, TX 78239
512/871-5645

880 Front Street, Room 285
San Diego, CA 92188
619/557-5645

Appraisers Building
630 Sansome St., Room 200
San Francisco, CA 94111
415/705-4411

G.P.O. Box 5068
Federal Building (Hato
Ray)
San Juan, PR 00936
809/753-4329, 4343

Capítulo VII

LOS PRIMEROS PASOS

$\mathcal{E}$l comenzar es fijar nuevas metas, determinar nuestras necesidades educativas y evaluar las oportunidades de trabajo existentes. Es también preocuparnos de solucionar nuestros asuntos de inmigración y poner nuestras preocupaciones financieras sobre la mesa. Es solventar las necesidades básicas de nuestra vida cotidiana. Este es precisamente el tema de este capítulo. Cómo atender las necesidades básicas relacionadas con el hecho de establecernos en este nuevo país. Cubriremos la mecánica, en una forma sencilla, y les indicaremos cómo solucionarlas.

Qué es el seguro social

El conocimiento que muchas personas tienen sobre el seguro social, se limita a percibirlo únicamente como una pequeña tarjeta de papel de dos por tres y media pulgadas que presenta el nombre y un número que casi todo el mundo necesita saber antes de que puedan saludarte. En cuanto a nuevos inmigrantes se refiere, esto es todo lo que muchos de ellos aprenderán acerca del seguro social. Pero el seguro social es mucho más que esto.

El seguro social puede ser considerado como una serie de seguros que te protegen y que tú debes comprar porque están prescritos por la ley. El pago de estas pólizas de seguro lo haces en forma de deducciones que son tomadas de tu cheque de pago. En los recibos adjuntos de tu cheque de pago, estas deducciones figuran como FICA, que quiere decir Federal Insurance Contributions Act, o Acto de contribución al seguro Federal. Este grupo de pólizas proveen una serie de beneficios como pensiones, seguro en caso que quedes incapacitado para trabajar, seguro a sobrevivientes en caso de que tú mueras, beneficios, o seguro de salud en la forma de "Medicare" o cuidado médico, los cuales serán discutidos en el próximo capítulo.

De acuerdo a la administración del seguro social, aproximadamente 135 millones de personas pagan impuesto o contribuciones al mismo. En 1991 la tasa de impuesto de esta contribución fue de un 7.65% de tu salario bruto. La manera en que esto funciona es la siguiente: De tu salario bruto, contribuyes un 7.65% y la empresa para la cual trabajas contribuye, otro 7.65%. Estos aportes son los que servirán para suministrar los servicios futuros del seguro social. Este seguro es mucho más que los nueve números que ves en tu tarjeta: es la pensión que recibirás cuando te retires, los beneficios en caso que quedes incapacitado para trabajar, beneficios para la familia, seguros médicos y otros servicios. Estos servicios no deben ser considerados como un regalo o como una limosna. Son parte de un plan al cual contribuyes con las deducciones de tu cheque de pago. Puedes llamar a la oficina del seguro social más cercana a tu residencia y averiguar tu elegibilidad para cualquiera de estos servicios. Puedes averiguar acerca del estado de tus beneficios y aportes, llamando a la oficina local del seguro social y obteniendo y llenando la forma SSA-7004-PC-OP1 (forma para pedir un estimado de las ganancias y beneficios del seguro social).

Las contribuciones mensuales que haces a tu plan del seguro social, son parte del salario que duramente has ganado. Por esta razón averigua hacia dónde van esas contribuciones que pagas al seguro social y qué es lo que ellas cubren. Quiero repetir una vez más, que necesitas invertir un poco de tiempo averiguando acerca de estos asuntos que te afectan directamente. Es tu responsabilidad.

La administración del seguro social tiene disponible un gran número de publicaciones acerca de todos los servicios que ella suministra. He aquí una lista de algunas de estas publicaciones que puedes encontrar de gran ayuda.

1. Tus impuestos del Seguro Social. Por qué pagan ellos y hacia dónde va el dinero.

2. Entendiendo tu Seguro Social. Una guía general al Seguro Social.

3. Petición de un estimado de ganancias y beneficios.

4. Retiro. Una guía del Seguro Social a tus beneficios de pensión.

5. Incapacidad. Una guía del Seguro Social a tus beneficios de incapacidad.

6. Sobrevivientes. Una guía del Seguro Social al programa de sobrevivientes.

7. Medicare. Guía al programa de medicare.

8. Ingreso seguro suplementario. Una guía al programa de ingreso suplementario.

Estas y muchas otras publicaciones pueden ser obtenidas gratuitamente en la oficina del Seguro Social más cercana a tu residencia, o llamando al siguiente número telefónico:

Social Security Administration
Tel.: 1 (800) 772-1213

Para obtener tu tarjeta del Seguro Social, debes solicitarla en persona, en la oficina de la administración del Seguro Social y llenar la forma de solicitud (forma SS-5). Esta forma también puede ser usada en caso que requieras cambiar tu tarjeta o necesites cambiar el nombre en ella. La forma también suministra instrucciones claras de cómo llenarla, al igual que una lista de los documentos que debes mostrar para poder conseguir tu tarjeta del Seguro Social. He aquí algunas de las instrucciones y documentación necesaria para solicitarla. Estas instrucciones son más que todo relevantes para aquellos inmigrantes y no inmigrantes que se encuentran residiendo legalmente en los Estados Unidos.

Junto con la solicitud SS-5, debes presentar también tu certificado de nacimiento o tu pasaporte, al igual que la visa u otro tipo de documentación que te haya otorgado el Servicio de Inmigración y Naturalización, y que demuestre tu estado legal en los Estados Unidos. Estos documentos pueden ser tu tarjeta verde, o las formas I-94. La oficina del seguro social no aceptará fotocopias de estos documentos, únicamente los originales.

El obtener tu tarjeta del Seguro Social, no necesariamente te autoriza para trabajar en este país. Debes tener una autorizacion de empleo otorgada por el Servicio de Inmigración y Naturalización si no estás autorizado para trabajar en este país, pero te encuentras legalmente en los Estados Unidos y necesitas esta tarjeta para otros propósitos. Por ejemplo, si estás en este país de manera temporal, en visita de negocios con una visa B1, o si te encuentras como estudiante con una visa F1 o cualquier otro tipo de visa no inmigrante y estás conduciendo cualquier tipo de transacción que requiera que presentes el número del Seguro Social, puedes solicitar a cualquiera de las oficinas del Seguro Social dicha tarjeta. Debes entender que ésta no puede ser usada para obtener empleo.

Para obtener el número telefónico de la oficina del Seguro Social más cecana a tu residencia, consulta tu guía telefónica, páginas azules, bajo gobierno de los Estados Unidos.

Cómo obtener tu licencia de conducir

El tener una licencia de conducir es un privilegio. Lo que esto significa es que si abusas de él, puede ser suspendido o revocado temporalmente o inclusive permanentemente. Aparte de que necesitas tener una licencia de conducir válida para guiar cualquier vehículo en este país, también es un importante documento de identificación. Es uno de los que la oficina del Seguro Social aceptará a manera de identificación para solicitar tu tarjeta.

Las leyes y regulaciones bajo las cuales los conductores pueden operar sus vehículos, varían de estado a estado. Como lo he dicho antes refiriéndome a otras leyes, éstas se aplican ya sea que las conozcas o no. Por esta razón y puesto que tu vida y las vidas de otros pueden depender de ello, es importante que las conozcas y las cumplas. Déjame darte un par de ejemplos que te pueden ilustrar las diferencias en las regulaciones entre estados. En algunos, el límite de velocidad es de 55 millas por hora, mientras que en otros es de 65. En algunos, puedes doblar a la derecha, inclusive si el semáforo se encuentra en rojo, pero en otros esta práctica no es permitida.

De igual manera, el proceso de registro de tu automóvil y los pasos para obtener tu licencia, también varían de estado a estado. Lo que esto quiere decir es que la documentación que tienes que presentar para poder solicitar la licencia de conducir, se modifica de acuerdo al estado en que residas. En general, debes suministrar prueba de tu edad y tu identidad, ya sea a manera de tu certificado de bautizo o pasaporte. Es posible que te exijan prueba legal de tu estadía en este país. Para saber exactamente qué tipo de documentación necesitarás en tu estado, comunícate con la Oficina de Información General al Consumidor, de la oficina de vehículos motorizados, más cercana. Encontrarás su número en la guía telefónica, páginas azules, gobierno de los Estados Unidos, en la sección correspondiente a las Entidades Estatales.

Para obtener tu licencia de conducir, tienes que pasar dos clases de exámenes, que debes tomar. El examen escrito, que consiste en una serie de preguntas para probar tu conocimiento de las leyes y regulaciones, al igual que sobre las señales de tráfico. La oficina de vehículos motorizados de tu estado te suministrará una guía que contiene las leyes, regulaciones y otra información requerida para procesar tu licencia de conducir. También contiene material que forma parte del examen escrito y, en algunas ocasiones, ejemplos sobre las preguntas que encontrarás en dicho examen.

En algunos estados este examen escrito puede ser dado en otros idiomas, como el español, y si la persona no puede leer, puede arreglar para que el examen se le haga de manera oral. Intérpretes aprobados deben estar presentes durante este examen. En algunos estados estos intérpretes pueden ser profesores de tiempo completo de un colegio o universidad de los Estados

Unidos, curas, ministros, rabinos u otros líderes religiosos de una organización reconocida que puedan mostrar credenciales de su asociación con dicha organización.

Cuando pasas tu examen escrito, te será otorgado un permiso validado que te permitirá practicar tu manejo, en preparación para el examen práctico. Sinembargo, cuando estés practicando, una persona que ya tenga su licencia debe estar junto a ti siempre que estés manejando.

Si tienes tu licencia de conducir y te has mudado de un estado a otro, necesitas conseguir la licencia de conducir del estado al cual te has mudado, tan pronto como te sea posible. También, si has cambiado de dirección, necesitas notificar al departamento de vehículos motorizados. En algunos estados puedes ser excusado de tomar el examen práctico, si ya tienes tu licencia de otro estado o inclusive de otro país. Para averiguar más acerca de esto y otras regulaciones, comunícate con la Oficina de vehículos motorizados.

Ahora bien, una licencia de conducir no es el único documento requerido para manejar un automóvil. El automóvil debe estar registrado y debes tener una póliza de seguro para automóviles que te cubra en caso de accidente. En el capítulo once, aprenderemos más acerca de esto.

Cuando compres un carro, el vendedor del mismo debe firmar la parte de atrás del certificado de título, transfiriéndote la propiedad de dicho vehículo. Con este documento debes ir a la Oficina de vehículos motorizados en tu área, y registrar el automóvil, en tu nombre. Entonces un certificado de título te será expedido, y también se te proveerá la tarjeta de registro y las nuevas placas para tu carro. Cuando vayas a registrarlo, debes presentar prueba de que ya tienes una póliza de seguro de automóvil. Los gastos de registro varían de estado a estado. Chequea con la Oficina de vehículos motorizados en tu área para mayor información.

Cómo conseguir apartamento

Como inmigrante recién llegado en busca de un lugar para vivir, posiblemente empieces por arrendar un apartamento. Hay varias maneras de buscarlo, una vez te hayas decidido en qué áreas deseas vivir. La decisión de dónde vivir, no es siempre fácil y esto es cierto, inclusive, para aquellas personas que han estado viviendo en este país por muchos años. Debes tomar en consideración oportunidades de empleo, escuelas para tus hijos, accesibilidad al transporte público y muchas otras variantes que pueden ser importantes para tu situación personal.

Algunos inmigrantes pueden encontrar mucho más conveniente el mudarse a una comunidad latina, donde ellos no van a tener que lidiar con las barreras culturales y el lenguaje, por lo menos mientras que se organizan. No hay nada malo con esto, para muchas personas puede ser la mejor alternativa; sinembargo, como indiqué en el capítulo tres, no debes permitir que la aparente comodidad de dicha situación limite y controle tus decisiones. He podido observar a algunos inmigrantes que se han mudado a vecindarios distanciados, en los cuales ellos encuentran muy difícil sortear las necesidades básicas de cada día. Por esta razón, es muy buena idea que antes de mudarte a un nuevo vecindario, te hagas las siguientes preguntas:

1. ¿Hay oportunidades de trabajo en el área?

2. ¿Hay acceso al transporte público, hacia y desde el trabajo?

3. ¿Hay escuelas en el área donde pueda ir a aprender el lenguaje?

4. ¿Hay escuelas en el área donde pueda enviar a mis hijos?

5. ¿Hay acceso fácil a supermercados y tiendas, en caso de que no pueda movilizarme a sitios muy lejanos?

Estas son algunas de las consideraciones que debes tener en cuenta, cuando estés decidiendo dónde vas a vivir.

Una vez tomes esta decisión, hay varias maneras para encontrar el apartamento o la casa que mejor se ajuste a tus necesidades. Por supuesto puedes mirar los avisos clasificados en los periódicos locales. Las mismas organizaciones comunitarias que te asistan en tus asuntos de inmigracion te pueden ayudar en la búsqueda de un buen sitio para vivir. Deja saber a todos tus amigos que estás buscando un apartamento. Si eres estudiante, muchas de las casas en la vecindad de tu escuela, por lo general, envían noticias al departamento de vivienda de la escuela, notificando acerca de la disponibilidad de apartamentos o cuartos amoblados para estudiantes. Es importante que antes de mudarte, examines no sólo el apartamento, sino también el vecindario en general. Camina por los alrededores, pregunta a otras personas acerca del vecindario, ve a la tienda de la esquina y pregunta acerca de la seguridad o porcentaje de criminalidad en el vencindario. Bajo ninguna circunstancia es recomendable que empieces tu nueva vida en un área infestada por el crimen, epecialmente si tienes niños.

Una vez hayas encontrado un apartamento que se ajuste a tus necesidades, asegúrate de entender cuál va a ser la renta mensual que tienes que pagar, si la calefacción y el agua caliente están incluidas como parte de la renta, si debes dejar algún depósito, y todas las otras preguntas que puedas tener. Nunca entregues ningún dinero a nadie, sino al dueño de la casa o al superintendente del edificio y asegúrate de obtener un recibo. Debes tratar, cuando sea posible, de pagar con cheque o money order, para tener un comprobante de dicho pago. Asegúrate de mantener los recibos en un lugar seguro. Si se requiere que dejes el equivalente a un mes de renta como depósito, recuerda que este depósito se te devolverá cuando te mudes de ese apartamento, asumiendo que esté en las mismas condiciones en que te fue entregado. El dueño puede retener y no devolver-

> Camina por los alrededores, pregunta a otras personas acerca del vecindario, ve a la tienda de la esquina y pregunta acerca de la seguridad o porcentaje de criminalidad en el vencindario. Bajo ninguna circunstancia es recomendable que empieces tu nueva vida en un área infestada por el crimen, epecialmente si tienes niños.

te tu depósito si has provocado daños a la planta física del apartamento. Por esta razón, asegúrate que antes de ocuparlo, has hecho un recorrido minucioso por todo el apartamento, y elabora una lista de todos los daños a la planta física que encuentres y pídele al dueño revisar esta lista y firmarla. De esta manera te protegerás de posibles daños que te puedan ser atribuidos, cuando estés listo a mudarte.

Las leyes estatales y federales requieren que los dueños de apartamentos mantengan el lugar en condiciones seguras, y que no pongan en peligro la vida de los inquilinos. Durante los meses de invierno están obligados a proveerlos con suficiente calefacción, si es parte del contrato. Para conocer tus derechos como inquilino o para presentar una queja formal, comunícate con las autoridades de la oficina de la vivienda en tu área; puedes encontrar su número en tu guía telefónica o llamando a la Oficina Municipal de tu Localidad.

Cómo conectar tu teléfono y otros servicios

El proceso para obtener e instalar tu teléfono y otros servicios como electricidad y gas, cuando te mudas a un nuevo apartamento, no es nada complicado. Es más, en su mayor parte esto puede hacerse a través del teléfono. La instalación de tu teléfono requerirá una cuota y un depósito de aproximadamente cien dólares que te será retornado después de un cierto período de tiempo. Para obtener el número telefónico de la compañía de gas, electricidad y teléfono en tu área, llama a la oficina de información (411), o consulta tu guía telefónica.

250

Cuarta Sección

¿IMPUESTOS, CREDITOS, SEGUROS?...

¡NO, QUE ENREDO TAN TREMENDO!

Cuando mi madre leyó esta sección por primera vez, mucho antes de que el libro fuera publicado, su respuesta fue algo parecido al título de esta sección. Y pese a que está escrito en un lenguaje claro y sencillo, y que he tratado de eliminar al máximo todos los tecnicismos y palabras que parecen haber sido creadas con el único propósito de confundirnos, me di cuenta que la verdadera razón por la cual ella, al igual que una gran mayoría de nosotros, nos hemos aislado de todas estas materias, es porque los banqueros, inversionistas, vendedores de seguros, acreedores y demás personas que se encuentran al otro lado del mostrador, se han encargado de crear tal confusión que es imposible para cualquier ser humano comprender este enredo tan feroz.

Por supuesto que esta es la razón por la cual todos ellos siempre llevan las de ganar, y nosotros parecemos estar a merced de lo que ellos nos digan o dejen de decir. Cada vez que terminamos de hablar con una de estas personas como parte de nuestro plan económico, en lugar de salir con la idea de: "Bien, creo que con su

251

ayuda, he tomado la decisión financiera correcta"; salimos con el amargo pensamiento de: "No quiero ni pensar en la cantidad de dinero que acabo de perder". Pues bien, esto está a punto de cambiar. El conocer las reglas del juego nos dará las armas para ganar la batalla y poder así tomar control de nuestras finanzas.

Sinembargo, no es necesario que leas esta sección como quien lee una novela. El propósito de este capítulo no es llenar tu mente con toda clase de información general. Recuerda que esta es una guía, un manual de referencia al cual puedes acudir en la medida en que precises de la información. Por esta razón, sólo lee aquello que es de alguna relevancia para tu situación actual.

Es muy posible que algunos de los tópicos aquí cubiertos puedan presentar cierta dificultad para ser entendidos; en un principio, lo fue para mí también. Pero no olvides que es tu dinero el que estamos tratando de proteger y hacer rendir al máximo. No olvides que es tu futuro, el de tus hijos y el de tu familia, el que estás planeando. Sí, es posible que la disciplina, el tiempo y la concentración que tengas que poner para poder entender algunos de estos tópicos sean un precio alto que pagar. Pero ten la seguridad que por más alto que éste parezca, no es nada en comparación con el precio que pagarás continuamente por el resto de tu vida, si decides no tomar cartas en el asunto.

En mis primeros años en este país, por alguna razón no solía prestar mucha atención a temas como los impuestos, el crédito o los seguros. La razón principal de esta falta de interés, al igual que para muchos inmigrantes, era que esos parecían ser asuntos que necesitaban gran cantidad de tiempo y conocimiento para ser entendidos. Todas las leyes, regulaciones, detalles y palabras complicadas eran muy intimidantes. Además no estaba muy seguro de cuáles eran mis metas a largo plazo, o si iba a permanecer en este país suficiente tiempo para necesitar involucrarme en cualquiera de estas áreas. Estos eran, a mi modo de ver, asuntos con las cuales necesitaba bregar una vez tuviese todo bajo control, sin entender por supuesto, que el lidiar con estas cosas de manera pronta y correcta, era la manera de llegar a tener ese control.

> Es igualmente importante el desarrollar y mantener un buen crédito; al punto que muchos expertos coinciden en señalar que un buen historial de crédito es fundamental para construir tu futuro financiero en este país.

No soy un experto en impuestos, crédito o seguros, pero sí sé que si estás seriamente interesado en construir tu futuro en este país, necesitas adquirir cierto conocimiento acerca de las leyes sobre impuestos; debes aprender a tomar ventaja de las diferentes estrategias que te permitirán reducir la cantidad de impuestos que debes pagar y es imperativo mantener buenos récords. Es igualmente importante el desarrollar y mantener un buen crédito; al punto que muchos expertos coinciden en señalar que un buen historial de crédito es fundamental para construir tu futuro financiero en este país.

La tercera área que examinaremos en esta sección es la de los seguros. Una cosa que sé con certidumbre es que todos necesitamos tener algún tipo de seguro. He visto muchos sueños quebrantados por la falta de conocimiento o simplemente por la negligencia en alguna de estas tres áreas. Examinemos cada una de ellas, independientemente, y discutamos aquellos aspectos de mayor relevancia a la población inmigrante en particular. Sinembargo, estos son aspectos tan fundamentales, que creo que cualquier persona se puede beneficiar de esta discusión.

Capítulo VIII

¿IMPUESTOS? ¿QUIEN, YO? ¿COMO ASI?

Muchas personas, particularmente los inmigrantes, por lo general terminan pagando muchos más impuestos de los que debieran. Esto se debe en gran parte a su falta de conocimiento acerca de las leyes de los impuestos. No estoy sugiriendo, de ninguna manera, que debes convertirte en un experto en cuanto al tema se refiere; pero si tomas un tiempo y consigues la información necesaria, puedes terminar ahorrando cientos o quizás miles de dólares. Muchas personas de manera equivocada, piensan que al tomar cualquier deducción, así sea legal, serán víctimas de los auditores de la Administración de Impuestos, que vendrán tras ellos tratando de recobrar su dinero. Esta es una idea totalmente errónea.

El sistema de impuestos trabajará para ti, si tomas tu tiempo en aprenderlo y en entender cómo hacer que eso sea así. Este es uno de esos casos en que, lo que ignores, podrá ser bastante perjudicial para tu salud financiera. El conocimiento de las leyes sobre impuestos y el saber cómo hacerlas trabajar a nuestro favor, ha sido el ingrediente principal en la construcción de muchas de las grandes fortunas en este país. También el no saber la ley, el reportar deducciones ilegales y la pereza, han sido las causas de muchos fracasos financieros.

Los impuestos son una renta baja por vivir en este país. Ellos pagan por la defensa nacional, el seguro social, el mantenimiento de calles y un gran número de otras cosas que de una u otra manera te competen. Las reglas sobre quién paga impuestos y cuánto debe pagar cada persona, ya están establecidas. La intención de este capítulo no es discutir su validez o aplicabilidad; eso queda para que lo consultes con tu consejero o preparador de impuestos. El propósito de este capítulo es el motivarte a que pienses en la importancia de ganar control sobre tus asuntos financieros.

Sí, es posible concebir los impuestos como una renta a pagar para vivir en este país. Sinembargo, al igual que con tu apartamento, ¿no tratarías de hacer todo lo posible, dentro de los límites de la ley, para pagar la menor cantidad de renta posible? ¿Por qué no hacer lo mismo con tus impuestos? La persona promedio en este país, trabaja cinco días a la semana y de esos, un día y medio están destinados a pagar por sus impuestos federales, estatales y locales. Esto quiere decir que trabajarás los primeros cuatro meses del año solamente para pagar impuestos. Tienes el derecho de planear tus finanzas, de tal manera que pagues la menor suma de impuestos requeridos por la ley. Esta es la única cantidad de que estás obligado a pagar.

Cómo trabaja el servicio de impuestos internos (IRS)

Los impuestos son el gasto más grande que la mayoría de las personas encontrarán durante el transcurso de sus vidas. Esa es la razón por la cual es extremadamente importante el adquirir todo el conocimiento posible acerca de las leyes que regulan el pago de impuestos. La magnitud de este gasto puede no ser tan aparente puesto que la mayoría de las personas tienden a enfocarse en los $ 600 u $ 800 dólares que tienen que pagar al final del año, como la cantidad total de impuestos pagados olvidando los otros $ 4.000 ó $ 5.000 dólares que ya han pagado a través de las deducciones aplicadas a su salario a lo largo de todo el año. Por esta razón, la planeación de impuestos debe ser un proceso a seguir durante todo el año. No debe ser únicamente una experiencia de una vez al año.

Contrario a lo que la mayoría de la gente piensa, una persona no paga impuestos sobre el salario total devengado, sino sobre una cantidad mucho menor llamada "Taxable Income", que quiere decir salario sujeto a impuestos, y que es el resultado de restar todas tus posibles deducciones de tus entradas totales. Es obvio entonces que, cuantas más deducciones tengas, y quiero decir deducciones legítimas, mucho menor va a ser el salario sujeto a los impuestos. Y como resultado de esto, mucho menor será la cantidad de impuestos que tengas que pagar. Hay un gran número de publicaciones en el mercado respecto a todas las estrategias que te permitirán tomar control de tu propia posición en cuanto a impuestos se refiere. Algunas de estas publicaciones serán sugeridas al final de este capítulo.

Varias publicaciones para el entendimiento de leyes de los impuestos, en español y en inglés, están disponibles en la oficina de Recolección de Impuestos. Esta oficina suministra estas publicaciones y otra gran variedad de servicios a través de todo el año, sin ningún costo para ti. Todos estos servicios pueden ser encontrados en la publicación número 910, llamada "Guía de Servicios Gratuitos sobre Impuestos". Otros servicios incluyen: información acerca de devoluciones y otros asuntos sobre los impuestos, por medio del teléfono; programas educativos de asistencia a pequeños negocios; consejería sobre impuestos, para la gente mayor de edad, bajo las siglas TCE; asistencia voluntaria sobre la aplicación de impuestos, bajo la sigla VITA, y una serie de instrucciones audiovisuales y material disponible para grupos. Más información acerca de todos estos servicios, puedes encontrarla en la publicación 910 o llamar a las oficinas del IRS, Internal Revenue Services, en tu área o llamando al siguiente teléfono:

Internal Revenue Service (IRS)
Tel.: 1 (800) 829-1040

He aquí algunas de las publicaciones que puedes ordenar:

Publicación No. 1, Sus derechos como pagador de impuestos.

Publicación No. 17, Sus impuestos federales.

Publicación No. 334, Guía de impuestos para pequeños negocios.

Publicación No. 910, Guía de servicios gratuitos sobre impuestos.

Publicación No. 579-S, Cómo preparar la declaración de impuesto federal (en español).

Publicación No. 850, Glosario de palabras traducidas de inglés a español y de frases en otras publicaciones del Servicio de Recolección de Impuestos.

Estas y otras publicaciones pueden ser ordenadas por teléfono o pueden ser obtenidas directamente de la oficina del IRS más cercana. Si no tienen la publicación que necesitas, consigue la forma 4190-C, que tiene un listado de todas las publicaciones disponibles, la cual puedes llenar y enviar a la oficina central del IRS. La información está disponible y es tu dinero el que estás protegiendo, pero ellos no te enviarán la información a menos que tú la solicites.

Los impuestos y los inmigrantes. Todo inmigrante está obligado a pagar impuestos, al igual que cualquier ciudadano norteamericano. Las leyes se aplican a los inmigrantes de igual manera que con cualquier otra persona. Sinembargo, hay leyes específicas que pueden aplicarse a no inmigrantes, como estudiantes y visitantes temporales. Para mayor información acerca de estos casos especiales, comunícate con la oficina del

IRS a los números dados anteriormente. También he aquí algo de mucho interés para los residentes permanentes. Cuando te conviertes en un residente permanente, también te conviertes en un residente sujeto a pagar impuestos. Esto quiere decir que debes reportar tus entradas totales al gobierno de los Estados Unidos, incluyendo aquellas que puedes haber ganado por inversiones en el exterior. Es posible que no tengas que pagar impuestos sobre la totalidad de tus ingresos en el exterior. Esa es una pregunta para que tú y tu agente preparador de impuestos la discutan. Sinembargo, si posees la tarjeta verde y no declaras tus impuestos, serás juzgado de acuerdo a la ley y podrás perder tu residencia y ser deportado.

Agencias de preparación de la declaración de impuestos

Las agencias que prestan servicios para preparar tu declaración de impuestos, varían grandemente en la precisión con que lo hacen y el costo. La siguiente información, te ayudará a decidir si necesitas ayuda para preparar tu declaración de impuestos, y si este es el caso, te servirá para seleccionar la ayuda que más se ajuste a tus necesidades.

Antes que decidas contratar a una persona o agencia para que te ayude a preparar tu declaración de impuestos, asegúrate que realmente necesitas pagar por dicha asistencia. Con un poco de ayuda del IRS, puedes hacer tan buen trabajo en la preparación de tu declaración de impuestos como cualquier preparador comercial. La oficina local del IRS te colabora para preparar cualquier forma de declaración de impuestos; sinembargo, si tu situación es muy compleja, ellos te sugerirán consultar a un preparador de impuestos comercial. Si tienes cualquier pregunta sobre cómo completar tu forma de declaración de impuestos, es muy posible que puedas obtener las repuestas a tus preguntas usando los recursos de información gratis que provee la oficina del IRS.

Puedes tomar ventaja de estos servicios de preparación de impuestos en tu área, los cuales son gratis. El IRS suministra asistencia a través del teléfono y por medio de todas sus publicaciones gratuitas. Para más detalles comunícate con la oficina local del IRS. Como mencionamos anteriormente, el IRS tiene programas voluntarios de asistencia en preparación de declaraciones de impuestos, al igual que programas asignados para ayudar a los ancianos, a las personas incapacitadas, a aquellas que no hablan inglés, o aquellas personas de bajos recursos. La asistencia a los ancianos que suministra el IRS, está coordinada por la Asociación Americana de Personas Retiradas, AARP. Llama a tu oficina local para averiguar cuál es la localidad más cercana de cualquiera de estos programas. Si todavía no estás seguro acerca de cómo preparar tus impuestos, la siguiente información puede ser de gran ayuda, en facilitarte la búsqueda del preparador de impuestos que más se ajuste a tus necesidades y a tu presupuesto.

Tipos de preparadores de Declaración de Impuestos

Los agentes preparadores de declaraciones difieren grandemente en su educación y entrenamiento. Por esta razón, debes tener mucho cuidado en su selección para asegurarte que sólo pagarás por aquellos servicios que en realidad necesitas. Un agente registrado (Enrolled Agent) está certificado por el IRS, después de haber trabajado por lo menos cinco años como auditor del IRS y después de haber pasado un examen del gobierno. Además, ellos están autorizados para representarte ante el IRS.

Un contador público juramentado ha pasado un examen de calificación profesional. Los contadores públicos juramentados o Certified Public Accountant (CPA), también están autorizados para representarte ante la oficina de la Declaración de Impuestos.

Un contador público puede tener entrenamiento especial en contabilidad, pero no tiene la certificación y no puede representarte ante el IRS. Un abogado también ha tenido que pasar su examen de certificación pero puede o no tener entrenamiento especial sobre cómo llenar declaraciones de impuestos. Cualquier otro individuo que se autodenomine como "preparador de impuestos", puede o no tener el entrenamiento especial o la experiencia.

En la medida en que tu situación, en cuanto a impuestos se refiere, adquiere más complejidad, mayor es el cuidado que debes tener en contratar los servicios de una persona con experiencia especializada. Sinembargo, tendrás que pagar mayores honorarios por la ayuda de estos profesionales. Muchos pagadores de impuestos como las personas retiradas o los dueños de pequeños negocios, profesionales, o personas con grandes canti-dades de dinero o entradas de otras fuentes como honorarios o propinas, pueden necesitar de alguien con experiencia específica en esa área.

Para más información acerca de cómo encontrar el preparador de declaración de impuestos que más se ajusta a tus necesidades, llama a varios y no tengas miedo de hacer preguntas como las siguientes:

¿Cuál es su entrenamiento o su experiencia en pre-parar declaraciones de impuestos? O aproximadamen-te ¿cuánto me cobrará para preparar mi declaracion de impuestos? ¿O puede representarme, en caso de que la oficina del IRS envíe un auditor a revisar mi declaración de impuestos? En caso de que así sea ¿cuánto cobraría? Las organizaciones comunitarias y las universidades, al igual que el servicio de impuestos internos a través de su programa VITA, podrán remitirte al preparador de impuestos que más se ajuste a tus necesidades.

Cuando lo visites, espera las siguientes prácticas. El preparador debe examinar una lista de deducciones para ver si alguna de ellas se aplica a tu caso, también debe firmar tu declaración de impuesto y escribir su nombre y su número de seguro social o número de identificación federal. El preparador no debe garantizar que recibirás cualquier devolución antes de completar tu declaración de impuestos, tampoco debe sugerirte que tomes deducciones que no existen o cometas otros fraudes. Un preparador no debe pedirte que firmes una forma en blanco o una que él haya llenado en lápiz.

Antes de visitar a un preparador debes hacer una lista de todas las preguntas que tengas para hacerle. Reúne y trae al preparador toda la información y documentos que puedan ser pertinentes a tu declaración de impuestos, junto con la declaración del año inmediatamente anterior. Recuerda que es mejor tener más información de la necesaria, que menos.

ESTABLECIENDO TU IDENTIDAD FINANCIERA

Tarjetas de crédito y más tarjetas de crédito

Durante mi último año en la universidad, una fría tarde de noviembre, un hombre muy bien vestido y de gran hablar, durante una conversación casual frente a la biblioteca de la universidad, me contaba acerca de la importancia de establecer buenos hábitos de crédito en este país. Me hablaba de los pros y los contras, de qué hacer y qué no hacer en el mercado de las tarjetas de crédito. Yo estaba bastante entusiasmado por haber tenido la fortuna de encontrar a alguien que parecía saber tanto sobre esta materia, especialmente en un tiempo durante el cual, como él bien lo había indicado, era importante para mi, no sólo conocer, sino empezar a trabajar para establecer buenos hábitos de crédito.

En un comienzo pensé que se trataba de algún estudiante de economía tratando de impresionarme con alguna presentación que había tenido que hacer en una de sus clases, pero muy pronto descubrí que en realidad era un representante de ventas para varias compañías y que su negocio era precisamente, el de hacerme entender la importancia de obtener tarjetas de crédito y al mismo tiempo, por supuesto, darme la oportunidad de obtener no sólo una sino seis, llenando una sola solicitud, que no tomaría más de dos minutos.

Cómo podía dejar pasar esa oportunidad única en la vida, como él la llamaba, sin tomar ninguna acción. Señores, debo confesar que fui presa fácil. Esa fue mi incursión en el mundo de las tarjetas de crédito. Por muchos años culpé a esa horrible criatura por el desastre económico en que me encontraba, hasta que un día comprendí que la terrible situación no había sido su culpa, sino la mía. Comprendí que en realidad él estaba en lo correcto, cuando había dicho que era importante desarrollar un buen crédito y que el poseer las tarjetas tenía sus conveniencias, pero entendí que también acarreaba grandes responsabilidades.

La mayoría de las personas relacionan el tener buen crédito con el endeudarse y pagar altos intereses y eso no es necesariamente correcto. Durante los últimos tres años he mantenido dos tarjetas de crédito que uso muy a menudo y no pago en ninguna de ellas un centavo de interés, porque al final del mes pago el balance total de la cuenta. Ahora bien, esto requiere disciplina para saber cuánto puedes gastar y así evitar incurrir en gastos innecesarios.

Déjame contarte cómo llegué a estar al borde de la quiebra financiera, y entonces podrás entender que no tuvo mucho que ver con el tener estas tarjetas de crédito a mi disposición, sino más bien tuvo todo que ver con mi falta de disciplina y madurez financiera. ¿Qué es lo que quiero decir con estos términos? Es probable que ya hayas notado que doy gran importancia a la necesidad de establecer un presupuesto para el gasto de tu dinero; y así poder distinguir entre el gastar dinero y el invertirlo. Es interesante ver que las mismas personas que se viven quejando de su situación financiera y que parecen siempre estar batallando a fin de mes para pagar la renta, los recibos de los diferentes servicios, y demás cuentas, son generalmente las mismas que por ningún motivo considerarían renunciar a su televisión por cable, o a perder el último éxito y descompletar su colección de discos o cassettes.

Después de casi cuatro años de haber obtenido estas tarjetas de crédito, cuando creía tener todo bajo control, comencé a concientizarme del hecho de que en muchas ocasiones terminaba pagando casi el doble por esas cosas que cancelaba con mi tarjeta, y no había notado que muchas de esas cosas que tan fácilmente estaba comprando, haciendo uso de la increíble conveniencia de estas tarjetas, desaparecían mucho antes de terminar de pagar por ellas. Sinembargo, nunca pensé que este fuera un problema como para alarmarse.

Cuando estaba a punto de terminar mis estudios de doctorado, de repente se me ocurrió la brillante idea de, que si en un par de meses iba a estar ganando una gran cantidad de dinero, como parecía que iba a suceder, pues seguramente no habría ningún problema en gastar una parte de este dinero ahora, pese a que todavía no estaba ganando ningún salario: ya habría tiempo de reponerlo más tarde.

267

Ese fue el principio del fin. Mi esposa y yo, por aquel entonces, nos estábamos mudando a un nuevo apartamento y decidimos comprar un par de cosas para nuestro nuevo hogar. Alegremente decidimos que nada mejor para complementar nuestro nuevo apartamento que un carro nuevo. Comenzamos a frecuentar restaurantes, y por supuesto todos estos gastos los cubríamos haciendo uso de nuestras tarjetas de crédito, ya que no teníamos ningún dinero ahorrado, para pagar por este gran estilo de vida que llevábamos. Y antes de que nos pudiésemos dar cuenta de lo que estábamos haciendo, ya habíamos gastado mi primer año de salario y yo todavía no había encontrado un trabajo.

> La falta de disciplina para usar cualquiera de estas tarjetas, siempre te conducirá a tener problemas de crédito. De la misma manera que necesitas aprender a manejar tu tiempo y tu dinero, también necesitas aprender a manejar y tomar control de tu crédito.

Examinando un poco el pasado, he podido concluir que el tener estas tarjetas de crédito, no fue totalmente lo que creó esta situación. Fue lo que significaban términos como gratificación retardada, presupuestos, o madurez financiera lo que me puso al borde de la quiebra económica. Pero una vez aprendí acerca de estos hábitos del éxito, el tener estas mismas tarjetas de crédito se convirtió en una gran conveniencia y nunca más pasó a ser sinónimo de deudas o intereses altos.

Cuando hablo de crédito, no solamente me refiero a las tarjetas de crédito, también me refiero a préstamos, y tarjetas de diferentes tiendas por departamentos. La falta de disciplina para usar cualquiera de estas tarjetas, siempre te conducirá a tener problemas de crédito. De la misma manera que necesitas aprender a manejar tu tiempo y tu dinero, también necesitas aprender a manejar y tomar control de tu crédito.

Actualmente uso estas tarjetas de crédito, para evitar tener que llevar dinero conmigo; también me ayudan a mantener un control de mis gastos, que es algo de gran beneficio, cuando estoy planeando mi presupuesto o para propósitos de pagar mis impuestos. Déjame darte a continuación un par de puntos que me han ayudado a tomar control de mi crédito, pero primero examinemos el siguiente ejemplo.

El gastar 682 dólares por otro televisor y pagar con una tarjeta de crédito, es mucho más fácil que pagar en efectivo. Después de todo no estás entregando al vendedor seis billetes de $ 100, cuatro de $ 20 y dos de $ 1 dólar, uno tras otro, simplemente le estás entregando un pedazo de plástico y recibiendo tu aparato de televisión. No tuviste que meter tu mano al bolsillo y sacar todo el dinero que habías ahorrado durante los últimos tres meses y dárselo a un completo extraño para comprar algo, que no estabas completamente seguro si querías o no.

Al pagar con una tarjeta de crédito, psicológicamente evitas el tener que preocuparte o lidiar con el sentimiento de culpa, al ver que el dinero que tan duramente has podido ahorrar, se va de tus manos para nunca más volver. El pagar con una trajeta de crédito, nos da la sensación de que aún estamos en control de la situación, que nuestro dinero no se ha esfumado para siempre, y podemos cambiar de parecer si así lo deseamos, que podemos devolver el aparato de televisión y recobrar los ahorros de nuestros tres meses de trabajo otra vez, pero la verdad es que en muy pocas ocasiones lo hacemos y como resultado, al final del mes, cuando el balance de esa tarjeta de crédito llega, es cuando nos damos cuenta que no tenemos todo ese dinero en el banco.

Por esta razón mi primer consejo es el siguiente. Cuando compres algo con tu tarjeta de crédito, haz de cuenta que acabas de escribir un cheque por esa cantidad que va a ser cobrado al final del mes. De esta manera sientes la responsabilidad de tener este dinero en el banco para cubrir ese cheque, así cuando la factura llegue, estarás en posibilidad de pagar el balance total, porque el dinero está en el banco.

Por supuesto que la mejor forma de pagar, es siempre hacerlo en efectivo, pero si esto no es posible, detente y piensa en el consejo que te acabo de dar. La idea es empezar a desarrollar un nuevo hábito que te detenga si piensas gastar más de lo que verdaderamente puedes. Si tienes la oportunidad de hablar con aquellas personas que han acumulado grandes fortunas, pronto descubrirás que este es uno de los hábitos más importantes de adquirir. Déjame hacerte una pregunta; si supieras que aquello que estás comprando hoy, tienes que pagarlo en su totalidad al final del mes, ¿cambiaría esto tu modo de pensar acerca de adquirirlo? Si la respuesta es positiva, entonces eso simplemente significa que no necesitas comprar eso ya mismo.

Cada vez que uses tu tarjeta de crédito, o que obtengas un préstamo del banco, debes recordar que si no vas a poder pagar la totalidad de este préstamo a fin de mes, tendrás que pagar una cantidad substancial de intereses. Determina si es posible esperar, hasta que puedas conseguir ese dinero. Si crees que lo que estás pensando comprar es absolutamente necesario, recuerda, tu éxito financiero comienza con una decisión. Si decides que tienes que hacer esta compra, entiende que, como lo he mencionado anteriormente, vas a tener que pagar de nuevo el valor de la compra más el interés correspondiente a su financiación.

La cantidad total de interés que vas a pagar depende de dos factores: las tasas de porcentaje anual (intereses) y la cantidad de tiempo que tomes en pagar el préstamo. La buena noticia es que tienes o puedes ejercer algún control sobre estos dos factores. Por ejemplo, un préstamo de una unión laboral, probablemente cargará menores intereses que uno de un banco local y mucho menos que los intereses que tienes que pagar si usas tu tarjeta de crédito. Por esta razón es importante que antes de usar tu tarjeta de crédito u obtener un préstamo, te enteres de todas las condiciones.

El segundo factor que afecta la cantidad de dinero que vas a tener que pagar en intereses, es el tiempo. Cuanto menos tiempo tomes para pagar el préstamo, menor cantidad de intereses vas a tener que pagar. Por supuesto, en la mayoría de los casos, términos cortos también significan mayores cuotas mensuales de pago, pero a largo plazo vale la pena. Las tarjetas de crédito ofrecen lo que se llama un "período de gracia" que te permitirá evitar los intereses al pagar tu saldo actual por completo antes de la fecha de vencimiento en tu cuenta. No te acostumbres a pagar simplemente la cantidad mínima que debes pagar en tu recibo mensual. Si puedes pagar más que el mínimo o inclusive cubrir el saldo de la deuda, a cualquier punto, hazlo. Si haces esto, habrás ahorrado gran cantidad de dinero.

Has trabajado duro por tu dinero, no lo tires o desperdicies pagando intereses innecesarios, controla tus gastos. Entiende que la responsabilidad de cuidar tu dinero es tuya y aprende cómo hacerlo bien. En el capítulo tres hablamos acerca de leer buenos libros. Consigue un par de buenos libros que te ayudarán acerca de cómo tomar control de tus finanzas. A través de esta sección te recomendaré algunos de los libros que he leído, y sé que ellos te podrán ayudar de la misma manera que a mí me ayudaron.

Hay algunas personas que piensan que porque no nacieron en los Estados Unidos o porque su nombre no es Smith o Jones, entonces sus posibilidades de conseguir crédito son menores. Eso es una apreciación incorrecta. Mientras que no haya ningún impedimento legal que te impida obtener un préstamo, en realidad la única preocupación que la mayoría de las instituciones financieras tienen es que cuentes con la posibilidad de pagar el dinero que has pedido prestado. Ellos examinarán tu historial de crédito y tu situación actual para determinar si estás en condiciones de cubrir el préstamo. Esta es la razón por la cual es de gran importancia desarrollar un buen historial de crédito.

Una ley aprobada por el Congreso, asegura que todos los consumidores deben recibir la misma oportunidad para obtener crédito. La ley de igualdad en oportunidad en el crédito declara que es ilegal que los acreedores discriminen en contra de los solicitantes con base en su sexo, estado civil, raza, origen nacional, religión, edad, o porque reciban asistencia pública. Ahora bien, esto no quiere decir que todas aquellas personas que solicitan crédito, lo consigan. Los acreedores pueden seguir utilizando factores tales como el monto de tus ingresos, gastos, deudas e historial de crédito para juzgar a los solicitantes.

> Has trabajado duro por tu dinero, no lo tires o desperdicies pagando intereses innecesarios, controla tus gastos. Entiende que la responsabilidad de cuidar tu dinero es tuya y aprende cómo hacerlo bien.

La ley estipula que cuando vayas a solicitar crédito, la organización financiera no debe desalentar tu aplicación por los motivos arriba aludidos. No puede preguntarte si eres divorciado o viudo; no debe preguntar tu estado civil; no puede solicitar ninguna información acerca de tu esposo o tu esposa, a menos que estés presentando una aplicación conjunta; no debe preguntar si tienes planes para tener hijos en un futuro cercano; o si recibes asistencia para el mantenimiento de los hijos, u otra ayuda para sostener a tus hijos de tu ex esposo o ex esposa.

Si sospechas discriminación, debes quejarte a la institución financiera a la cual estás solicitando el préstamo. Hazle saber que conoces la ley contra la discriminación. La institución puede cambiar su decisión o descubrir algún error. También puedes reportar violaciones de estas leyes a las agencias apropiadas, o a la corte federal de distrito. Si se te ha negado el crédito, la institución financiera debe informarte del motivo por el cual la solicitud ha sido rechazada; tú tienes el derecho de saber por qué tu solicitud te fue negada. Debes hacer esto no muchos días después de haber recibido la notificación de que tu crédito no fue aprobado.

Estableciendo un historial financiero que trabaje para ti

Omar Valentín es un inmigrante cubano. Tiene 41 años de edad y lleva 14 años viviendo en los Estados Unidos. Omar me decía: "cuando llegué a este país, un primo mío que llevaba 18 años viviendo aquí, quien tenía un restaurante en New Jersey, me dio un buen consejo. Me dijo que sin un buen crédito no se hacía nada en este país. Yo ni sabía qué era crédito, pues en Cuba todo era en efectivo; pero yo vine aquí a triunfar y si necesitaba aprender nuevas cosas, pues había que aprenderlas.

En 1986 me casé, y ¿puedes tú creer, me decía Omar riéndose alborotadamente, que mi suegro tenía un dinero guardado en una caja de galletas en la mesa de noche de su habitación, porque dizque no había querido bregar con todos los problemas de abrir una cuenta de ahorros? Un dinero ahí guardado, sin ganar intereses, y él no había ni podido comprar casa, porque como dices tú, no tenía una identidad financiera.

Lo convencí de que compráramos un edificio de seis apartamentos que estaban vendiendo cerca de donde vivíamos; que él ponía el dinero y yo mi experiencia. Me acuerdo que a los tres días de presentar la solicitud de préstamo, la persona encargada de revisar las solicitudes me llamó y me dijo que habían aprobado el préstamo. ¿Sabes qué me dijo? Que mi historial de credito era igual a la muestra sobre cómo debía lucir un buen historial, que usaban en el curso de análisis de crédito que ellos tenían que tomar como parte de su entrenamiento. Porque yo sí me había preocupado por mantener un buen historial de crédito.

Hace cinco años que no sé lo que es trabajar para otra persona. Tenemos seis casas en la Florida y dos en New Jersey; vivo de la renta, y el sueño americano del que tú hablas está hasta ahora empezando para mí. Todo se lo debo a saber qué era lo que quería, al trabajo duro, y a esa primera oportunidad que vino, estoy seguro, porque me preocupé por desarrollar un buen historial de crédito y aún más importante, porque lo he mantenido impecable a través de todos estos años''.

El haber creado un buen historial de crédito y el haber mantenido un buen control de todos mis pagos de impuestos, fue para mí, al igual que para Omar, de gran ayuda cuando compré mi primera casa, y también fue un punto esencial en ayudar a comprar otra casa con mis padres en mi país de origen, donde ellos viven ahora. El haber mantenido un buen crédito, fue el factor más importante que los bancos y los vendedores tomaron en consideración. Fue entonces cuando en realidad entendí la importancia de tener un   buen crédito. Una vez hayas establecido un buen historial de crédito, las posibilidades de nuevos préstamos o financiación de cualquier clase serán más simples.

Aun cuando los acreedores generalmente toman en consideración una serie de factores antes de decidir si concederte o no el crédito, la mayoría se basa en tu historial crediticio. Un historial de crédito que refleje pagos a tiempo te ayudará a obtener un crédito adicional. Algunos acreedores se muestran reacios a conceder crédito a personas que no han establecido ya un historial. Es importante desarrollar un buen reporte de crédito en caso de que en el futuro necesites financiar casa o carro, o si estás planeando empezar tu propio negocio, o enviar tus hijos a la universidad. Si alguna vez necesitas pedir prestado dinero para cualquiera de estas cosas, o simplemente para cubrir cualquier emergencia, sólo entonces podrás darte cuenta de la importancia de haber establecido y mantenido un buen crédito. Y por favor no malinterpretes lo que te estoy diciendo. No te estoy sugiriendo que salgas y crees deudas innecesarias para que así puedas establecer un historial de crédito, o que o caigas víctima del abuso de las tarjetas de crédito.

Un buen reporte de crédito le dice al acreedor que tú eres una persona en la cual él puede confiar. Miremos algunas de las áreas que el posible acreedor examinará para determinar si debe aprobar o no tu solicitud de crédito. Veamos cómo podemos trabajar en mejorar estas áreas. Para este efecto, déjame compartir contigo algunas de las maneras para empezar a crear una identidad de crédito, una identidad financiera. Algunos de estos pasos son fáciles y otros requerirán de algún trabajo.

Siete pasos para establecer tu identidad financiera

1. Obviamente el primer factor que el acreedor tendrá en cuenta es si tienes un trabajo constante. Esto le mostrará al banco que tú devengas un salario. El prestar dinero a alguien que no está trabajando es considerado como una proposición de gran riesgo para las instituciones financieras y una en la que ellas prefieren no tomar parte.

2. Otro paso importante es el tener un número de teléfono a tu nombre. La mecánica de cómo hacer esto es muy simple y ha sido mencionada con anterioridad. La importancia de tener un teléfono a tu nombre es que muchas instituciones a las cuales necesitarás suministrar tu dirección, llamarán a la compañía telefónica para verificar dicha información. Si ellos no pueden verificarla, esto creará cierta incomodidad de su parte que puede trabajar en contra tuya.

3. El siguiente paso es el abrir una cuenta bancaria, ya sea de ahorros o una cuenta con chequera. El tener una buena relación con una institución financiera, por lo general abre las puertas a otras oportunidades. Ya hablaremos más adelante de este asunto de manera más detallada.

4. Si tienes un ingreso regular y has vivido en el mismo sitio por lo menos un año, trata de obtener crédito de un negocio local, como una tienda o un almacén.

5. Solicita tarjetas de crédito de otras instituciones. Puedes empezar por obtener una tarjeta de crédito de una tienda por departamentos como SEARS, o J.C. Penney. Puedes obtener una solicitud directamente en las tiendas. También puedes pedir una tarjeta de crédito de Shell, Getty o Exxon o cualquier otra compañía distribuidora de gasolina. Si no obtienes la tarjeta la primera vez que la solicites, solicítala de nuevo. Muchas veces esto puede haber sido a consecuencia de un error fácil de corregir. De cualquier manera, cualquiera que haya sido el motivo, es bueno que sepas las razones que ellos tuvieron para negar el crédito, antes de solicitarlo en cualquier otra parte.

Si se te ha negado crédito, inclusive después de haberlo solicitado otra vez, o tu historial de crédito no se encuentra en muy buenas condiciones y deseas empezar de nuevo, otra manera efectiva de establecer tu crédito, que es menos conocida, es obtener lo que se llama una tarjeta de crédito asegurada. Esto es simplemente una tarjeta que podrás adquirir de algunas instituciones financieras después de depositar una cantidad de dinero igual a aquella que estás solicitando. Supongamos que el banco de tu localidad está promocionando una nueva tarjeta de crédito, en la cual la línea de crédito es de 1.000 dólares. Si tu solicitud fue negada debido a tu historial de crédito o por alguna otra razón, puedes ir al banco directamente y expresarle al gerente de dicha institución que estás dispuesto a depositar la cantidad de 1.000 dólares para poder, de esta manera, obtener tu tarjeta de crédito. Obviamente lo que pretendes hacer con esto es el obtener la tarjeta y así poder comenzar a adquirir una identidad financiera.

6. Obtén un préstamo pequeño de un banco o de una cooperativa (Credit Union). Si es necesario, pide a un amigo o un pariente que te sirva como co-firmante. Puesto que el co-firmante promete pagar si tú no lo haces, esto puede aumentar considerablemente tus posibilidades de obtener crédito. Una buena manera de conseguir un préstamo de un banco es la siguiente: puedes abrir una cuenta de ahorros, con 1.000 ó 1.500 dólares. Una semana después, puedes ir al banco y solicitar un préstamo de 1.000 dólares, por ejemplo, y puedes ofrecer la cuenta de ahorros, en la que ya tienes 1.500 dólares, como garantía del préstamo. De esta manera, podrás lograr que en tu historial de crédito aparezca que solicitaste un préstamo, lo obtuviste y lo pagaste. Ahora bien, puedes tomar este dinero y depositarlo en la misma cuenta bancaria y después pagar el préstamo en tres o cuatro semanas.

Esta es una práctica que te permitirá establecer un récord de un préstamo pagado a tiempo. Es verdad que deberás pagar algunos intereses, pero como estás depositando el dinero en una cuenta de ahorros, el interés que vas a pagar va a ser muy bajo. Supón que pediste prestado 1.000 dólares a un 9% de interés y los pones en tu cuenta de ahorro que te paga un 5.5%, de esta manera estarás pagando únicamente un 3.5%. Si pagas el dinero antes del fin del segundo mes, habrás pagado una cantidad muy reducida en intereses, lo cual no es nada comparado con el hecho de que ahora tienes un préstamo bancario pagado que aparece en tu reporte de crédito y esto es una gran ayuda para futuros préstamos.

Ciertas cooperativas prestan dinero a intereses más bajos de lo que puedes obtener en un banco. Si obtienes un préstamo de una cooperativa y lo depositas en tu banco, en un certificado de depósito a término, digamos por uno o dos meses, es muy posible que no tengas que pagar ningún interés, al mismo tiempo que continúas construyendo tu historial de crédito.

7. Examina tu historial crediticio periódicamente en la oficina de crédito, para asegurarte que tus cuentas de crédito están siendo reportadas completamente y con precisión (usualmente tienes que pagar unos honorarios pequeños). Contacta tu oficina de crédito si se te ha negado un crédito a causa de un error o si por cualquier razón crees que puede haber alguna imprecisión en tu registro. Pide que cualquier error sea corregido.

La Comisión Federal de Comercio ofrece una serie de folletos en español, gratuitamente, que te enseñarán cómo arreglar tus propios problemas de crédito y así ahorrar dinero . Por medio de estos folletos aprenderás cómo obtener el informe sobre tus antecedentes de la oficina local; cómo corregir información inexacta en tu historial de crédito, y muchos otros consejos sobre todo lo relacionado con este ramo.

Para más información y para ordenar estos folletos,

llama al siguiente número o escribe a la dirección que daré a continuación:

Federal Trade Commission
Attention: Ed Bush
6th street and Pennsylvania Ave., N.W.
Washington, D.C. 20580
Tel.: (202) 326-2222

He aquí algunos de estos folletos:

- Cobro justo de deudas.
- Facturación justa de crédito.
- El seleccionar y usar tarjetas de crédito.
- Igualdad de oportunidad en el crédito.
- Lista de folletos para el consumidor más populares.
- Arregle sus propios problemas de crédito y ahorre dinero.
- Cómo resolver los problemas de crédito.
- Reglamentos sobre las prácticas de crédito.

**Cuentas bancarias.
Dónde depositaré mi dinero**

Como mencioné anteriòrmente, uno de los pasos más importantes para establecer una identidad financiera, es abrir una cuenta bancaria. Escoger el mejor lugar para depositar tu dinero, como cualquier otra decisión financiera, es algo que tú debes hacer a medida que tus circunstancias personales cambien. La mejor combinación de cuentas de ahorro y cuentas corrientes dependerá de tus ingresos; también de las tasas de interés y otras condiciones económicas.

Si caminas alrededor de tu vecindario, verás que hay diferentes instituciones financieras entre las cuales elegir. Hay muchos factores que deben ser considerados antes de elegir los servicios de una institución financiera. He aquí algunas de las posibles preguntas a hacer:

1. Servicio al consumidor. ¿Cuál es la reputación de la institución en proveer servicio personal rápido? ¿Para responder preguntas o para resolver problemas? ¿Está la institución convenientemente localizada? ¿Puedo depositar o retirar dinero a través de un cajero automático o por correo?

2. Términos y condiciones. Serán retornados los cheques cancelados con mi extracto bancario mensualmente? ¿Puedo arreglar para que mi cheque de pago se deposite, de manera automática, en mi cuenta? ¿Cuáles son los términos para solicitar una línea de crédito? ¿Cuáles son los honorarios por todos estos servicios?

Cuentas corrientes (cuentas con chequera)

Existen básicamente dos clases de cuentas corrientes; aquellas que ganan interés y aquellas que no. Tu primera cuenta bancaria puede ser aquella tradicional que te permitirá girar un número ilimitado de cheques pero que no gana interés. Sinembargo, si tienes suficiente cantidad de dinero para llenar los requisitos del balance mínimo, puedes considerar una cuenta que gane intereses y que te dé el servicio de poder girar cheques de ella. Algunos bancos requerirán únicamente que mantengas un balance mínimo de 500 dólares o inclusive menos. Si te es posible mantener este balance, esta es la mejor cuenta que puedas tener en un principio.

Antes de abrir una cuenta corriente o de cualquier otra clase, he aquí algunas de las preguntas que debes hacer a tu banco: ¿Debo mantener un balance mínimo mensual para obtener cheques gratis? ¿Cuántos cheques son gratis? ¿Cuánto es la cuota de pago por cheques adicionales? Dado el número de cheques que debo girar cada mes, ¿qué es más económico pagar, un cargo de servicio mensual o pagar una cuota por cada cheque que gire? ¿Cuál es el cargo por un cheque sin fondos?

En el caso de cuentas bancarias que ganen intereses: ¿Cuál es el porcentaje anual? ¿Necesito mantener un balance mínimo? ¿Cómo son los intereses computados?

Cuentas de ahorros

Muchas instituciones financieras, incluyendo los bancos, instituciones de préstamos, ahorros, cooperativas y otras compañías de servicios financieros y el gobierno federal, ofrecen una gran cantidad de cuentas de ahorros, términos, condiciones y diferentes tasas de interés.

La tradicional cuenta de libreta de ahorros puede ser abierta con un pequeño depósito y puede ser la única alternativa disponible para aquellas personas que apenas están empezando, dependiendo de sus condiciones económicas. Otros intrumentos de ahorro como los certificados de cambio, acciones y demás, pueden ofrecer intereses mucho más altos, pero cargan diferentes condiciones y riesgos. Invierte un poco de tiempo en mirar los requisitos de depósito mínimo y los intereses, puesto que estos varían sustancialmente.

Antes de escoger una cuenta de ahorros, he aquí algunas de las preguntas por hacer: ¿Existe un balance mínimo que debo mantener para evitar el pago de servicios extras u otras penalidades? ¿Son los intereses de mi dinero a término fijo o fluctuan? ¿Puedo retirar dinero de mi cuenta de ahorros a cualquier hora o transferirlos a otras cuentas sin necesidad de pagar penalidades o cargos por servicios? ¿Puedo hacer transferencias por teléfono o a través de un cajero automático? ¿Qué tan seguido y en qué cantidad? Está mi depósito asegurado por una agencia del gobierno federal, como la compañía de seguros de depósitos federales, FDIC, o cualquier otra compañía?

Es importante que abras una cuenta de ahorros o una cuenta corriente, inclusive si tienes que pagar una pequeña cuota por el servicio (usualmente cinco a siete dólares mensuales), pero a largo plazo esto te ahorrará mucho dinero y tiempo, en lugar de tener que comprar constantemente Money Orders, para pagar la renta u otros servicios.

Deudas, deudas y más deudas.. ¿qué puedo hacer?

El establecer una historia de crédito buena y mantenerla limpia, significa el hacer tus pagos prontamente y mantener tu palabra. No te retardes o pospongas tus cuentas. Actúa con prontitud al efectuar tus pagos mensuales, y si te ves confrontado por una dificultad financiera inesperada, que te inhabilite de poder efectuar, por ejemplo el pago de tu automóvil, no ignores esta situación esperando que el problema simplemente desaparezca, o que el banco no lo vaya a notar. El banco lo notará y no solamente este problema no va a desaparecer, sino por el contrario, empeorará.

La mayoría de los bancos están dispuestos a escucharte y a ayudarte a desarrollar un plan alternativo si vienes a ellos primero. Hay muchos casos en que una enfermedad repentina o la pérdida de tu trabajo podría impedirte pagar tus cuentas a tiempo. Cualquiera que sea tu situación, si descubres que no puedes hacer tus pagos, comunícate inmediatamente con tus acreedores o institución bancaria; trata de desarrollar un plan modificado de pagos con tus prestamistas para reducir las cuota mensuales, de tal manera que sean más fáciles de pagar. Si has pagado prontamente en el pasado, ellos estarán dispuestos a trabajar contigo, pero no esperes hasta que la cuenta sea entregada a una agencia de colección de deudas. Si llega a ese punto, es porque el prestamista ya ha perdido las esperanzas de cobrarte directamente y es muy posible que ya no esté dispuesto a escucharte.

Si logras obtener un plan de pagos más reducidos, pídele a tu prestamista que reporte este nuevo y menor pago a las oficinas de crédito, como pago a tiempo. De otra manera, la oficina de crédito puede reportar estos pagos como deficientes porque aparecerás como que estás pagando una cantidad de dinero mucho menor a aquella que debes pagar de acuerdo a tu contrato de crédito inicial.

Préstamos para automóviles pueden presentar problemas especiales. La mayoría de contratos de financiación de automóviles permiten que el acreedor vuelva a tomar posesión del automóvil en caso de que te retrases con tus pagos. No requieren hacerte una notificación previa. Si tu automóvil es restituido, es posible que tengas que pagar el balance total del préstamo, al igual que los cargos de grúa y de garaje, para poder obtenerlo nuevamente. Si no puedes hacer esto, el prestamista puede vender tu automóvil. No esperes hasta que estés en esta situación. Trata de solucionar tus problemas con el acreedor cuando te des cuenta que no vas a poder hacer tus pagos prontamente. Es más, en caso de que no puedas llegar a ningún acuerdo con tu acreedor y creas que vas a tener que devolver el automóvil, o que ellos lo van a restituir, puede ser mucho mejor si vendes el carro tú mismo y pagas la deuda. Esto te evitará tener que pagar costos adicionales de restitución, y mucho más importante, evitarás un reporte negativo en tu historial de crédito.

> La mayoría de los bancos están dispuestos a escucharte y a ayudarte a desarrollar un plan alternativo si vienes a ellos primero.

286

Dónde encontrar ayuda

Si no puedes resolver tus problemas de crédito tú mismo o necesitas asistencia adicional, puedes contactar al servicio de Consejería de Crédito a Consumidores (CCCS). Esta es una organización sin ánimo de lucro, con más de 280 oficinas localizadas en 44 estados, que ofrece consultoría a consumidores que enfrentan grandes deudas. Los consejeros de la CCCS, tratarán de ayudarte a arreglar un nuevo plan de pago, que sea aceptable para tí y tus prestamistas. Ellos también te ayudarán a organizar tu presupuesto y planear otros gastos. Estas oficinas de consejería, que son sostenidas por las instituciones que ofrecen crédito, cobran muy bajos honorarios y en muchas ocasiones pueden ayudarte sin ningún costo. Para encontrar la oficina de la CCCS más cercana a tu residencia, busca en tu guía telefónica o comunícate con la siguiente oficina:

National Foundation for Consumer Credit
8611 Second Ave. Suite 100
Silver Spring, Maryland, 20910
Tel.: (301) 589-5600

Capítulo X

¿SEGURO? ¿COMO ASI QUE YO NECESITO SEGURO?

Yo no soy un experto en pólizas de seguros ni soy un vendedor de seguros, pero sí sé que todos necesitamos obtener ciertas pólizas de seguro. He visto mucha gente en medio de grandes problemas y al borde de la quiebra financiera, única y exclusivamente por no haber tenido la protección necesaria en cuanto a pólizas de seguros de automóvil, seguro médico o pólizas de seguro de vida. Sin embargo también ha habido otras historias que han tenido un final feliz.

Me enteré de Vicente Jiménez por medio de una de las personas que estaba consultando para uno de los capítulos del libro. Cuando le mencioné sobre mi intención de dedicar un capítulo a los seguros, él me dijo: «tienes que hablar con este hombre, él sabe por experiencia propia acerca de la importancia de tener la protección de seguro correcta». Con mucha curiosidad me comuniqué con el señor Jiménez; mi amigo estaba en lo cierto. Después de decir su nombre, Vicente me dijo: «le debo mi vida a la señorita Margarita. La he tratado de buscar en la iglesia de la comunidad donde viví hace tres años y en la oficina donde solía trabajar, pero nadie sabe dar razón de ella.

La señorita Margarita, continuó Vicente, como quién está recitando algo que se sabe de memoria, trabajaba como voluntaria en una organización hispana de una parroquia en el este de Los Angeles dando consejos sobre cómo ahorrar, sobre los impuestos y otras cosas; pero durante la semana trabajaba en una compañía de seguros. Ella se interesaba mucho por la comunidad y nos explicaba acerca de la importancia de tener el seguro correcto. Yo, aprovechando que ella nos ofreció sus servicios, me fuí a su oficina, pues mi esposa estaba embarazada y yo sabía de una amiga de mi esposa que había tenido que vender la casa para pagar los gastos médicos cuando uno de los hijos se le enfermó gravemente y le tocó pasar un mes y medio en el hospital, porque ella no tenía seguro médico.

Hubo un suceso en mi vida que pudo haber significado la pérdida de la casa por la que tan duro trabajé y la ruina económica para mi familia; pero gracias a Dios tuvo un final feliz. En junio de 1983 nació mi hija prematuramente y hubo ciertas complicaciones asociadas con el parto. Cuando salimos del hospital, veinte días más tarde, la deuda era de $ 18.543.oo; eso era casi el doble de mi salario anual. Después del pánico inicial, y una noche entera pensando en lo que le había pasado a la amiga de mi esposa, vino la calma, pues mi hija se recuperó totalmente y después que la compañía de seguros pagó su parte yo no tuve que pagar más que $ 253.50. Sinembargo, hay muchas personas para las cuales ésta u otra situación se ha convertido en una pesadilla, por no contar con la protección de un seguro.

No sólo es importante tener la protección de un seguro, sino también tener la protección correcta. De la misma manera que con los impuestos o con tu crédito, la falta de conocimiento básico en el campo de los seguros es la razón por la cual muchas personas se encuentran pagando primas anuales excesivamente altas por protección, que en la mayoría de los casos no es la que más se ajusta a sus necesidades.

Para entender si tienes la póliza de seguro correcta, debes tener una idea de lo que es y lo que cubre una póliza de seguro. En esta sociedad casi toda persona está expuesta a una variedad de riesgos: accidentes, enfermedades, incendios, robos, muerte, incapacidades, etc.; una póliza de seguros provee protección contra las consecuencias financieras que cualquiera de estos eventos desafortunados puedan acarrear. El comprarlas es una decisión importante y es tu responsabilidad el estar bien informado, para poder decidir cuáles son tus necesidades y cuál es la mejor y más conveniente póliza de seguros, de acuerdo a tu presupuesto. Las pólizas de seguros deben ser una parte de tu plan financiero y como tal cambian con el tiempo y con tus necesidades; la clase de seguro que necesitas y la cantidad de protección varía de persona a persona, y

> En esta sociedad casi toda persona está expuesta a una variedad de riesgos: accidentes, enfermedades, incendios, robos, muerte, incapacidades, etc.; una póliza de seguros provee protección contra las consecuencias financieras que cualquiera de estos eventos desafortunados puedan acarrear.

cambia a través de tu vida de acuerdo a tu situación económica y en la medida en que tus metas cambien. Por esta razón su adquisición no debe ser vista como un hecho aislado.

Una póliza de seguros no debe ser considerada como una inversión. Desde ese punto de vista, los seguros son la peor inversión de tu dinero. La verdadera necesidad de obtener una póliza de seguro, es el lograr protección contra la pérdida de aquellas cosas que has adquirido con tu trabajo y tu esfuerzo. Es así de simple.

En este capítulo cubriremos únicamente cuatro tipos de seguros; el seguro de desempleo, de automóvil, médico y de vida. Indudablemente que existen muchos otros, y por esta razón es fundamental que investigues más al respecto.

¿Qué es el seguro de desempleo?

El seguro de desempleo paga beneficios a aquellos trabajadores que están desempleados y buscando trabajo. Es un programa cooperativo entre el estado y el gobierno federal. Cada estado tiene sus propias leyes y es responsable por determinar quién es elegible para estos beneficios, cuánto recibirán y por cuánto tiempo. Los beneficios se pagan basados en lo que te corresponde y no basados en tus necesidades. El seguro de desempleo provee ciertos beneficios a aquellos trabajadores que están desempleados, hasta que ellos encuentren un trabajo razonable. Cuando digo razonable, me refiero a uno que se ajuste a la clase de entrenamiento que ellos han adquirido, a su experiencia pasada y a sus salarios pasados. Pese a que hay muchos avisos de compañías que necesitan trabajadores, estos trabajos no siempre corresponden a las habilidades de las personas desempleadas. Muchas veces, también, aquellos trabajos requieren entrenamiento especial y experiencias en trabajos que muchas de estas personas desempleadas no tienen. En otras situaciones, aquellos anuncios de trabajo buscan personas sin ninguna habilidad en particular y pagan salarios muy por debajo de los que el individuo desempleado solía tener en el pasado.

La suma limitada de dinero que es suministrada por el seguro de desempleo ayuda a los trabajadores desempleados por un período corto de tiempo a mantener su estilo de vida. Les otorga el plazo necesario para encontrar otro trabajo, en el cual ellos puedan usar sus habilidades presentes y su experiencia. Estos trabajadores desempleados también son puestos en contacto con otras agencias de servicio público, como servicios de trabajo que los pueden ayudar a localizar un nuevo trabajo o proveerle con entrenamiento necesario, para poder funcionar en otras áreas.

Beneficios y calificaciones

El 97% de todos los trabajos (salario anual o por hora), están cubiertos por el seguro de desempleo. Esta protección del seguro de desempleo fue recientemente extendida para incluir trabajadores del gobierno local y estatal, ciertos trabajadores en el campo de la agricultura, incluyendo inmigrantes y ciertos empleados de trabajo doméstico. La ley federal también provee beneficios para empleados federales y personal ex-militar que se encuentren desempleados. Los trabajadores de las vías ferroviarias están protegidos por un programa separado. También existen programas de asistencia especial designados para trabajadores americanos que hayan perdido sus trabajos, como resultado de desastres naturales mayores.

Para ser elegible para recibir beneficios del seguro de desempleo, los trabajadores deben haber ganado cierta cantidad de dinero o deben haber estado empleados por cierta cantidad de tiempo, durante el año inmediatamente anterior a haber perdido su empleo (este período de tiempo se llama período base). Estos requisitos específicos varían grandemente de estado a estado. Este trabajo debe haber sido ejercido para una empresa que esté cubierta por el programa de seguro de desempleo. Beneficios de desempleo no se pueden pagar a personas que trabajen para sí mismas. Cualquier individuo que esté colectando beneficios de desempleo, debe estar en capacidad de trabajar y disponible para trabajar a cualquier hora y en algunos estados, debe encontrarse activamente buscando trabajo. Algunos estados, sinembargo, permiten que aquellas personas que estén colectando seguro de desempleo, que caigan víctimas de enfermedad u otra incapacidad, continúen colectando estos beneficios, si no hay ningún trabajo disponible que se ajuste a su nueva condición.

El dejar un trabajo voluntariamente, sin una causa justa, o el haber sido despedido por mala conducta, son dos razones mayores para no calificar para beneficios de desempleo. Una tercera razón es el rehusar un trabajo razonable sin causa alguna. Esta "causa" generalmente debe estar conectada con el trabajo, no con la vida privada del individuo. Algunos trabajadores no son generalmente elegibles para recibir seguro de desempleo, si éste es causado por disputas laborales. Si la persona no está de acuerdo con esta descalificación puede apelar esta decisión.

Cómo solicitar los beneficios del seguro de desempleo

La persona desempleada debe llenar una solicitud para colectar estos beneficios en la oficina local del seguro de desempleo y se registra para trabajar en la oficina del servicio de empleo. Después de este primer paso, la oficina del seguro de desempleo conduce un examen del dinero devengado por el individuo, para determinar la cantidad de beneficios semanales y la cantidad total de beneficios que la persona puede colectar. El patrón es notificado para verificar la razón por la cual la persona ha quedado desempleada; si no hay razón para descalificación los pagos son autorizados. Los beneficios son pagados cada dos semanas o cada semana, dependiendo del estado. Algunos estados requieren que todo individuo se reporte en persona a la oficina del seguro de desempleo local; otros estados permiten que esta reclamación se llene y se envíe por correo. En cualquier caso, la persona debe certificar por cada cheque que reclame, que él o ella sigue desempleado, que está en capacidad de trabajar, que está dispuesto a trabajar y que está buscando activamente trabajo.

Aquellas personas que se hayan mudado de un estado a otro, pueden llenar su formulario de reclamación en el estado donde vivan corrientemente. El estado donde esta reclamación se llene, enviará los papeles y documentos necesarios a aquel estado responsable de pagar los beneficios. Cualquier persona que haya trabajado en varios estados, puede combinar ciertos salarios pasados y empleos de dichos estados y pedir que su formulario sea examinado bajo las leyes de determinado estado.

Para más información adicional acerca del seguro de desempleo, consulta la oficina de desempleo o la agencia de empleo. Los números telefónicos están listados en tu directorio telefónico bajo los teléfonos estatales. Los títulos varían de estado a estado; por esta razón debes chequear entidades como el departamento de trabajo, el departamento de seguridad de empleo o la división de empleo u otras por este estilo. Muchas de estas oficinas tienen personal que habla español y tiene disponibles folletos en español para tu información.

Fuera del seguro de desempleo, es posible que ya poseas otros beneficios. Por esta razón es importante que cuando te sientes a determinar qué clase de seguro necesitas actualmente, comiences por examinar si los beneficios, o prestaciones que tu empleador te suministra, cubren tus necesidades o si aún requieres protección adicional. Una gran mayoría de las medianas y grandes corporaciones ofrecen a sus empleados una variedad de beneficios como seguro de vida, seguro médico, pensiones, protección en caso de pérdida de salario ya sea por enfermedad o incapacidad, y mucho más.

Para algunas de las personas que han arribado a este país recientemente, es muy posible que su salario sea modesto, sus posesiones personales posiblemente sean pocas y su vida financiera sea relativamente descomplicada. En esta situación, planeación financiera puede parecer como un nombre muy grandioso para las decisiones que debes tomar acerca de cómo gastar o ahorrar tus recursos limitados. Sinembargo, eso es lo que es, planeación financiera, y planear es una de las claves que te colocarán en una posición favorable para alcanzar tus metas en los años venideros.

> Una gran mayoría de las medianas y grandes corporaciones ofrecen a sus empleados una variedad de beneficios como seguro de vida, seguro médico, pensiones, protección en caso de pérdida de salario ya sea por enfermedad o incapacidad, y mucho más.

Si no has encontrado un trabajo que te ofrezca buenos beneficios, debes estar continuamente en la búsqueda de un mejor trabajo, también debes pensar en la posibilidad de proveer algunos de los seguros básicos por tu propia cuenta. Si este es el caso, los siguientes párrafos serán de gran importancia para ti.

Cómo escoger el mejor plan de seguro para ti

Como dije antes, el tipo de seguro que necesitas y la cantidad de cobertura que más se ajuste dependen de tu situación financiera, edad, estado civil y responsabilidades sociales. La clase de seguro que necesitas y el monto de dicha póliza, también cambian a través de tu vida a medida que tu propia situación financiera cambia. Por esta razón, el seguro es algo que necesitas poner al día, a medida que tu vida cambia y tu patrimonio crece. El no tener ninguna protección, el tener baja protección o estar sobreprotegido, son todas situaciones que van en detrimento de tus finanzas. Lo que necesitas es la protección correcta.

¿Cuál es la protección correcta? Bien, si tú eres soltero, tienes un trabajo y no tienes obligaciones y además no eres dueño de una casa o un carro, probablemente ya tienes la protección necesaria del seguro al cual has estado contribuyendo con las deducciones semanales que salen directamente de tu cheque de pago semanal. Estas son tus contribuciones al seguro social.

Si compras un carro o decides casarte y más adelante tener un hijo, necesitarás seguro de automóvil y deberías tener alguna forma de seguro de vida para asegurar el bienestar de tus seres queridos, en caso de que algo te suceda. Si tu familia comienza a crecer y tus obligaciones financieras aumentan, es posible que necesites considerar si la cantidad de protección en tu seguro de vida, se ajusta a tu nueva situación.

Seguro de automóvil

Si manejas, necesitas un seguro de automóvil. El tener cierta cobertura para protección de daños a terceros es mandado por la Ley, en los estados donde el seguro para automóvil es requerido. Esto asegurará alguna protección a las víctimas de accidentes automovilísticos. Qué clase de protección necesitas como parte de tu póliza de seguro de automóvil y qué cantidad de protección es la conveniente, son las preguntas que debes responder.

El costo de tu póliza de seguro de automovil está determinado por un gran número de factores, muchos de los cuales están fuera de tu control en cierta forma. Si vives en uno de los vecindarios que las compañías de seguros consideran áreas de alto riesgo, el costo de tu seguro de automóvil es más alto, y no hay nada que puedas hacer a este respecto, a menos que te mudes a un vecindario de menor riesgo. Otros factores que afectan el costo de tu seguro de automóvil y que están fuera de tu control son tu edad, estado civil, profesión, impedimentos físicos o mentales e inclusive la clase de automóvil que manejas.

Sinembargo existen otros factores sobre los cuales puedes ejercer cierto control, como el uso que le das a tu automóvil, y aún más importante, tu historial como conductor. La prima anual que debes pagar por tu seguro de automóvil se fija de acuerdo a tu clasificación en todas las áreas antes mencionadas.

Seis maneras de ahorrar dinero en tu seguro de automóvil

He aquí algunos de los pasos que debes tomar, si quieres obtener el máximo de beneficios de tu póliza de seguro de automóvil al menor costo.

1. Es importante que entiendas que las pólizas de seguro de automóvil deben ser utilizadas únicamente para cubrir gastos mayores y que debes asumir la responsabilidad por gastos menores. Los vendedores de seguros tratarán de mostrarte los grandes beneficios de cubrir todos los gastos, ya sean mayores o menores; el tratar de cubrir hasta el más pequeño de los gastos resultará en primas mucho más costosas. Trata de obtener los deducibles más altos que puedas afrontar y así bajar el valor de las primas anuales que debes pagar por más de un 30%.

2. Examina todas las otras pólizas de seguro que tengas, incluyendo los beneficios que recibes como empleado para así evitar el sobrecomprar o el duplicar en tu póliza de seguro de automóvil protección que probablemente ya tengas. Si encuentras ciertos tipos de protección que tu plan médico personal, o tus beneficios como empleado ya cubren, pero que por ley estás obligado a tener como parte de tu póliza de automóvil, obtén la menor protección posible y los gastos deducibles más altos que estén a tu disposición. Esta es una manera de cubrir los requerimientos de la ley, al menor costo posible. Este puede ser el caso con la protección contra heridas personales (PIP) y la protección contra conductores sin seguro.

3. Recuerda que el costo de una póliza de seguro de automóvil puede variar drásticamente de una compañía a la otra. Visita varias compañías, pregunta a tus amigos o llama a la oficina de mejores negocios, para ver si esta oficina ha recibido quejas acerca de la compañía que tienes en mente. Compara precios, de esta manera podrás ahorrar más del 20% en tus primas anuales.

4. En caso de accidentes menores, nunca presentes reclamaciones pequeñas a las compañías de seguros. Si tus gastos deducibles son de $ 500 no presentes reclamaciones que sean menores de este valor o inclusive un poco mayor de esta cantidad. Si presentas dicha reclamación, después de que los gastos deducibles sean aplicados, terminarás recibiendo una cantidad tan pequeña que ni siquiera cubrirá los gastos y ciertamente no justificará los incrementos de un 20% o más, en la prima anual del siguiente año que vendrán como resultado de esta reclamación. Cuando presentas reclamaciones pequeñas, terminas perdiendo dinero a través de los años y te pones en peligro de que tu póliza de seguro sea cancelada.

5. Nunca permitas que tu compañía de seguro seleccione la cantidad mínima de protección que necesitas obtener. Esta es una manera casi segura de terminar comprando mucho más de lo que necesitas y duplicar coberturas que probablemente ya tienes. Calcula el valor de tus bienes personales y de tus deudas, para que de esta manera puedas determinar tu patrimonio neto y obtén tu cobertura de responsabilidad civil o daños a terceros por no más de 3 veces tu patrimonio neto. Si tu patrimonio neto es de $ 40.000 por ejemplo, entonces la mejor cobertura que puedes obtener es de $ 100.000 / $ 300.000 / $ 50.000.

6. Entiende que para obtener la protección máxima

a menor costo, vas a tener que invertir cierta cantidad de tiempo investigando y comparando pólizas de diferentes compañías, para así poder encontrar la que más se ajuste a tus necesidades. Pero recuerda que es por una buena causa: la protección de tu dinero.

El seguro médico

La mayoría de las empresas proveen seguro médico y de incapacidad. El que dichas pólizas sean adecuadas depende de circunstancias individuales, como tu estado civil, edad, historia médica y otros factores. Recuerda que antes de decidir si necesitas protección adicional en cuanto al seguro médico se refiere, debes conocer qué es lo que tu trabajo ya te ofrece y cuáles son aquellas áreas en las cuales ya tienes protección. He aquí algunas de las preguntas que debes hacer para determinar esto:

¿Suministra el seguro médico, en tu lugar de trabajo, suficiente protección para hospitalización, incluyendo cirugía, visita a tu doctor o exámenes de diagnósticos? ¿o por gastos médicos mayores, y que exceden las coberturas básicas? ¿o por cuidado dental? ¿o por medicinas que hayan sido prescritas? Si no es así, ¿vale la pena comprar seguro suplementario para llenar estos espacios vacíos?

¿Proveen los beneficios que tienes, salarios suplementarios en caso de que quedes incapacitado para trabajar? Si es así, ¿por cuánto tiempo sucede esto? ¿Suministra la empresa para la cual trabajas entrenamiento en otras áreas? ¿Qué cantidad de tus gastos personales cubrirán estos beneficios de incapacidad? ¿Existen otras fuentes de ingresos para cubrir lo que tus beneficios de incapacidad no cubran? ¿O debo considerar seguro de incapacidad adicional de otras fuentes?

Unicamente después de que sepas lo que ya posees, estarás en posición de determinar cuáles son tus necesidades. Examinemos qué es exactamente el seguro médico, pero antes de empezar, déjame recordarte que bajo ninguna circunstancia este libro debe ser usado como única fuente de información a este respecto. El seguro médico es un campo bastante complejo. Nuevas leyes y distintos tipos de organización son estudiados actualmente en el Senado y examinados por diferentes representantes del sector médico. Mi único interés en este capítulo es el establecer la importancia de conocer cuáles son tus derechos, deberes y diferentes alternativas y remitirte a fuentes donde puedas obtener más información.

Si tú o algún otro miembro de tu familia se encontrase en un hospital víctima de una enfermedad o a causa de un accidente, lo último en lo que deseas pensar, es de dónde va a salir el dinero para cubrir todos estos gastos médicos. Sinembargo, si preguntas a mil personas si ellos saben con certeza si cierto tratamiento está cubierto por su póliza de seguro médico, descubrirás que casi ninguno de ellos te podrá dar la respuesta a esta pregunta. La razón es porque hay miles de planes de seguro médico en el mercado, que difieren el uno del otro en el tipo de tratamiento que cubren, las cantidades máximas y el tiempo máximo de hospitalización que ofrecen, el tiempo en que la protección entra en vigencia y otro número de factores. Por esta razón es casi imposible para un ser humano normal el entender este sistema tan complejo.

Entonces, ¿qué podemos hacer acerca de esto? Pues bien; para simplificar este tema, empecemos por aclarar que cuando te refieres a el plan médico, realmente estás hablando acerca de tres áreas diferentes que necesitan ser consideradas: gastos médicos, hospitalización e incapacidad. Si tienes un trabajo, ya posees cierta protección en cada una de estas áreas en la forma de seguro de incapacidad, "Medicare" y "Workmen's compensation" que es un tipo de compensación ofrecido a empleados en caso de accidentes en el lugar del trabajo.

El proceso de seleccionar el mejor plan de seguro médico es muy importante, especialmente si tomas en consideración que debido a que existen muchas áreas que se prestan a malos entendidos en los diferentes programas, un gran número de las personas que tienen un plan de seguro médico, terminan pagando por su hospitalización y gastos por los cuales ellos creían estar cubiertos. Este factor, sumado al hecho de que los costos por tratamiento médico están constantemente aumentando, demanda que nosotros miremos muy de cerca nuestro programa de cuidado médico.

Los factores que afectan el costo de las primas de tu seguro médico, son similares a aquellos en la industria del automóvil. Edad, lugar de residencia, ocupación, estado civil y si tu cónyugue e hijos estarán cubiertos por el mismo plan. A estos factores debes también adicionar la condición presente de tu salud. Como mencioné anteriormente, hay muy poco que puedas hacer acerca de estos factores, por esta razón concentrémonos en determinar qué es lo que realmente necesitas y cómo conseguir la mayor protección al más bajo costo. Examinemos las tres diferentes áreas que componen tu seguro médico.

Seguro de incapacidad.

Este puede ser considerado como un plan de continuación de tu salario, el cual te hará pagos mensuales para contrarrestar la pérdida de tu salario en caso de que pierdas tu habilidad para trabajar. Es posible que ya poseas una variedad de planes que cubran esta área, como la compensación a empleados por accidentes ocurridos en el área de trabajo, el seguro social, programas de incapacidad ofrecidos por el estado e inclusive otros planes de seguro que poseas. Por esta razón al obtener seguro de incapacidad es muy posible que dupliques a muy alto costo protección que ya posees. El seguro de incapacidad se convierte en una necesidad mayor, en la medida en que tu edad aumente, puesto que a mayor edad hay más posibilidades que, por una u otra razón, te veas incapacitado.

Seguro de hospitalización y gastos médicos.

Al igual que con el seguro de incapacidad hay ciertos tipos de protección que probablemente ya tienes en estas dos áreas a través de el "Workman's compensation" y "Medicare". Sería de mucho beneficio para ti, ir a la oficina del seguro social más cercana a tu residencia y obtener información sobre estas dos áreas y ver acerca de la clase de cobertura que obtendrás por parte del seguro social y el programa "Medicare". Es importante hacer esto antes de que puedas determinar cómo complementar tu programa de beneficios médicos.

Para más información al respecto de Medicare y sus beneficios de salud del seguro social, las siguientes publicaciones están disponibles en las oficinas del seguro social más cercanas a ti, o escribiendo a la siguiente dirección:

Medicare Publications
Health Care Financing Administration
6325 Security Boulevard
Baltimore, Maryland 21207

Consumer Information Center
Department 59
Pueblo, Colorado 81009

U.S. Depth of Health and Human Services
1-800-638-6833

Las publicaciones disponibles de estas oficinas son las siguientes:

- The Medicare Handbook.
- Guide to Health Insurance for People with Medicare.
- Medicare and Coordinated Care Plans.
- Medicare Hospice Benefits.

- Medicare and Employer Health Plans.
- Getting a Second Opinion.
- Medicare Secondary Payer.
- Medicare Coverage of Kidney Dialysis and Kidney.
- Transplant Services.

Otros tipos de seguro de hospitalización y seguro médico incluye la "Blue Cross" y "Blue shield" y otros planes de seguros para gastos médicos mayores. Estos planes cubren gastos mayores de hospitalización y gastos médicos que es lo que realmente necesitas. Muchas empresas y organizaciones laborales ofrecen planes de salud de esta naturaleza. También son ofrecidos por un gran número de organizaciones independientes y asociaciones profesionales, lo que es conocido como seguro de grupo, seguro colectivo. Investiga si tienes acceso a uno de estos planes de seguro médico de grupo y averigua los beneficios y primas. El seguro de grupo puede ser mucho más barato, aunque este no es siempre el caso.

Seguro de vida

En términos simples, el seguro de vida es una protección que compras mientras que vives para proveer fondos de emergencia que protegerán a tus beneficiarios de una crisis económica en caso de que mueras. Eso es todo. El seguro de vida está supuesto a cubrir por la pérdida de salario que resulte en caso de la muerte del asegurado y bajo ninguna razón debe ser vista como una manera de capitalizar en la poca fortuna de otra persona.

Cuando uno de los cónyugues en el núcleo familiar muere, hay muchas cosas que nunca podrán ser reemplazadas. En esta situación, cuando estás obligado a parar y reexaminar tu vida, el futuro de tus hijos, tu nueva vida como madre o padre viudo y quizás también encontrarte con muchas responsabilidades financieras por primera vez, una de las mayores preocupaciones es cómo vas a hacer para afrontar todos los gastos, deudas y responsabilidades sin tener las entradas de la otra persona, especialmente si él o ella era el soporte familiar en términos de salario.

Es importante revisar cuidadosamente varias pólizas de seguro antes de decidirte por una, puesto que las pólizas varían grandemente en costo y en los beneficios que ofrecen. Antes de que decidas sentarte a hablar con un agente de seguros, llama al regulador de seguros en el estado en que vivas y obtén toda la información necesaria, léela cuidadosamente de manera que cuando te sientes con tu agente de seguros, puedas entender claramente qué es lo que él te está diciendo. Lee los próximos párrafos y familiarízate con los términos y condiciones. Recuerda que un seguro de vida debe ser algo que compres basándote en tus necesidades y no algo que un agente te venda basado en las suyas. Examimenos algunos de los tipos de pólizas más comunes.

Si tu salario es limitado o si necesitas una gran suma de protección, el seguro de vida a término o seguro temporal (Term Insurance), puede ser la respuesta para ti, puesto que es relativamente barato. El seguro a término, como su nombre lo indica, es temporal. Esta modalidad de seguridad de vida consiste en que la

póliza se suscribe incialmente por un término de uno o
más años, pero el asegurado podrá renovarla anualmente mediante el pago de la prima correspondiente.

Los beneficiarios sólo recibirán el capital estipulado, si el asegurado muere durante el término en el cual el
seguro está en vigencia. Debido 'a
que el seguro de vida a término, es el
generalmente más barato, es el que
provee la cobertura por muerte más
alta por el dinero que pagarás.

> Recuerda que un
> seguro de vida debe
> ser algo que compres
> basándote en tus ne-
> cesidades y no algo
> que un agente te ven-
> da basado en las su-
> yas.

Existen muchas otras clases de
pólizas, por esta razón es muy importante que si decides comprar una
póliza de seguro, consultes al regulador de seguros de
tu estado, y compares precios y beneficios en diferentes
compañías.

La docena dorada del comprador de seguros

Existe una gran cantidad de información disponible si te
encuentras en el proceso de comprar un seguro. Es
imperativo que obtengas toda la información necesaria
para así poder tomar la decisión correcta. Usa las doce
reglas que te presento a continuación cuando estés
planeando la compra de un seguro de cualquier tipo.

1. La adquisición de ciertos tipos de seguro debe ser
parte integral de tu planeación financiera. Recuerda
que el propósito primario de comprar un seguro, es la
protección contra algunos riesgos.

2. Si deseas adquirir un seguro de vida, determina claramente tus necesidades antes de comprar. Calcula las necesidades financieras de tu familia en caso de que mueras, pero también ten en cuenta el obtener una prima que estés en capacidad de pagar.

3. Asegúrate que cuando compres un seguro, lo hagas para cubrir las pérdidas que no puedas afrontar. Generalmente esto implica la cobertura de pérdidas mayores como la destrucción de tu casa debido a un incendio, un accidente con tu automóvil, la muerte prematura de tu esposo o esposa, o protección contra daños a terceros, en caso de que seas el causante de un accidente en el cual otra persona pueda resultar herida. Una familia con varios niños pequeños puede necesitar una cantidad suficientemente alta de seguro de vida. Es posible que un trabajador que no tenga otros medios de soporte, deba considerar adquirir un seguro de incapacidad. En cuanto a tu seguro de automóvil, recuerda que es muy posible que no necesites comprar seguro contra choque para un automóvil viejo.

4. Selecciona los deducibles más altos que puedas afrontar. No cometas el error de comprar un seguro para cubrir pérdidas menores o mantenimiento rutinario. Recuerda que entre más altos sean estos gastos deducibles, menor será la prima que tendrás que pagar.

5. Compara pólizas de seguros de diferentes compañías. Algunos folletos de información al consumidor presentan pólizas con determinadas características y las primas que deberás pagar. Investiga en varias compañías cuál sería la prima que debieras pagar para así poder comparar las ventajas, desventajas y costos.

6. Lee cuidadosamente la póliza de seguro antes de comprarla. Toda póliza es diferente. Asegúrate de entender perfectamente qué es lo que incluye y no incluye. Muchas compañías de seguro han simplificado el lenguaje en sus pólizas para que puedas entender los términos y las condiciones. Si no entiendes algo asegúrate de preguntar y obtener respuesta a tus inquietudes, antes de comprar.

7. Examina bien tu póliza para entender las exclusiones y limitaciones. Por ejemplo, la mayoría de pólizas de finca raíz, no incluyen cobertura contra terremoto, inundación o daños causados por deslizamientos de tierra y algunas de ellas pueden excluir cobertura contra pérdida de joyas y obras de arte valiosas. De otro lado, las pólizas de seguro de vida generalmente excluyen muerte por suicidio por los primeros años. De igual manera las pólizas de seguro médico y de seguro contra accidentes pueden excluir pagos por problemas de salud que se hayan originado debido a condiciones preexistentes a la compra de la póliza.

8. Consolida las pólizas de seguro. En lugar de comprar varias pequeñas, compra una grande. De igual manera, si posees una póliza de finca raíz, compra una adicional a ésta, que cubrirá tus objetos personales de gran valor, en lugar de comprar pólizas separadas para este efecto. Evita la duplicación innecesaria de coberturas.

9. Cuando vayas a comprar una póliza de seguro, pregunta si existen descuentos especiales. Algunas compañías los ofrecen en sus pólizas para automóvil, a conductores que se hayan graduado en una escuela de manejo. Muchas pólizas de seguro de vida ofrecen primas más bajas y descuentos especiales a los no fumadores. Las pólizas de seguro contra incendio son más baratas para aquellos que instalan detectores de humo en su casa. De igual manera una póliza de seguro de automóvil puede ser obtenida con descuentos especiales, si no necesitas manejar para ir a tu trabajo.

10. Investiga acerca de planes de seguro de grupo. Un seguro de salud o de vida que esté disponible por intermedio de tu trabajo, puede costar mucho menos que si lo compras por tu propia cuenta. Investiga si esta clase de seguro de grupo está disponible por intermedio de tu trabajo, organizaciones a las cuales pertenezcas u otras fuentes que puedan proveerte de la protección que necesitas y ahorrarte mucho dinero.

11. Evita comprar pólizas de seguro innecesarias. Asegúrate de revisar la cobertura y protección de las que ya tienes, antes de comprar nuevas. Por ejemplo, estudiantes de tiempo completo pueden estar ya cubiertos por las pólizas de seguro médico y de automóvil de sus padres.

12. Verifica la credibilidad y reputación de la compañía de seguros con la cual piensas asegurarte y confirma que dicha compañía está licenciada para operar en tu estado. Las agencias regulatorias, los servicios de evaluación de la industria de seguros y las agencias locales de protección al consumidor, pueden suministrarte información de gran interés.

Dónde obtener más información

Asegúrate de obtener toda la información necesaria para tomar una buena decisión cuando vayas a adquirir una póliza de seguro. Las experiencias de amigos o familiares pueden ser de gran valor. Un buen volumen de información está disponible en las siguientes entidades:

1. Best Insurance Report (Reporte de lo mejor en seguros). Esta es una evaluación financiera de las diferentes compañías de seguro y se halla en muchas de las bibiliotecas públicas.

2. Oficinas de Mejores Negocios o agencia de protección al consumidor. Estas oficinas ofrecen información general y estadísticas en varias áreas concernientes a la industria de los seguros.

3. Planeadores financieros, de igual manera que algunos abogados y contadores.

4. También puedes contactar las siguientes organizaciones:

Insurance Information Institute
110 William Steet
New York, N.Y. 10038
Toll-free: (800) 221-4954
New York residents (collect): (212) 669-9200

National Insurance Consumer Organization
121 N. Payne Street
Alexandria, VA 22314
Tel.: (703) 549-8050

Reguladores estatales de seguros

Cada estado tiene sus propias leyes y regulaciones para todos los tipos de seguro, incluyendo seguros de automóviles, de finca raíz y seguro médico. Las oficinas que listamos a continaución se encargan de verificar el cumplimiento de estas leyes. Si la oficina de tu estado no se encuentra aquí, búscala en tu guía telefónica. Muchas de estas oficinas pueden suministrarte información que te puede ayudar en la compra de diferentes pólizas de seguro. Tu biblioteca local también te puede suministrar información que puede ser de gran ayuda al comprarla. Si tienes una pregunta o alguna queja sobre una póliza de cualquier compañía, asegúrate de contactarla, antes de hablar con un regulador estatal de seguros (State Insurance Regulator).

Arizona
3030 North Third Street, Suite 1100
Phoenix, AZ 85012 Tel.: (602) 255-5400

Arkansas
1123 South University, Suite 400
Little Rock, AR 72204-1699
Tel.: (501) 686-2900

Pennsylvania Strawberry Square,
13th Floor
Harrisburg, PA 17120 (717) 787-5173

Puerto Rico
Fernández Juncos Station
P.O. Box 8330
Santurce, PR 00910 (809) 722-8686

Texas
State Board of Insurance
P.O. Box 149091
Austin, TX 78714-9091 (512) 463-6501
1 (800) 252-3439 (toll free in TX-complaints)

PLAN DE ACCION, ESTE ES EL MOMENTO DE EMPEZAR

Tu plan de acción es el mapa de la ruta que te conducirá al éxito. No es más que eso, por sí mismo no te llevará más cerca a tus sueños a menos que lo pongas en acción. Por cada gran idea o invención que terminó por cambiar el curso de la humanidad, ha habido muchas que nunca se materializaron porque aquellos que las concibieron y quizás trazaron un plan para su consecución, nunca lo pusieron en movimiento.

Si no llevas a cabo tus planes, si no los echas a rodar, el tiempo que hayas puesto en leer este libro ha sido totalmente desperdiciado. No importa qué tan bien definidos estén tus sueños, o si has desarrollado un plan excelente para su logro A menos que te pares y comiences a caminar y a poner tu plan en movimiento, estos sueños nunca serán realidad. Es por esta razón que en este último capítulo quiero que desarrollemos un buen plan de acción para poder así llevarlo a cabo inmediatamente y lograr cuanto antes la realización de tus sueños. No necesitas más de lo que ya tienes; este es el momento de comenzar.

Voy a llevarte a través de un viaje llamado: Los Siete Pasos al Exito. Estos son como los peldaños individuales de una escalera. Cuando intentas subir por una escalera no te paras en el segundo escalón, luego vas al cuarto y después te devuelves al primero. Al menos, no si tu objetivo es llegar a la cima de la escalera tan rápido como sea posible. Lo mismo se aplica para nuestra escalera, es muy probable que debido a tu entusiasmo y tu deseo ardiente por cambiar algunas cosas en tu vida, tu reacción inicial pueda ser la de brincar hasta el último escalón. Ese es precisamente el momento en que debes entender que el éxito es simplemente el resultado lógico de un plan que exije que des todos los pasos aquí expuestos, para poder alcanzarlo.

Recuerda, en el preciso instante en que decidas subir por esa escalera, habrás comenzado el camino hacia el éxito. El éxito no es un punto en la distancia o un sueño lejano que tratas de alcanzar, no, el éxito es el camino mismo, es el caminar. Lo verdaderamente importante y significativo no es alcanzar esa meta, sino el cambio que experimentarás y la persona en la cual te convertirás en el proceso de alcanzarla. Desde el momento en que decides dar el primer paso tu éxito habrá comenzado a materializarse.

Toma un escalón a la vez y aún más importante, no des el segundo paso sin haber terminado el primero. Si en cualquier momento no entiendes exactamente qué es lo que tienes que hacer, devuélvete al capítulo que tú creas conveniente y léelo de nuevo. Recuerda, es tu futuro el que estás planeando, y tú eres quien tienes que vivir con las consecuencias. Si supieras que las metas, sueños y objetivos que estás a punto de establecer, nunca podrán ser cambiados, ¿cuánto tiempo invertirías en determinar estas metas y objetivos y en desarrolar tu plan de acción?

Tú y tu junta directiva

Una gran mayoría de las empresas u organizaciones trabajan de manera similar, ellas tienen un presidente que lleva las riendas de la empresa y una junta directiva, que en asocio con él determinan la misión y los objetivos de la misma. Generalmente cuando se está a punto de tomar una decisión de gran importancia se reúne el presidente con la junta directiva, y él con escucha a todos los miembros antes de tomar una determinación sobre cuales serán los objetivos a seguir y cuál es el camino más conveniente.

El éxito no es un punto en la distancia o un sueño lejano que tratas de alcanzar, no, el éxito es el camino mismo, es el caminar. Lo verdaderamente importante y significativo no es alcanzar esa meta, sino el cambio que experimentarás y la persona en la cual te convertirás en el proceso de alcanzarla. Desde el momento en que decides dar el primer paso tu éxito habrá comenzado a materializarse.

Nuestra mente trabaja de manera similar. En nuestra mente subconsciente existen siete pequeños hombrecillos que trabajan constantemente en sentar metas y en tomar decisiones. Cada uno de ellos tiene características muy particulares y especiales. Permíteme que te los presente. Ellos son el señor profesional, el señor intelectual, el señor espiritual, el señor recreación, el señor estado físico, el señor financiero y el señor familiar.

Cada uno de ellos representa una de las múltiples facetas de tu vida. El señor profesional está interesado en llevar a cabo los objetivos que demande tu carrera; se enfoca en conseguir aquellas metas que te traerán satisfacción de tu trabajo y siempre está tratando de identificar aquellas oportunidades que te permitan adquirir o mejorar tus habilidades profesionales.

Nunca llegues a pensar que ya has arribado, que ya has aprendido todo lo que necesitas aprender. El verdadero triunfador es el que sabe que siempre hay algo nuevo que aprender. Sienta metas para desarrollar tu propio programa de educación continuada, para así pode estar al día en tu profesión.

De otro lado, el señor intelectual se preocupa únicamente de los aspectos que eleven y expandan tu mente y tu intelecto. El es el encargado de enviar aquellos mensajes acerca de la importancia de leer un buen libro o de enriquecer tu cultura, ya sea a través de los viajes o la asimilación de otras culturas; él es quien planta en ti el sueño de querer escribir un libro.

Es triste ver cómo muchos de esos sueños que teníamos cuando pequeños parecen desaparecer a medida que pasan los años. No dejes que esos sueños de pintar, de escribir un libro, de aprender a tocar un instrumento musical desaparezcan. Fija metas dirigidas a revitalizar ese interés que tenías. Igualmente importante y fundamental para tu éxito, al punto de ser imperativo, es que adquieras el hábito de la lectura. Fija la meta de leer por lo menos 20 minutos diarios de un buen libro. Los grandes triunfadores, han sido lectores apasionados.

El compromiso permanente del señor espiritual, es el de dejarte saber que existe una fuerza más grande que tú, él es también quien te da la fe para creer que en verdad podrás alcanzar tus metas. Asi mismo es quien te recuerda que ellas no deben, ni pueden ser totalmente egocentristas, sino que deben involucrar a otras personas. Cuando sientas la necesidad de fijar metas designadas a devolver a la humanidad algo de lo que has recibido, puedes estar seguro que el señor espiritual está trabajando. El es un gran protector de tu amor propio y tu autoestima. El es el filántropo del grupo.

Para mantener un balance en tu vida es necesario que al sentar tus metas, te detengas y pienses en tu vida espiritual y en fijar objetivos que te ayuden a crecer espiritualmente.

El señor recreación está siempre trabajando. El está constantemente animándote para que te diviertas y no tomes tan en serio todas tus cosas; sinembargo, debe ser entrenado para que aprenda que no sólo debes hacer aquellas cosas que disfrutas, sino que es el disfrutar aquello que debes hacer lo que determina la calidad de vida que llevas. Una de las funciones más importantes del señor recreación es la de recordarte constantemente que si vas a sentar metas y objetivos para que los otros seis pequeños hombres los lleven a cabo, también deberás encargarte de premiarlos una vez que esas metas hayan sido alcanzadas.

El planear tu recreación es fundamental para tu desarrollo físico y mental. Un cuerpo fuerte y una mente despierta deben trabajar en armonía para alcanzar el éxito. Dedica parte de tu tiempo para la recreación personal y familiar.

El señor estado físico es ese pequeño entrenador y fanático de la buena salud que se mantiene recordándote la importancia de tener un cuerpo saludable. Si tus metas y planes no incluyen el ejercitar de manera regular para mantenerte saludable, entonces no podrás decir que tu plan está completo. El señor estado físico es el primero en prometer al principio de cada año no fumar, él promete comer menos y mejor y hacer más ejercicio, pero si tu carácter no es suficientemente fuerte para llevar a cabo estas decisiones y si no desarrollas la disciplina para ejecutarlas, estas promesas se convierten en simples fantasías y no en metas concretas.

Necesitas cuidar tu salud y sentar metas orientadas a mantener un buen estado físico. Esto incluye el dar suficiente descanso a tu cuerpo, el consumir una dieta balanceada y el ejercitar regularmente para mantenerte en forma. Debes sentar premisas en estas áreas, no simplemente resoluciones de fin de año, sino metas que sigas con disciplina y entusiasmo; de nada vale haber alcanzado el éxito en otras áreas si no cuentas con tu salud para disfrutarlo.

El señor financiero es el tesorero del grupo, siempre

está cuidando de tu situación económica. El fue quien hizo que leyeras atentamente las dos secciones anteriores; él es quien constantemente te recuerda que debes ejercitar esos secretos del éxito como la gratificación retardada, el presupuestar y el planear tus finanzas.

Entre tus metas debe estar el establecer un presupuesto. El hombre sabio ahorra para el futuro; el tomar control de tu situación financiera teniendo en cuenta todos los aspectos discutidos en la cuarta y quinta sección, es fundamental para alcanzar el éxito financiero. Tus metas también deben incluir un plan para mejorar tu situación laboral ya sea encontrando un mejor trabajo o iniciando tu propio negocio. J. Paul Getty decía que el primer requisito para alcanzar el éxito financiero era el tener su propio negocio. Cualquiera que sea tu decisión, mantén siempre una actitud de búsqueda por mejores oportunidades.

El señor familiar es el padre o esposo preocupado; él es quien te recuerda constantemente que necesitas trabajar en tu hogar tanto como lo haces en tu oficina. Te habla acerca de tu relación con tu pareja y te recuerda que tienes la oportunidad de ser la influencia más positiva para tus hijos.

Es importante que una vez completes los dos primeros pasos en la siguiente sección, y determines cuáles son tus sueños, tus metas y aspiraciones, te sientes junto con tu esposo, esposa e hijos y desarrollen una lista de las metas familiares. Debes involucrar a toda tu familia en el logro de esos propósitos; que sintamos que su logro fue el resultado de un trabajo de equipo.

Como te habrás podido dar cuenta, cada uno de estos pequeños trabajadores que componen tu conjunto es un experto en su campo, pero al igual que la mayoría de los expertos, cada uno de ellos cree que su respectiva área es la más importante de tu vida y que toda decisión debe ser tomada dando prioridad a su opinión. Pero recuerda que tú eres el presidente; tú sabes que todos y cada uno de ellos hacen grandes contribuciones a tu vida. Es tu responsabilidad el escucharlos a todos y fijar metas tomando todas sus opiniones en cuenta.

Es importante permitir que todos ellos se expresen. Algunos profesionales se envuelven tanto en sus carreras, que olvidan sentar metas en las otras áreas. Uno de lo grandes errores que podemos cometer es el enfocarnos tan intensamente en un objetivo en particular que ignoremos todos los otros aspectos de nuestra vida. La inactividad para estos pequeños trabajadores es fatal. ¿Has notado alguna vez que cuando has parado de hacer ejercicio por un largo tiempo, es muy difícil volver a hacerlo? ¿o si paras de leer, después de un tiempo pierdes totalmente tu interés en la lectura? La razón es que el señor intelectual o el señor estado físico, estuvieron inactivos por tan largo tiempo que han caído víctimas de un profundo sueño y necesitan ser despertados.

En una encuesta que se llevó a cabo recientemente, se le preguntaba a un gran número de profesionales, ¿qué cambiarían en su vida si tuvieran la oportunidad de vivirla de nuevo? La mayoría de ellos expresó que disfrutarían más tiempo con sus hijos. He aquí un caso típico en el cual la opinión del señor familiar no fue tenida en cuenta a la hora de sentar metas.

Es imperativo el reunir a tu junta directiva cuando estés desarrollando tu plan de acción o a punto de tomar decisiones mayores. Si en verdad quieres que este proceso de sentar objetivos claros sea eficiente y produzca un mejor estilo de vida, debes prestar mucha atención y fijar metas en todas y cada una de esas áreas de tu vida. Cuando te dispongas a establecerlas y a determinar cuáles son las cosas verdaderamente importantes en tu vida, debes sentar metas profesionales, intelectuales, espirituales, metas para mejorar tu salud y estado físico, metas familiares y para tu diversión y la de tu familia.

> Pero recuerda que tú eres el presidente; tú sabes que todos y cada uno de ellos hacen grandes contribuciones a tu vida. Es tu responsabilidad el escucharlos a todos y fijar metas tomando todas sus opiniones en cuenta.

Si dedicas tu vida exclusivamente a alcanzar una meta, es muy posible que lo logres. Si dedicas tu vida para salir adelante en una sola área de tu vida, es muy posible que así sea. Pero si lo haces a expensas de todas las otras áreas de tu vida, habrás fracasado. Déjame darte un ejemplo: si yo me convierto en el mejor profesional en mi campo y llego a convertirme en un experto mundialmente conocido y destruyo mi salud a lo largo del camino, no habré realmente triunfado. Por esta razón es absolutamente importante el mantener un balance en nuestras vidas.

Pues bien, ¿qué es lo que he tratado de mostrarte con este ejemplo? Cuando estés listo para dar el próximo paso, cuando estés preparado para tomar los siete pasos al éxito, el cual envuelve el escribir nuestros sueños, el sentar metas y el desarrollar un plan de acción, asegúrate de ir a un lugar muy callado e invertir un par de horas en llamar a una mesa redonda a tu junta directiva, y recuerda, deja que todos y cada uno de ellos participe. No olvides que el éxito verdadero se encuentra en alcanzar metas en cada una de las áreas de tu vida.

Los siete pasos al éxito

Como lo dije anteriormente, el logro de un sueño no es el resultado de la casualidad o la coincidicencia, sino la consecuencia lógica de un proceso bien planeado. No obstante, da tristeza ver cómo muchas personas gastan más tiempo en programar sus vacaciones qu en planear su futuro. Creo fervientemente que la gente triunfa a propósito, y este triunfo es un proceso que está hecho de simples pero no necesariamente fáciles pasos. Estos son los siete pasos al éxito y estos siete pasos te ayudarán a desarrollar el mapa de tu camino al triunfo, ellos son las guías para desarrollar tu plan de acción.

> Sí, el éxito es escurridizo y se protege muy bien para asegurarse que sólo aquellos que verdaderamente lo anhelan y estén dispuestos a pagar el precio por su consecución, lo alcancen.

Sólo un tres por ciento de las personas toman el paso que tú estás a punto de dar y naturalmente sólo ese tres por ciento triunfan y logran realizar sus sueños. La razón por la cual esto sucede no es porque el paso sea difícil o complicado, o porque la clave del éxito requiera esfuerzos sobrehumanos o conocimientos muy por encima de lo normal. La verdadera razón por la cual una gran mayoría de los seres humanos nunca logra romper la inercia que los mantiene atados y no les deja realizar sus sueños, es porque el hacerlo requiere de un compromiso total, demanda el correr el riesgo de ser llamado soñador, de ser criticado por tener la osadía de aspirar a llegar a la cumbre y no contentarse con segundos lugares. Sí, el éxito es escurridizo y se protege muy bien para asegurarse que sólo aquellos que verdaderamente lo anhelan y estén dispuestos a pagar el precio por su consecución, lo alcancen.

No, yo no creo que todos necesariamente tengamos que ser los más inteligentes, los más rápidos o los más acaudalados; ni creo que debamos haber inventado algo, escrito libros o viajado alrededor del mundo para poder ser considerados como triunfadores. Ni tampoco creo que el haber logrado estas cosas sean una señal indiscutible del éxito. Porque lo verdaderamente importante no es cuanto hayas logrado en comparación con los demás, ya que todos tenemos diferentes habilidades. Lo realmente importante es qué has logrado en comparación con lo que hubieses podido lograr si hubieses aprovechado tus habilidades al máximo. El éxito, como mencioné en el capítulo uno, es la realización progresiva de tus sueños. El secreto de su logro es saber exactamente cuáles son estos sueños, atrevernos a soñar en grande, creer que merecemos lo mejor, e ir tras ello.

Los primeros seis pasos serán presentados en forma

de pregunta. Es justo que siendo tu futuro el que estás a punto de planear, seas tú el encargado de responder. Asegúrate de terminar cada paso antes de tomar el siguiente. Para desarrollar un gran plan de acción vas a necesitar ser absolutamente honesto contigo mismo, necesitarás ser realista pero también valiente y temerario. Necesitas tener fe en ti mismo y en tu plan y estar dispuesto a hacer todo cuanto este plan requiera.

Ahora estamos listos a comenzar. Lo primero que debes hacer es encontrar un lugar callado y sereno donde no seas interrumpido. Envía a tus familiares a que miren una película y quédate en la casa. Es muy importante que dediques toda tu atención al desarrollo de este plan por dos o tres horas o por tanto tiempo como sea necesario. Para obtener los mejores resultados, te sugiero que primero leas cada uno de los pasos; una vez termines de leer el primero, sigue las indicaciones y asegúrate de completarlo tan bien como te sea posible. El éxito de este método está en no apresurarse a dar el siguiente paso, antes de haber terminado el primero. Una vez hayas logrado esto, lee el siguiente y sigue las instrucciones de nuevo. Inicialmente, espera invertir de 20 a 30 minutos en cada paso. Al final de sexto, cuando ya tengas una visión global de cómo luce tu plan de acción, podrás examinar de nuevo cada uno de los pasos y determinar si necesitas invertir un poco más de tiempo en él. Recuerda que es importante que periódicamente revises tu plan de acción y lo actualices.

Primer paso.

El primer paso es el de determinar qué es lo que quieres. Este es el momento de resolver a dónde quieres ir y qué es lo verdaderamente importante para ti. ¿Cuáles son tus sueños, qué es aquello que verdaderamente anhelas conseguir? En este paso responderás a la pregunta: ¿Hacia dónde vas?

Esta es sin lugar a dudas la pregunta más importante que tendrás que responder. La respuesta debe ser clara y certera. Sino sabes hacia dónde vas ¿cómo pretendes desarrollar un plan para llegar allá? Cierra los ojos y trata de visualizar por un momento, dónde quisieras encontrarte dentro de cinco o diez años, qué es lo que quisieras estar haciendo. Visualízate claramente ya en posesión de estos sueños. ¿Qué clase de trabajo estarás desempeñando? ¿En dónde vivirás? ¿Cómo es tu casa? ¿Qué automóvil estarás manejando? ¿Qué actividad recreativa quieres estar practicando? ¿Qué nueva habilidad deseas adquirir? ¿En qué clase de actividades comunitarias quieres estar envuelto? ¿A dónde quieres viajar? Muchas personas los llaman sus metas, objetivos, aspiraciones, ilusiones, deseos, pero todos estos son simplemente sinónimos de aquellas cosas que verdaderamente quieres alcanzar y por las cuales estás dispuesto a pagar cualquier precio.

Es importante que esta sea la primera pregunta que respondas en tu camino al éxito. Muchas personas equivocadamente empiezan tratando de discernir cómo van a lograr sus metas, cuando éstas son todavía un grupo de ideas vagas y borrosas. Recuerda que metas borrosas producirán resultados borrosos. El cómo hacer algo será mucho más fácil de determinar si sabemos con claridad qué es lo que deseamos lograr. La respuesta a esta pregunta te dará dirección. Tendrás un punto de referencia en la distancia hacia el cual apuntar. Este es por así decirlo, el hoyo del campo de golf al cual estás apuntando, ese es tu objetivo. Ir por la vida sin metas fijas, sin objetivos claros y bien definidos; no saber exactamente hacia dónde vas, es tratar de jugar un partido de golf sin hoyos. Trata de imaginarte esto. No tiene ningún sentido.

En la práctica responder a esta pregunta requerirá que te sientes y hagas una lista de todo aquello que quieras lograr a corto y largo plazo, ya estas metas sean materiales, profesionales o espirituales. Si tienes dificultad en responder esta pregunta o no sabes por dónde empezar, escribe las siguientes preguntas en la parte superior de una hoja y trata de responderlas: si dentro de 20 ó 30 años se me pidiera que presentara una lista de todos aquellos logros de los cuales me siento más orgulloso, ¿qué escribiría en esta lista? Si se me informara que sólo me quedan 10 años de vida, ¿cuáles serían aquellas cosas en las cuales me gustaría invertir ese tiempo? O simplemente escribe, he aquí una lista de todo lo que quisiera lograr con mi vida si tuviera el dinero, el tiempo, el talento y el apoyo de mi familia de manera ilimitada.

Todos nosotros tenemos sueños, y aunque algunas veces estos se encuentran profundamente enterrados y aparentemente ausentes, tus sueños están siempre contigo. El primer paso para tornar estos sueños en realidades es ponerlos frente a ti, donde puedas verlos claramente. Deja que las ideas salgan de tu mente conciente y subconciente. No las evalúes, no las juzgues, escribe todo aquello que te motiva, que te inspira, aquellas cosas que te hacen reír de sólo pensar en ellas. Escribe todo sin importar qué tan tonto parezca, sin importar cuál sea el precio, sin importar qué tan realizable o irreal te parezca hoy.

Atrévete a soñar en grande. Cuantos más grandes tus sueños más grande será el precio; cuanto más grande sea este precio, más grande será el triunfo. No vayas a través de la vida siendo un pensador pequeño, cuando hay tantas cosas maravillosas a nuestro alrededor, reservadas únicamente para aquellos que se han atrevido a ir tras ellas. No escuches a aquellos que te dicen que no puede hacerse. Probablemente te están diciendo esto, porque ellos no estarían dispuestos a pagar el precio, pero tú sí. Todo gran logró empezó en la forma de un sueño en la mente de una persona. El sueño era tan grande que aquella persona estaba dispuesta a dedicar su vida a lograrlo. Su compromiso con esa meta inspiró a otras personas para encontrar sus propios sueños.

> Atrévete a soñar en grande. Cuantos más grandes tus sueños más grande será el precio; cuanto más grande sea este precio, más grande será el triunfo. No vayas a través de la vida siendo un pensador pequeño, cuando hay tantas cosas maravillosas a nuestro alrededor, reservadas únicamente para aquellos que se han atrevido a ir tras ellas.

Este es el paso más importante que tomarás. Cuando descubras tus sueños, también podrás visualizar la manera de alcanzarlos. Cuando te preguntes hacia dónde vas, como respuestas descubrirás tus sueñós. Napoleón Hill decía: «Todo lo que la mente humana puede imaginar puede ser alcanzado por el hombre». Atrévete a soñar en grande, tú lo mereces.

Segundo paso.

En el segundo paso tendrás que profundizar un poco más y descubrir las razones por las cuales estas metas y sueños que acabas de escribir, son importantes para ti. Al responder la pregunta: ¿Por qué quieres llegar allá?, encontrarás algo más que una simple respuesta o justificación. Encontrarás los valores, los principios que gobiernan tu vida.

Esta pregunta lleva consigo una connotación diferente a la anterior. Una vez descubras hacia dónde quieres ir, es absolutamente necesario que te preguntes por qué quieres ir allá. La verdad es que si no encuentras esa razón aún más profunda para justificar el esfuerzo que seguramente tendrás que poner para alcanzar esos sueños, no estarás equipado con la munición necesaria para poder empezar. Si logras identificar esa razón que justifique el esfuerzo que pondrás en realizar cada uno de tus sueños, entonces todos los obstáculos que puedas encontrar a lo largo del camino, grandes o pequeños, no serán suficientemente grandes para impedir que llegues a donde quieres ir. Este segundo paso también te suministrará la parte emocional de lo que ese sueño en verdad significa para ti.

La relación entre tus metas y tus valores, es muy importante. Los valores que gobiernan tu vida determinan las metas que le darán dirección. Cuando logras alcanzar metas que van de acuerdo a estos valores, el éxito que acompaña este logro es muy gratificante y significativo para tu vida. Sinembargo cuando logras alcanzar algo que no va con estos principios, el logro parece hueco e insignificante. Benjamín Franklin decía a este respecto: "He encontrado que los valores son distintos y numerosos para cada persona. Por esta razón me he propuesto escribir mis valores y anexar a cada uno de ellos una breve explicación de lo que ellos significan para mí. Una vez hecho esto, enumerarlas en orden de prioridad, para así poder facilitar la adquisición de estas virtudes". Los valores son los cimientos de tu carácter y tu confianza. Una persona que no sabe cuáles son los valores que gobiernan su vida; que no sabe a ciencia cierta cuáles son sus creencias o sus principios nunca podrá alcanzar el verdadero éxito. Ralph Waldo Emerson solía decir una frase que resume de manera brillante la importancia de este paso: "Nada da más dirección a la vida de una persona, que un gran conjunto de principios".

No obstante tus valores cambian a medida que maduras como individuo y tus creencias se fortalecen; por esta razón es importante que reexamines tus metas y sueños constantemente. El examinarlos te permitirá descubrir los valores que verdaderamente posees. La importancia de estos valores que gobiernan tu vida está reflejada en la prioridad que le des a ellos.

Si cuando estés elaborando la lista maestra de tus sueño y metas, encuentras que uno de ellos es poder tener tu propio negocio; y después de analizarlo y pensar en él, descubres que la razón por la cual esto es importante para ti, es porque de esa manera podrás brindar un mejor estilo de vida a tu familia, sabrás que tu futuro está en tus manos y no depende de las decisiones de otros y podrás dedicar más tiempo a aquello que en verdad es importante para ti como viajar e involucrarte más de lleno en los asuntos de tu comunidad, habrás podido identificar algunos de estos valores. ¿Cuáles son?

- Yo amo mi familia y quiero lo mejor para ella.
- Soy decidido y auto-suficiente.
- Poseo una gran seguridad y paz interior.
- Disfruto de viajar y conocer nuevas culturas.
- Soy generoso y me gusta servir a los demás.

El poder llegar a tener tu propio negocio es una gran meta, y un sueño que inicialmente te entusiasmará; pero por sí solo no te dará la motivación necesaria para salir y hacer cualquier cosa que tengas que hacer. No obstante, si no descubres la razón por la cual esto es importante para ti; si no logras identificar estos valores que acabamos de enumerar, es muy posible que antes de salir en su búsqueda o cuando encuentres el primer obstáculo, comiences a cuestionar la necesidad de tener ésta como una de tus metas. Después de todo, ya has vivido todo este tiempo sin ella y ciertamente podrás seguirlo haciendo. De repente el trabajo mediocre del cual querías deshacerte, en tus momentos de coraje y valentía, hace unos minutos cuando completabas el primer paso, se convierte en una alternativa viable y tu sueño de tomar control de tu futuro y emprender tu propia empresa se derrumba antes de haber empezado la lucha. ¿Por qué? ¿Por qué no encontraste la fuerza mayor que te empujó a escribir esto inicialmente.

Supongamos que este es uno de tus sueños. Si yo te hiciera las siguientes preguntas: ¿Estarías dispuesto a dedicar el resto de tu vida al sostenimiento de tu propio negocio? ¿Estarías dispuesto a dedicar el resto de tu vida al logro de un mejor estilo de vida para ti y tu familia y a establecer las condiciones que te proporcionen la paz interior que tanto anhelas, seguridad y satisfacción? ¿Cuál de estas dos preguntas sería más fácil de responder? La segunda, ¿no es verdad? La razón es porque tus sueños son meramente la expresión de otros sentimientos más profundos, tus valores.

Pues bien, si logras identificar estos valores por los cuales estás dispuesto a pagar cualquier precio, cuando encuentres un obstáculo por grande que sea podrás recapacitar y decir: Un momento, el querer tener mi propio negocio no es un simple capricho, no es una manera de alimentar mi ego o sentirme más que los demás. Lo deseo porque verdaderamente creo que mi familia y yo merecemos lo mejor; lo quiero lograr, porque anhelo disfrutar de la paz interior y de la seguridad de poder ir a la cama cada noche, sabiendo que no le debo nada a nadie y sabiendo que mi futuro está en mis manos y no en las manos de alguien más. Si al encontrarte con ese obstáculo piensas en estos valores, no solo encontrarás la fuerza para seguir adelante, sino que seguramente también encontrarás la manera de vencer el obstáculo.

Hay quienes podrían argüir que este debería ser el primer paso, puesto que son tus valores morales los que subconscientemente determinan tus deseos materiales al igual que todos tus sueños, y es posible que estén en lo cierto La única razón por lo cual lo he colocado como segundo paso, es porque, practicamente he encontrado que es mucho más fácil que descubras tus verdaderos valores, como resultado de examinar tus sueños. Si tus motivos para desear obtener algo son buenos y nobles, descubrirás el poder para salir adelante, pero si tus motivos son puramente egoístas y mal intencionados, puedes estar seguro de una cosa: nunca alcanzarás el éxito verdadero. Es posible que encuentres alguna satisfacción inicial en forma de retribuciones materiales, pero nunca el éxito.

Hasta este momento hemos podido determinar hacia dónde vamos y por qué queremos llegar allá. Esta es la parte más excitante de nuestro camino al éxito porque abre nuestros corazones y nuestras mentes a aquellas cosas que verdaderamente anhelamos. Todos somos y hemos sido siempre soñadores, ya sea que queramos admitirlo o no. Sinembargo es importante el seguir adelante y tomar el próximo paso.

Tercer paso.

Muchas son las personas que no llegan a tomar este paso, ya sea a causa del miedo o de la pereza. Su misma inactividad los intimida y crea en sus mentes un sentimiento de temor que los paraliza totalmente. Es muy probable que hayas encontrado muchos de estos soñadores ilusos y procreadores de fantasías que podrían enumerarte un sinnúmero de cosas que ellos harían con un millón de dólares, pero no podrían siquiera darte una idea de cómo conseguir ese millón.

He conocido muchas de estas personas, las cuales confiesan sin esperanza alguna que la única posibilidad de alcanzar sus sueños, sería ganando la lotería. Han puesto sus sueños en las manos del azar y la casualidad, muchos, simplemente porque no están dispuestos a pagar el precio por sus sueños. El deseo de triunfar, no es nada si no está acompañado por el deseo de prepararnos para la lucha.

> Si tus motivos para desear obtener algo son buenos y nobles, descubrirás el poder para salir adelante, pero si tus motivos son puramente egoístas y mal intencionados, puedes estar seguro de una cosa: nunca alcanzarás el éxito verdadero. Es posible que encuentres alguna satisfacción inicial en forma de retribuciones materiales, pero nunca el éxito.

El próximo paso consiste en determinar exactamente dónde te encuentras ahora, con qué puedes contar y más importante aún, qué necesitas aprender para llegar a donde quieres ir. Es necesario que determines dónde te encuentras actualmente en relación con ese punto a donde quieres llegar. Esto simplemente envuelve el determinar qué es lo que tienes y qué es lo que necesitas conseguir, cuál es el precio que estás dispuesto a pagar para obtener esos sueños. En este paso responderás a las preguntas: ¿Con qué cuentas y qué necesitas aprender?

Esta es la etapa donde determinas exactamente el

precio que vas a tener que pagar para alcanzar tus metas. Es la etapa de preparación a la cual me refería anteriormente. Si eres consciente que tu sueño es el tener tu propio negocio y sabes el porqué, pero no estás dispuesto a aprender lo que necesites, o a escuchar a aquellos que han venido antes de ti y han triunfado; si no estás dispuesto a prepararte, debes examinar de nuevo si verdaderamente es este uno de tus sueños.

Este paso requiere que examinemos de cerca tres áreas diferentes: la educación especializada, el mejoramiento ocupacional y el desarrollo personal. Es de gran importancia saber con qué podemos contar hoy en cuanto a estas tres áreas se refiere, para así poder determinar qué más necesitamos aprender para mejorar nuestras posibilidades de triunfo. Este es el paso en el cual pones a prueba tu compromiso con tus sueños. Es muy triste ver cómo muchas personas pueden entusiasmarse tanto acerca de la posibilidad de lograrlos, creyendo verdaderamente que ellos merecen obtenerlos; pero cuando llegan al punto donde tienen que examinar el precio que deben pagar, simplemente dan vuelta y renuncian a sus sueños.

La primera área es la de la educación especializada. Necesitas adquirirla para llegar a donde quieres ir. El tipo de conocimiento que requieres sólo podrá ser determinado una vez sepas cuáles son tus metas a largo plazo. Es por esta razón que debes dar los dos primeros pasos antes de llegar a este punto. Recuerda que educación especializada no necesariamente significan 4 ó 5 años de universidad o cualquier otro tipo de escuela.

Ello simplemente significa aprender la profesión o el oficio que has elegido como el vehículo para acercarte más a tus sueños. Este aprendizaje puede hacerse a través de un programa educativo, experiencia práctica, seminarios o cursos especializados.

¿Cómo puedes determinar el tipo de programa educativo que necesitas? Primero que todo define el campo en el que deseas trabajar, sea éste el mismo en el que actualmente te desempeñes o un campo diferente. Asegúrate de que este sea un campo que puedas aprender a querer y disfrutar. Invierte algún tiempo en tu biblioteca local y consulta las guías de referencia que han sido sugeridas en el capítulo cuarto. Toma tu tiempo en seleccionar la institución y el programa educativo que mejor se ajuste a tus necesidades. Recuerda que no necesitas empezar de cero. Evalúa tu experiencia educativa previa.

Obtén la información necesaria de cualquiera de las diferentes organizaciones referidas en ese mismo capítulo. Si no tienes una idea clara de qué es lo que quieres hacer, ponte en contacto con los programas asignados para ayudar a grupos específicos en la planeación profesional y la evaluación de las diferentes alternativas educativas. Encontrarás toda la información necesaria acerca de estas organizaciones en tu biblioteca pública, la biblioteca de la universidad más cercana, tu guía telefónica y en otras organizaciones comunitarias. Recuerda que hay mucha ayuda disponible, pero necesitas dar el primer paso, es tu futuro.

Si ya posees la educación especializada necesaria, o

339

una vez hayas logrado esta meta, es posible que la realización de estos sueños que acabas de enumerar exija que examines de nuevo diferentes maneras de mejorar tu situación de empleo. Ya sea que estés pensando cambiarte a un campo diferente, conseguir una mejor oportunidad de trabajo, o simplemente avanzar dentro de la misma compañía, necesitarás de algún tiempo para actualizarte en todos los aspectos de tu profesión. Ten presente que el conocimiento adquirido, en sí, no garantiza ningún nivel de triunfo a menos que lo utilices como parte de un plan de acción bien desarrollado.

> Para hacer que tus sueños se conviertan en realidad, debes saber cómo usar tu tiempo, de tal manera que puedas dar prioridad a aquellas cosas que son verdaderamente importantes, en lugar de sucumbir ante las urgencias cotidianas. La administración del tiempo es crucial en el desarrollo y la coordinación de tu plan de acción.

He visto muchas personas con educación y conocimiento, desempeñando trabajos mediocres. Ellos han invertido tiempo y dinero consiguiendo una educación, pero no han encontrado la manera de mercadear sus talentos y la forma para avanzar dentro de sus profesiones. Muchos otros prefieren la seguridad de un trabajo mediocre a la incertidumbre de aventurarse en una nueva carrera. Consulta los manuales de referencia y las organizaciones de asistencia en planeamiento profesional sugeridas en los capítulos cuarto y quinto, o ve a la institución de educación superior de tu localidad y obtén toda la información necesaria. Recuerda que con seguridad tendrás que invertir algún tiempo desarrollando o actualizando tu hoja de vida, y aprendiendo nuevas técnicas para la búsqueda de un trabajo.

Finalmente hablemos acerca del desarrollo personal. En el segundo capítulo mencioné que una de las mejores fuentes de conocimiento y sabiduría es aprovechar la experiencia de aquellas personas que han triunfado. La mejor clase de educación es la que puedes obtener de quienes han hecho las cosas que tú quieres hacer, de aquellos que han llegado a donde tú quieres ir. Sin embargo estoy consciente que es muy probable que en este preciso instante no formes parte de algún programa de desarrollo personal continuo; por eso necesitas ser parte de uno. ¿A qué me refiero específicamente?

Déjame darte un ejemplo. Si quieres ganar control de tu vida, si quieres triunfar, debes controlar tu tiempo. Debes fijar o sentar prioridades y tomar las decisiones correctas de cómo usar tu tiempo, de manera efectiva. Recuerda que es la realización de tus sueños y no simplemente la actividad lo que te conducirá por el camino al éxito. Para hacer que tus sueños se conviertan en realidad, debes saber cómo usar tu tiempo, de tal manera que puedas dar prioridad a aquellas cosas que son verdaderamente importantes, en lugar de sucumbir ante las urgencias cotidianas. La administración del tiempo es crucial en el desarrollo y la coordinación de tu plan de acción.

Sin embargo este concepto del manejo del tiempo era algo nuevo para mí; no lo había aprendido en la escuela y sé que todavía esto no es un curso que se ofrezca regularmente en las escuelas o universidades. Entonces ¿cómo puedes aprender estos principios sobre la administración de tu tiempo? ¿Dónde encontrar soluciones prácticas a este problema? Una buena ma-

341

nera de empezar sería la de ir de nuevo al segundo capítulo y ver cómo podemos empezar a tomar control de nuestro tiempo. Sigue las sugerencias allí expuestas sobre cómo dar prioridad a tus actividades diarias y poder así lograr un mejor rendimiento al final del día. Ahora estás listo para seguir al cuarto paso, que es simplemente el determinar quién podrá ayudarte a lo largo de este camino. Necesitas encontrar un grupo pequeño de personas cuya opinión realmente valoras y que sea de gran ayuda, al ofrecerte una opinión imparcial o un consejo cuando lo necesitas. En este paso descubrirás quiénes son tus aliados.

Cuarto paso.

En el cuarto paso responderás a la pregunta: ¿A quién acudir en busca de ayuda? En caso de que no lo hayas notado todavía, no soy fanático seguidor de la doctrina que profesa "yo lo haré a mi manera". Imagínate que acabas de despertar y descubres que durante la noche ha caído una fuerte tormenta y se han acumulado 30 centímetros de nieve, y tienes que caminar una cuadra para ir a tomar el autobús. Déjame hacerte una pregunta, ¿no seguirías los pasos o las huellas de alguien que haya caminado la misma trayectoria que tú? ¿No sería mucho más fácil? Por supuesto que sí. Esto es verdad también en cualquier otra área de nuestras vidas. He oído decir a personas "yo quiero empezar de cero" o "quiero cometer mis propios errores y aprender de ellos". Esto es absolutamente absurdo. Es mucho más productivo seguir los buenos pasos de aquellos que ya han andado el camino que tú estás a punto de empezar y aprender de los errores que otros hayan cometido, para así no tener que incurrir en errores propios. Sin embargo ten cuidado de asegurarte que la persona que estás siguiendo va en la misma dirección en la que tú quieres ir. Recuerda que al final del camino no podrás culpar a nadie por llegar a donde termines, porque tú mismo lo has escogido.

En casi todo capítulo de este libro, te he pedido que te pongas en contacto con distintas asociaciones comunitarias, organizaciones gubernamentales, libros o cualquier otra clase de material en los que puedes obtener diferentes clases de información. No creo en trabajar por sí solo, especialmente cuando puedes obtener la ayuda de otras personas. Este libro contiene suficiente información acerca de dónde ir y a quién acudir, para pedir ayuda en esas áreas que pueden ser de interés para tí. La biblioteca de tu localidad es una gran fuente de información acerca de dónde poder obtener ayuda. Es importante ir a la fuente de información correcta y esto requerirá mucho más de tu parte.

La segunda parte de este paso es el desarrollo de un grupo de apoyo. Antes de partir en una gran expedición, el capitán del barco toma suficiente tiempo para seleccionar a su equipo o tripulación. El sabe cuán importante es seleccionar a un grupo de individuos que compartan su entusiasmo y compromiso. El primer paso que el presidente de una nación toma una vez es elegido, es seleccionar su gabinete de ministros y consejeros. El entiende la importancia de tener un equipo cuya opinión valora y la cual puede consultar antes de tomar sus decisiones. El no seleccionaría una persona que no desea su éxito, o una cuya filosofía de la vida está en total discrepancia con la suya. El quiere un equipo ganador.

Ahora te encuentras aquí. Este es el comienzo del resto de tu vida. Tú eres el capitán de esta gran expedición hacia el éxito. Tú eres el presidente a cargo de tomar todas las decisiones y tú eres el obrero a cargo de implementarlas y hacer el trabajo. Sin embargo, también necesitas conseguir un grupo de apoyo, que te servirá como comité asesor en diferentes puntos durante el desarrollo de tu plan de acción. Este grupo de apoyo debe ser formado por personas que respetes y admires. Personas que también se estén moviendo hacia el logro de sus sueños. Personas que apoyan tus planes y que están genuinamente entusiasmados acerca de tu decisión de perseguir tus sueños. Tú puedes seleccionar este grupo entre tus amigos, líderes comunitarios que puedas conocer, maestros, colegas y otras personas que respetas y en quienes confías.

La importancia de contar con este grupo de apoyo como lo menciona Napoleón Hill en su libro "Piense y hágase rico", está en el hecho de que puedes contar con su cooperación, consejo y consultoría. Al compartir tus ideas con personas que están de acuerdo con tus metas, puedes beneficiarte de sus consejos. Es más, cuando concebimos un plan de acción o desarrollamos una estrategia para alcanzar ciertas metas, es muy común que al revisarla una y otra vez, no observemos fallas o errores en estos planes. Es aquí cuando la opinión de una persona que pueda observarlos desde afuera es de gran valor, especialmente si contamos con su apoyo y entusiasmo en la consecución de dicha meta. Por esta razón es de gran importancia tener cuidado en seleccionar el grupo. De igual manera debes estar dispuesto en todo momento a corresponder a su apoyo con tu respeto, aprecio y lealtad. Un buen grupo de apoyo debe ser guardado con el mismo esmero y atención con que cuidas tus posesiones más valiosas, pues él es una de las llaves para alcanzar tus metas.

Un tercer aspecto de gran importancia en este paso en el que tratamos de definir a quién acudir, es el tener un modelo. Un modelo es una persona que ha salido adelante y ha triunfado en aquellas áreas en las cuales quieres salir adelante y triunfar. Una persona que admiras, que posee algunas de esas cualidades que quieres desarrollar. Una persona cuyo ejemplo en determinadas áreas podrías usar para modelar tu propia vida. El o ella no es un ídolo, ni tampoco tendrás que imitar o copiar todas su acciones.

En algunas de mis clases, pregunto a mis estudiantes que definan el campo en el cual ellos quieren trabajar en su futuro. Después les pido que identifiquen a una persona en ese campo, quien, en su opinión, ha tenido un gran éxito y continúa escalando la cima hacia nuevas metas y que posee las cualidades y valores morales que ellos consideran importantes y que también quisieran desarrollar, y les pido que consideren algunos de los logros y realizaciones de estas personas cuando se encuentren sentando o fijando sus metas y objetivos a corto y largo plazo. Es importante examinar el camino que los llevó a la cumbre en sus respectivos campos, estudiar sus hábitos, ver cómo usan su tiempo, su esfuerzo y su dinero.

Quinto paso.

El quinto paso consiste en determinar el período de tiempo en el cual te propones lograr esas metas. Ese período debe tomar en consideración dónde te encuentras con respecto a ellas y qué necesitas hacer para llegar allá. Cuando pones una fecha determinada para el logro de cierto sueño, habrás llevado este sueño un paso más cerca de convertirse en realidad. Este quinto paso en nuestro camino al éxito, responde la pregunta: ¿Cuándo esperas haber alcanzado tu meta? Para ilustrar la importancia de este paso, déjame darte un ejemplo. Creo sin temor a equivocarme, que una gran mayoría de los inmigrantes que aún no han aprendido el idioma, pueden lograrlo en un período de tiempo corto, si así lo desean. Es relativamente simple el aprender a hablar inglés. Lo que es verdaderamente trascendental y de gran importancia, es cuánto tiempo vas a tomar para lograrlo. Es el plazo que decidas sentar como tiempo máximo para alcanzar esta meta el que se convierte en parte crucial de tu proceso de sentar nuevas metas, porque éste determinará qué tan rápido puedes empezar a tomar ventaja de todo lo que está a tu disposición.

Si tienes la actitud de que cuentas con los próximos 40 años para aprender a hablar este nuevo idioma con cierta fluidez, esta no es en realidad una meta. Este plazo que te has dado no requiere de ti mucho trabajo.

Casi que podrías alcanzar esta meta sin tan siquiera trabajar en ella. Necesitas sentar metas y plazos que para su consecución te obliguen a trabajar y dar más de lo que comúnmente estás acostumbrado a dar. Si pones un plazo de dos años para aprender a hablar el idioma, ahora sí tendrás que desarrollar una gran disciplina y hacer algo radicalmente diferente con tu tiempo, a lo que has estado haciendo hasta ahora.

El seleccionar el plazo para la consecución de un sueño específico es uno de los pasos más importantes. La fecha que pones frente a este sueño como límite para su consecución determinará el paso y la rapidez con la cual tendrás que trabajar tu plan. Este plazo debe ser tal que exija de ti el máximo de tu potencial, pero también debe ser realista y tomar en cuenta las diferentes facetas de tu vida. He dicho antes que no creo que existan sueños irreales, sino plazos de tiempo irreales para su logro. Este plazo debe tomar en consideración, no sólo la magnitud de la meta, sino también qué tan lejos te encuentres de ella y qué necesites aprender para llegar a ella. Este proceso quizás se entienda mejor con un ejemplo:

Supongamos que uno de tus sueños es tener tu propia casa. Un hogar donde tú y tu familia puedan vivir cómodamente; sin embargo sólo ganas $ 6.50 por hora, que sólo es $ 1.00 más de lo que tu esposa gana, y ya tienen un hijo en camino. Has estado en este país por dos años y no hablas suficiente inglés como para comunicarte con los demás; además tu familia, en tu país, cuenta con tu ayuda financiera regularmente. ¿Puedes conseguir esa casa?

Has aprendido de este libro que debes pensar en grande, que todo cuanto desees es posible, pero ¿puede este sueño verdaderamente convertirse en realidad? Sí, por supuesto que se puede. Se convertirá en realidad si verdaderamente lo deseas y si estás dispuesto a trabajar por él. Se convertirá en realidad si estás dispuesto a cambiar algunos hábitos y adquirir cierta disciplina.

Pero bien, bajo estas circunstancias, ¿cómo fijamos un plazo de tiempo que sea realista? En el tercer paso, cuando respondimos la pregunta sobre qué tenemos y qué necesitamos obtener, pudiste determinar tus necesidades educativas y profesionales y determinar qué tiempo te iba a tomar. Toma este tiempo en consideración, proyecta una fecha en tu futuro cuando calcules que de acuerdo con tu plan debes haber llegado allá. Una fecha que exija el máximo de tí y que te obligue a salir de esa zona donde te encuentras cómodo. Si tu meta es verdaderamente valedera, tomará tiempo. No te deprimas si ves que el poder tener esa casa puede estar a cinco o diez años: si sientas esa meta, podrás darte cuenta que a lo largo del camino tu compromiso con ese sueño producirá muchos otros beneficios.

Cuando dejé mi país de origen, una de mis metas era poder conseguir un doctorado en química; sabía que por lo menos me tomaría ocho años si todo andaba a la perfección. Pero no todo anduvo así, muchas cosas no salieron como las había planeado, no obstante me fue posible conseguir mi doctorado en nueve años. Sin embargo, si hace doce años yo hubiera dicho ¿ocho años? no, eso es demasiado tiempo, no puedo esperar tanto, y hubiese decidido olvidarme de mi meta, quizás hoy no me encontraría aquí frente a mi computador escribiendo este libro. Pero no dejé que eso me deprimiera, sabía que ese era un sueño valedero y estaba dispuesto a pagar el precio y poner el tiempo. Ahora, diez años después de haber dejado mi país, observo todo aquello que he podido lograr y que llegó como resultado de mi compromiso con ese sueño inicial, y puedo darme cuenta que en realidad no pagué el precio, que disfruté el precio, y que aún sigo disfrutando los resultados.

> Has aprendido de este libro que debes pensar en grande, que todo cuanto desees es posible, pero ¿puede este sueño verdaderamente convertirse en realidad? Sí, por supuesto que se puede. Se convertirá en realidad si verdaderamente lo deseas y si estás dispuesto a trabajar por él. Se convertirá en realidad si estás dispuesto a cambiar algunos hábitos y adquirir cierta disciplina.

Sexto paso

El sexto paso es el desarrollo de un plan de acción. Esto incluye el mapa detallado de los pasos que necesitas tomar para la consecución de tus metas. Este es el paso en que divides estas metas en objetivos anuales, mensuales, semanales y actividades diarias. Aquí obtendremos la respuesta a la pregunta: ¿cómo vas a llegar a donde deseas ir?

Ahora estás casi al final de esta escalera. Ya que has puesto una fecha en la cual esperas lograr tu meta, es mucho más sencillo desarrollar un plan de acción para llegar allá. Sólo podrás decidir cómo llegar a un lugar si primero has determinado dónde esta exactamente y cuándo deseas llegar allá.

La verdad es que desde que terminaste de dar respuesta al segundo paso, has estado trabajando en el "cómo". Esencialmente este sexto paso es simplemente una manera de poner juntos todos los pedazos de este gran rompecabezas que es tu plan de acción. Es simplemente examinar toda la información que has podido obtener y hacer un inventario de qué posees y con qué puedes contar para empezar. Párate frente a un espejo y has una promesa real, hombre a hombre o mujer a mujer, de dedicar tu vida al logro y a la realización de tus sueños, únicamente con tu propia conciencia como testigo. Una vez que hayas hecho esto, estarás listo para el último y más importante de todos los pasos.

Séptimo paso.

El séptimo paso es, simplemente, comenzar. Este es el paso en el que, como diría aquel gran prócer de la independencia colombiana, José Antonio Galán: "Ni un paso atrás, siempre adelante y que lo que ha de ser, sea".

Este último paso es el único que no se encuentra en forma de pregunta. Lo llamaremos: este es el momento de empezar. Muchas personas van a través de la vida como espectadores, simplemente admirando cómo otros luchan para lograr sus sueños. Parecen contentarse con la celebración de los logros de otras personas, pero descuidan actuar sobre sus propios sueños, por miedo, inseguridad, indecisión o simple y llanamente por pereza. Cualquiera que sea la razón que te está deteniendo para alcanzar tus metas y aspiraciones, ésta puede ser eliminada exclusivamente con el uso de un remedio: La acción. La acción cura el miedo, la indecisión y otra serie de enfermedades mortales que matan más gente que el cáncer y el SIDA puestos juntos, que matan la mente y dejan que el cuerpo muera años más tarde de otras causas naturales. Enfermedades como el miedo, la mañanitis (el eterno mal de dejar todo para mañana), la excusitis (el aún más grave mal de dar excusas por todo), la satisfacción tempranera (el contentarnos con logros que están muy por debajo de lo que en verdad podemos alcanzar) y la indecisión (conocida también como duda y que es simplemente la falta de resolución y carácter).

Todo lo que has hecho hasta ahora es atravesar a nado un 95% del río, pero tu meta es llegar a la ribera opuesta. Tú ya has nadado un gran mayoría de él, pero no todo. ¿Qué pasaría si de repente decides parar en este punto? Te ahogarías. Si te ahogas, ¿interesa qué tan cerca estabas de conseguir tu objetivo? No mucho, ¿verdad? No va a cambiar el resultado. Lo que estoy tratando de decir, es que has caminado el trayecto más largo de tu camino, pero para lograr el triunfo tendrás que dar con firmeza y decisión este último paso.

Si no tomas este paso, es como si hubieses entrenado para los Juegos Olímpicos para competir en la carrera de los cien metros planos. Querías estar aquí y estabas dispuesto a pagar el precio; ahora te encuentras un centímetro atrás de la línea blanca, con cuatro competidores a cada lado que tienen en mente el mismo objetivo tuyo, ganar la carrera. Pero tú has entrenado consistentemente, te has levantado temprano todas las mañanas a correr, a mantenerte en forma. También, en tus momentos de cavilación, has podido saborear el dulce sabor del éxito; tú sabes que habrá muchas otras carreras, pero ésta es la tuya. Para ésta es para la que has estado entrenando. Sabes que no has llegado aquí de manera accidental. Tú estás aquí como resultado de haber seguido paulatinamente ese plan de acción que te trazaste, de haber adquirido la disciplina necesaria para ganar tu clasificación y poder llegar acá.

> Alguna vez mi buen amigo Ken Hendon me dio una definición de lo que para él significaba el infierno. "El infierno, me dijo, es llegar al final de tu vida y encontrarte con la persona en la cual pudiste haberte convertido".

De repente oyes el llamado: "en sus marcas" y todo músculo en tu cuerpo se tensiona, la adrenalina corre por cada fibra de tu ser. El éxtasis es indescriptible. Ya puedes ver esa medalla de oro alrededor de tu cuello, mientras escuchas las notas del himno nacional de tu país. Te encuentras ante millones de personas que nunca habían oído hablar de ti diez segundos antes, pero que ahora se refieren a ti con orgullo, como uno de sus héroes. De repente escuchas el tiro al aire que da inicio a la carrera y, observando cómo todos los competidores se precipitan hacia la línea de llegada, te paras lentamente y te devuelves a tu casa con el triste recuerdo de aquello que pudo haber sido.

¿Tiene esto algún sentido para tí? Por supuesto que no. Esto no tiene ningún sentido. De esta misma manera, tiene algún sentido el saber exactamente hacia dónde quieres ir, qué es lo que quieres lograr, el entusiasmarte con la posibilidad de poder lograrlo y, después, no hacer absolutamente nada al respecto.

Alguna vez mi buen amigo Ken Hendon me dio una definición de lo que para él significaba el infierno. "El infierno, me dijo, es llegar al final de tu vida y encontrarte con la persona en la cual pudiste haberte convertido". Espero que esta definición te asuste tanto como me asustó a mí, pero también debe darte la esperanza de saber que en tus manos está el poder llegar al final de tu camino y ver que no sólo habías logrado muchas de tus metas, sino que aún seguías en el proceso de convertirte en la persona destinada a ser un triunfador.

Es verdad que todos nacimos para triunfar, pero la sociedad nos ha condicionado al fracaso. La buena noticia es que para que esto suceda, tú debes consentirlo; lo que significa que también puedes rehusarte a hacerlo y puedes, simplemente, convertirte en el triunfador que mereces ser. La vida es corta, y al final de ella nos damos cuenta que no da segundas oportunidades. Viajas por esta vida una vez, no hay boleto de regreso y sólo toma un poco más de esfuerzo de tu parte el ir en primera clase.

FIN